Carl-Auer

Die Reihe »Beratung, Coaching, Supervision«

Die Bücher der petrolfarbenen Reihe *Beratung, Coaching, Supervision* haben etwas gemeinsam: Sie beschreiben das weite Feld des »Counselling«. Sie fokussieren zwar unterschiedliche Kontexte – lebensweltliche wie arbeitsweltliche –, deren Trennung uns aber z. B. bei dem Begriff »Work-Life-Balance« schon irritieren muss. Es gibt gemeinsame Haltungen, Prinzipien und Grundlagen, Theorien und Modelle, ähnliche Interventionen und Methoden – und eben unterschiedliche Kontexte, Aufträge und Ziele. Der Sinn dieser Reihe besteht darin, innovative bis irritierende Schriften zu veröffentlichen: neue oder vertiefende Modelle von – teils internationalen – erfahrenen Autoren, aber auch von Erstautoren.

In den Kontexten von Beratung, Coaching und auch Supervision hat sich der systemische Ansatz inzwischen durchgesetzt. Drei Viertel der Weiterbildungen haben eine systemische Orientierung. Zum Dogma darf der Ansatz nicht werden. Die Reihe verfolgt deshalb eine systemisch-integrative Profilierung von Beratung, Coaching und Supervision: Humanistische Grundhaltungen (z. B. eine klare Werte-, Gefühls- und Beziehungsorientierung), analytisch-tiefenpsychologisches Verstehen (das z. B. der Bedeutung unserer Kindheit sowie der Bewusstheit von Übertragungen und Gegenübertragungen im Hier und Jetzt Rechnung trägt) wie auch die »dritte Welle« des verhaltenstherapeutischen Konzeptes (mit Stichworten wie Achtsamkeit, Akzeptanz, Metakognition und Schemata) sollen in den systemischen Ansatz integriert werden.

Wenn Counselling in der Gesellschaft etabliert werden soll, bedarf es dreierlei: der Emanzipierung von Therapie(-Schulen), der Beschreibung von konkreten Kompetenzen der Profession und der Erarbeitung von Qualitätsstandards. Psychosoziale Beratung muss in das Gesundheits- und Bildungssystem integriert werden. Vom Arbeitgeber finanziertes Coaching muss ebenso wie Team- und Fallsupervisionen zum Arbeitnehmerrecht werden (wie Urlaub und Krankengeld). Das ist die Vision – und die politische Seite dieser Reihe.

Wie Counselling die Zufriedenheit vergrößern kann, das steht in diesen Büchern; das heißt, die Bücher werden praxistauglich und praxisrelevant sein. Im Sinne der systemischen Grundhaltung des Nicht-Wissens bzw. des Nicht-Besserwissens sind sie nur zum Teil »Beratungsratgeber«. Sie sind hilfreich für die Selbstreflexion, und sie helfen Beratern, Coachs und Supervisoren dabei, hilfreich zu sein. Und nicht zuletzt laden sie alle *Counsellor* zum Dialog und zum Experimentieren ein.

Dr. Dirk Rohr
Herausgeber der Reihe »Beratung, Coaching, Supervision«

Ilja Gold, Eva Weinberg, Dirk Rohr

Das hat ja was mit mir zu tun!?

Macht- und rassismuskritische Perspektiven für Beratung, Therapie und Supervision

Mit einem Vorwort von Eia Asen
sowie Interviewbeiträgen von Souzan AlSabah,
Sandra Karangwa, Berivan Moğultay-Tokuş
und Amma Yeboah

2021

Themenreihe »Beratung, Coaching, Supervision«
hrsg. von Dirk Rohr
Reihengestaltung: Uwe Göbel
Umschlaggestaltung: Heinrich Eiermann
Umschlagmotiv: © iStock.com/ratselmeister
Redaktion: Vera Kalusche
Satz: Verlagsservice Hegele, Heiligkreuzsteinach
Printed in Germany
Druck und Bindung: CPI books GmbH, Leck

MIX
Papier aus verantwortungsvollen Quellen
FSC® C083411
www.fsc.org

CPI klimaneutral
Mehr Bäume. Weniger CO_2

Erste Auflage, 2021
ISBN 978-3-8497-0379-0 (Printausgabe)
ISBN 978-3-8497-8268-9 (ePUB)

Bibliografische Information der Deutschen Nationalbibliothek:
Die Deutsche Nationalbibliothek verzeichnet diese Publikation in der Deutschen Nationalbibliografie; detaillierte bibliografische Daten sind im Internet über http://dnb.d-nb.de abrufbar.

Informationen zu unserem gesamten Programm, unseren Autoren und zum Verlag finden Sie unter: **https://www.carl-auer.de/**.
Dort können Sie auch unseren Newsletter abonnieren.

Carl-Auer Verlag GmbH
Vangerowstraße 14 • 69115 Heidelberg
Tel. +49 6221 6438-0 • Fax +49 6221 6438-22
info@carl-auer.de

Inhalt

Vorwort

Die systematische Benachteiligung und Marginalisierung von Menschen, die rassifiziert und so als »Andere« konstruiert, empfunden und bezeichnet werden, wird in Großbritannien seit über zwei Jahrzehnten als institutioneller Rassismus (McPherson 1999) tituliert: Hier handelt es sich um die kollektive Weigerung einer Organisation, Menschen aufgrund ihrer vermeintlichen »Kultur« und/oder Herkunft die angemessenen professionellen Dienstleistungen zukommen zu lassen. Institutioneller Rassismus manifestiert sich in diskriminierenden Verfahrensweisen, Einstellungen und Verhaltensmustern, in denen meist unwissentlich Vorurteile, Ignoranz und rassistische Stereotypisierungen reproduziert werden, die zur Abwertung von Menschen, die von der hiesigen Mehrheitsgesellschaft außerhalb der eigenen »*weißen* Normalität«[1] verortet werden, führt. Besonders stark betroffen von solchen Diskriminierungserfahrungen sind People of Color und Schwarze[2] Menschen sowie Personen, die als muslimisch gelesen werden. Sie sind nicht nur den rassistischen Strukturen von Organisationen, wie z. B. der Polizei, Lehreinrichtungen oder dem Gesundheitswesen, ausgesetzt, sondern ähnliche rassistische Strukturen werden auch im Kontext der Systemischen Beratung reproduziert.

Das mag auf den ersten Blick verwunderlich erscheinen, da gerade Systemische Berater*innen in ihrer Selbsteinschätzung meinen, besonderes Verständnis und Toleranz für verschiedene kulturelle Werte und Sichtweisen zu haben. Aber es braucht mehr als das – und gerade dann, wenn es darum geht, als *weiße* Berater*innen mit Schwarzen Klient*innen und Klient*innen of Color zu arbeiten. Hier ist es wichtig, über die oft unsichtbaren, gesellschaftlich machtvollen und rassistischen Strukturen und die davon beeinflussten therapeutischen Modelle und deren begrenzte Anwendbarkeit zu reflektieren. *Weiße* Systemische Berater*innen sollten verstehen, dass viele Mo-

1 *Weiß* bezieht sich hier auf eine soziale Konstruktion, bezeichnet Menschen, die nicht durch Rassismus diskriminiert werden und soll kursiv geschrieben deutlich machen, dass damit nicht eine reale Hautfarbe gemeint ist (siehe Kap. 2.2).

2 *Schwarz* ist hier bewusst mit einem großen »S« geschrieben, da es sich in diesem Kontext nicht um die Farbe, sondern um eine politische Selbstbezeichnung von Menschen handelt, die durch Rassismus diskriminiert werden.

delle eigentlich »WEIRD« (engl. = seltsam, unheimlich, schräg) sind. Das Akronym WEIRD (Henrich et al. 2010) steht für »Western, Educated, Industrialized, Rich and Democratic«. Man könnte noch ein weiteres W (für »White«) hinzufügen, aber dann wäre das Akronym noch »schräger« oder WWEIRDer … Worum geht es hier? Es geht um die Tatsache, dass ein Großteil der psychologischen Forschung routinemäßig davon ausgeht, dass ihre Ergebnisse im Großen und Ganzen repräsentativ sind, obschon 96 % der Proband*innen – und die Mehrzahl der Forscher*innen – aus westlichen Ländern stammen, die allerdings nur 12 % der Weltbevölkerung beherbergen. So sind die meisten gängigen therapeutischen Ansätze geprägt von diesen »eurozentrischen« (und nordamerikanischen) Forschungen und Erkenntnissen, und sie spiegeln wissenschaftliche Machtstrukturen wider, die auch rassistisch geprägt sind.

Institutioneller Rassismus findet sich überall und natürlich auch in der systemischen Praxis. Ich erinnere mich lebhaft an das zweitägige Antirassismus-Training mit einem Follow-up sechs Monate später, das vor mehr als 20 Jahren in der systemisch inspirierten Londoner Klinik, die ich damals leitete, stattfand. Alle nahmen daran teil, einschließlich Haus- und Reinigungskräfte, Verwaltung, Sekretär*innen und Berater*innen. Es war ein Schock für alle von uns, den unbewussten Rassismus in unseren Annahmen und Praktiken zu entdecken – ein wahrhaft deprimierendes und gleichzeitig lehrreiches Erlebnis. Die »Weißheit« aller Mitarbeitenden und die totale Abwesenheit von Schwarzen Berater*innen in unserem Team sahen wir nun als Beweis für den institutionellen Rassismus in unserer Klinik. So begannen wir umgehend, neue Mitarbeitende zu gewinnen, die die Heterogenität der Menschen unserer Versorgungsbezirke abbildeten. Wir begaben uns in einen sehr wichtigen gemeinsamen und gegenseitigen Lehr- und Lernprozess, in dem wir uns mit systemischen, rassismuskritischen und transkulturellen Inhalten beschäftigten. Wir begannen selbstreflexive Fragen zu stellen, wie: Welche Stereotype und Vorurteile sind in meinem Kopf wirkmächtig? Wie beeinflussen diese meine systemische Praxis? Wie mögen sie wohl auf die Ratsuchenden wirken? Welche Vorstellungen habe ich in der Schule und in meiner Herkunftsfamilie über die Anderen gelernt? Bin ich mir meiner eigenen gesellschaftlichen Position und Privilegien bewusst und wie mögen diese wohl meine therapeutischen Interventionen beeinflussen?

Unser zunehmend heterogenes Team schickte so ein wichtiges Signal an unsere Klient*innen – und auch an andere Kliniken und Organisationen. Und wir erlebten täglich, dass rassismuskritisches Lernen am besten in heterogenen und multi-professionellen Teams erfolgt. So sind wir auch oft auf vorher unbeachtete rassistische Problematiken aufmerksam geworden, und wir mussten als Institution immer wieder neue Wege finden, um mit spezifischen rassistischen Situationen umzugehen, wenn z. B. ein Klient ablehnte von einer Schwarzen Therapeutin behandelt zu werden. Unsere Klinik entschied sich ein Jahr später, über die Universität eine systemische Ausbildung anzubieten, mit dem zentralen Fokus auf »Race and Culture«. Andere systemische Ausbildungsinstitute nahmen ebenso »Race and Culture« zentral in ihre Curricula auf, nicht als eine einmalige »ethnic hour Zugabe«, sondern als einen integralen Bestandteil der systemischen Ausbildung in jeder Fort- und Weiterbildungsstunde. Auch heutzutage gibt es in Großbritannien keine systemischen Aus- und Fortbildungen, bei denen nicht »Race and Culture« einen zentralen Platz einnimmt.

Und trotzdem müssen Berater*innen täglich auf der Hut sein: Rassismus ist wie ein Virus, gegen den man sich regelmäßig impfen muss. Leider kommt es nie zu einer Immunität, obschon man schnell und leicht vergessen kann, wie endemisch und eigentlich unausrottbar dieses Virus ist. Obschon ich seit nun sieben Jahren am Anna Freud Centre arbeite, waren es der Mord an George Floyd und die neubelebte Black Lives Matter-Bewegung, die den Anstoß gaben, den institutionellen Rassismus unserer Klinik, die in der Vergangenheit vor allem psychoanalytisch orientiert war, zu untersuchen. Das führte im Sommer 2020 zu dem Entschluss, dass jeder der fast 300 Angestellten und Mitarbeitenden verpflichtet war, an einem von der Institution organisierten Antirassismus-Training teilzunehmen. Ich sage das selbstkritisch, und während ich diese Zeilen schreibe, frage ich mich, warum das erst jetzt passierte und was meine eigene Verantwortung für diese Unterlassung ist und war. Und es wird mir bewusst, was die Autor*innen des vorliegenden Buches immer wieder betonen: Rassismus wirkt als permanente Machtstruktur im gesamten Gesellschaftssystem und infolgedessen auch in vielen alltäglichen Situationen.

In den USA und Großbritannien beschäftigen sich seit mehr als 40 Jahren Systemische Therapeut*innen mit Multikulturalität und entsprechenden kultur-kompetenten und -sensitiven Ansätzen (z. B. McGoldrick et al. 1982; Falicov 1983). In diesen Ländern ist interkulturelle Kompetenz seit Jahrzehnten wichtig und gefragt und im systemischen Familientherapiebereich voll in Lehrprogramme integriert. Seit mindestens 20 Jahren befassen sich angelsächsische Systemische Therapeut*innen auch explizit mit institutionellem Rassismus und dessen Einfluss auf die Praxis. Lehrtherapeut*innen of Color sowie Schwarze Lehrtherapeut*innen lehren in Ausbildungsinstituten, sind auf dieser Ebene stark repräsentiert und beeinflussen so Lehre und Lernen. In Deutschland hat sich das Feld der »interkulturellen Beratung« im systemischen Bereich vor zwei Jahrzehnten zu entwickeln begonnen (siehe z. B. El Hachimi u. v. Schlippe 2000; Hegemann u. Salman 2001), aber Begriffe wie »Kultur« oder »Religion« sind meist an die Stelle von »Rasse« getreten und die spezifische Fokussierung auf »Kultur« hat mit sich gebracht, dass Rassismus und implizite Machtverhältnisse, wenn, dann nur randläufig thematisiert wurden und werden. Eine systematische und gleichzeitig systemische Auseinandersetzung mit Rassismus als einer speziellen Form von Diskriminierung ist, soweit ich die deutsche systemische Szene kenne, längst überfällig.

Das nun ist der Fokus dieses Buchs, nämlich rassismuskritische Perspektiven einzubringen und so einen wichtigen Beitrag zu liefern, um die gähnende Lücke in deutschen systemischen Arbeitskontexten zu füllen. Systemische Berater*innen in Deutschland – das wahrlich auch eine Kolonialgeschichte hat, wenn auch eine andere als Großbritannien – sollen ermutigt werden, Rassismus als gesellschaftlich wirkmächtige Konstruktion – mit ganz konkreten und realen Auswirkungen! – bei ihrer therapeutischen Arbeit und in Supervisionen zentral zu berücksichtigen. Die Autor*innen, die sich in ihrer Selbstpositionierung als »*weißes* Autor*innenteam« beschreiben, betonen ausdrücklich, dass das vorliegende Buch aus einer *weißen* Perspektive geschrieben ist und sich primär an *weiße* Berater*innen richtet, die sich mit Macht- und Rassismuskritik in Bezug auf die eigene systemische Arbeit befassen und diese kritisch hinterfragen wollen. Sie zeigen auf, wie *weiße* Personen, einschließlich Berater*innen, von allgegenwärtigen rassistischen Machtstrukturen profitieren, sei es bewusst oder unbewusst. Sie zeigen auch auf, wie wichtig die Reflexion über die eigene Positioniertheit und insbesondere das Bewusstsein der eigenen *weißen* Privilegien sind, um die Machtverhältnisse wenigstens im systemischen Beratungssetting ein bisschen auszugleichen. Aber sie betonen auch, wie wichtig es ist, dass in Aus- und Weiterbildungskontexten und der wissenschaftlichen Beschäftigung mit Systemischer Beratung die Auseinandersetzung mit *Weißsein* als ein zentrales Element mit einbezogen wird. Auf diese Weise, so sagt das Autor*innenteam, können Systemische Berater*innen die eigene Positioniert- und Verstricktheit innerhalb dieser Machtverhältnisse kritisch reflektieren, Macht- und Rassismuskritik konkret in ihre Arbeit integrieren und zu einer Sichtbarmachung von gesellschaftlichen Machtverhältnissen beitragen. Die drei umfangreichen Expertinneninterviews enthalten bedeutende Erfahrungen und Sichtweisen, die alle *weißen* Systemischen Berater*innen und Supervisor*innen zu überraschenden Perspektivwechseln und Erkenntnissen auffordern.

Ich selbst habe viel von der Lektüre dieses Buches gelernt und sehe es als eine echte Bereicherung und Inspiration für die systemische Lehre, Supervision und Praxis. Ich wünsche dem Buch und dem Autor*innenteam von ganzem Herzen den Erfolg und die weite Leser*innenschaft, die sie voll verdienen.

Prof. Dr. Eia Asen
Anna Freud Centre und University College London

Literatur

El Hachimi, M. u. A. v. Schlippe (2000): Therapie und Supervision in multikulturellen Kontexten. In: *System Familie* 13: 3–13.

Falicov, C. (1983): Cultural perspectives in family therapy. Rockvill, ML (Aspen).

Hegemann, T. u. R. Salman (Hrsg.) (2001): Transkulturelle Psychiatrie: Konzepte für die Arbeit mit Menschen aus anderen Kulturen. Bonn (Psychiatrie Verlag).

Henrich, J., S. Heine a. A. Norenzayan (2010): Most people are not WEIRD. *Nature* 466: 29.

McGoldrick, M., J. K. Pearce a. J. Giordano (1982) (Hrsg.): Ethnicity and family therapy. New York (Guilford).

McPherson, W. (1999): Stephen Lawrence Inquiry Report. London (H. M. O.).

1 Einleitung

Rassismus prägt als Machtverhältnis Biografien und Strukturen in unserer Gesellschaft. In den letzten Jahren hat sich die Situation von Menschen, die in Deutschland durch Rassismus diskriminiert werden, erneut enorm zugespitzt. Sowohl rassistische Gewalttaten, aber auch öffentliche rassistische Äußerungen – nicht zuletzt vonseiten verschiedener politischer Akteur*innen – haben deutlich zugenommen. Die Art und Weise, wie öffentliche Diskurse geführt und verschiedene Themen behandelt werden, führt zu einer weitreichenden Marginalisierung von Menschen, die in Deutschland leben und durch Rassismus diskriminiert werden. Die Anschläge in Halle (09.10.2019) und Hanau (19.02.2020) stellen abermals eine erschreckende Zuspitzung von rassistischer Gewalt und Terror in Deutschland dar (vgl. Agar u. Kalarickal 2020). Auch die weltweiten Proteste im Rahmen der Black Lives Matter-Bewegung, die infolge des Mordes an George Floyd (25.05.2020) die häufig ignorierte rassistische Polizeigewalt in den Fokus öffentlicher Diskurse rückten, weisen erneut auf die Folgen von strukturellem Rassismus hin. Gleichzeitig sind es nicht nur rassistisch motivierte, physische Gewalt und intentional diskriminierende Verhaltensweisen, die die Lebensrealität vieler Menschen prägen. Auch die Auswirkungen von (un)bewussten Grundhaltungen und verinnerlichten Bildern haben einen enormen Einfluss auf das gesellschaftliche und individuelle Leben. Rassistische Diskriminierung drückt sich auch durch alltägliche Handlungen, Denkweisen und Verhaltensmuster aus. Dies wiederum führt zu einem Aufrechterhalten und damit zur kontinuierlichen Reproduktion von rassistischen Strukturen in unserer Gesellschaft (vgl. Ogette 2019, S. 16 f.). Wenn davon ausgegangen wird, dass diese gesellschaftlichen Machtstrukturen in allen Bereichen des Lebens wirken, werden rassistische Strukturen auch im Kontext Systemischer Beratung[3] reproduziert – trotz aller Reflexion der Berater*innen. Das vorliegende Buch versteht sich als Annäherung hinsichtlich der Zusammenfüh-

3 Gleichwohl wir im Untertitel dieses Buches »Beratung, Therapie und Supervision« aufgeführt haben, verstehen wir im Folgenden Beratung als den Oberbegriff (vgl. Schubert, Rohr u. Zwicker-Pelzer 2019).

rung von Systemischer Beratung mit dezidiert macht- und rassismuskritischen Perspektiven. Dabei sind drei Aspekte grundlegend: Erstens bilden die Betroffenenperspektiven einen fundamentalen Bestandteil einer macht- und rassismuskritischen Auseinandersetzung. Vor allem gilt dies für den Kontext der Beratung, da nur so Menschen mit eigenen Rassismuserfahrungen ernst genommen und die individuellen (psychischen und physischen) Auswirkungen von Rassismus auch im wissenschaftlichen bzw. praxisbezogenen Diskurs sichtbar werden. Zweitens sind alle Menschen Teil von gesellschaftlichen Machtverhältnissen. Das Gesellschaftssystem in Deutschland ist von multidimensionalen Machtstrukturen bzw. sozialen Hierarchien geprägt, die diskriminierend und als strukturelle Gewalt wirken (vgl. Galtung 1975, S. 12 ff.). Neben anderen relevanten Machtstrukturen, wie der klassistischen oder der (hetero-/cis-)sexistischen, stellt die rassistische Machtstruktur eine wesentliche Dimension dar. *Weiße* Menschen profitieren – in der Regel unbewusst – davon, Bi_PoC (Black, indigenous People_and People of Color) sind entsprechend mit den negativen Auswirkungen konfrontiert. Drittens und daraus folgend wird eine Verortung von Rassismus und anderen Diskriminierungsformen an vermeintliche gesellschaftliche oder politische »Ränder« abgelehnt, da sie die Reflexion eigener Verstricktheit in eben jene Machtverhältnisse erschwert, wenn nicht gar unmöglich macht.

Vor diesem Hintergrund stellt sich die Frage, wo Systemische Beratung in Theorie und Praxis Anschlussmöglichkeiten bietet, wo aber auch Widersprüche zu Macht- und Rassismuskritik bestehen und Systemische Beratung Gefahr läuft, Rassismus selbst zu reproduzieren.

Im systemischen Denken werden Familiensysteme und andere soziale Konstellationen als grundlegend und relevant für die Situation eines jeden Individuums gesehen und maßgeblich mit in die Beratung einbezogen (vgl. Hanswille 2015, S. 697). Daher erscheint es in hohem Maße anschlussfähig, naheliegend und längst überfällig, dass die systemische Community in Deutschland Rassismus als gesellschaftlich wirkmächtige Konstruktion mit ganz konkreten und realen Auswirkungen in der systemischen Arbeit berücksichtigt. Denn was bedeutet es für die Systemische Beratung, wenn Machtstrukturen wie Rassismus mitgedacht werden? Und wenn dies im Hinblick auf die innere Haltung der Beratenden[4], auf die Beziehungsebene zwischen Beratenden und Beratungsnehmenden, auf deren Lebensrealitäten sowie auf die strukturellen Kontexte, in denen Systemische Beratung stattfindet, geschieht? Inwiefern ist eine angemessene Beratung überhaupt möglich, ohne gesellschaftliche Machtverhältnisse zu berücksichtigen?

Das vorliegende Buch hat primär zum Ziel, dass sich *weiße* Berater*innen in Bezug auf die eigene systemische Arbeit mit Macht- und Rassismuskritik auseinandersetzen und lieb gewonnene systemische Gewissheiten und Methoden vor diesem Hintergrund kritisch hinterfragen. Die hier zu lesenden Ausführungen sind aus einer *weißen* Perspektive geschrieben. Daher ist zu betonen, dass zwar die Bemühung besteht, sich vor allem auf Texte von Personen mit Rassismuserfahrungen zu beziehen, dass aber trotzdem ein Bewusstsein darüber herrscht, dass von einer privilegierten Position aus geschrieben wird und somit internalisierte Denkmuster reproduziert werden können. Gerade die Relevanz, sich als *weiße* Berater*innen mit der rassistischen Machtstruktur und den eigenen Privilegien in eben dieser auseinanderzusetzen, wird hier als entscheidend gesehen und soll durch das vorliegende Buch betont werden.

Um dies zu verdeutlichen, wird in Kapitel 2 unter anderem eine Selbstpositionierung durch die Autorin und die Autoren unternommen. Im Anschluss daran wird in Kapitel 3 zunächst Diskriminierung als allgemeines Phänomen mit unterschiedlichen Formen und Ebenen beschrieben. Kapitel 4 legt den Fokus auf Rassismus als ein gesellschaftliches Machtverhältnis und dementsprechend auch auf gesellschaftliche Kontinuitäten, Strukturen und Diskurse. In Kapitel 5 erfolgt die Betrachtung von Rassismus als mögliche Traumatisierungserfahrung. Vor dem bis dahin erarbeiteten Hintergrund werden in Kapitel 6 macht- und rassismuskritische Anforderungen an die systemische Theorie und Praxis ausgesprochen. Diese adressieren systemische Grundhaltungen und problematisieren sogenannte interkulturelle Ansätze, die auch im Kontext Systemischer Beratung Anwendung finden. Abschließend werden in Kapitel 7 Komponenten einer systemischen, macht- und rassismuskritischen Praxis formuliert.

4 Ziel dieser Arbeit ist es, eine Sprache zu verwenden, die alle Geschlechter mit einbezieht. So sind im Folgenden alle auf das Geschlecht bezogene Wörter in einer geschlechtsunabhängigen Schreibweise oder mit Sternchen (*) geschrieben. In einigen wörtlichen Zitaten wird nicht gegendert. Nach unserem Verständnis sind in den allermeisten Fällen dann sicherlich nicht nur männlich gelesene Personen gemeint.

Darüber hinaus sind drei umfangreiche Interviews mit Expertinnen in dem vorliegenden Buch enthalten. Durch sie werden wichtige und wertvolle Perspektiven sichtbar, die wir als *weiße* Autorin und Autoren nicht hätten darstellen können. Wir danken an dieser Stelle Souzan AlSabah, Sandra Karangwa, Berivan Moğultay-Tokuş und Amma Yeboah von ganzem Herzen für ihre Bereitschaft zur Zusammenarbeit auf verschiedenen Ebenen und für das Teilen ihres Wissens, das für den Buchprozess prägend war.

Außerdem danken wir Souzan AlSabah und Holla e. V. herzlich für ihre Arbeit und Forschung zu den Themenfeldern Rassismus und Gesundheit sowie Rassismus und Traumatisierung, auf denen die entsprechenden thematischen Ausarbeitungen in diesem Buch zu großen Teilen basieren.

Unser weiterer Dank geht an Bahar Dağtekin und Maurice Soulié für das rassismuskritische Lektorat und ihre wichtigen sowie kritischen Hinweise.

2 Selbstpositionierung, *Weißsein*, Selbstbezeichnungen

Im Folgenden nehmen wir eine Selbstpositionierung vor, thematisieren *Weißsein* und stellen die Relevanz von Selbstbezeichnungen bei der Benennung von Menschen, die Rassismuserfahrung machen, dar.

2.1 Selbstpositionierung

Als *weißes* Autor*innenteam, das sich mit Rassismus und entsprechenden gesellschaftlichen Machtstrukturen auseinandersetzt, sehen wir eine kritische Betrachtung der eigenen Positioniertheit[5] als zentralen Bestandteil. Dabei ist es essenziell anzuerkennen, selbst Teil der rassistischen und diskriminierenden Strukturen zu sein, die in unserer Gesellschaft permanent wirksam sind. Deshalb ist uns bewusst, dass wir selbst, auch wenn wir dieses Buch schreiben, uns in einem andauernden Lernprozess befinden, der weder linear verläuft, noch jemals abgeschlossen sein kann. In der kritischen Auseinandersetzung ist es für uns wichtig, nicht von individueller Schuld zu sprechen, da wir sonst die strukturelle Wirkmächtigkeit verleugnen würden. Vielmehr geht es uns um die Übernahme von Verantwortung, die wir im Kontext von Rassismus deutlich bei *weißen* Menschen verorten. Darin sehen wir die unbedingte Notwendigkeit, dass sich *weiße* Personen ernsthaft mit ihrer Positioniertheit und ihren Privilegien auseinandersetzen und diese dazu nutzen, die rassistische Machtstruktur aufzuzeigen und letztendlich aufzubrechen. Aus diesem Grund wollen wir die Privilegien, die wir unter anderem durch unser eigenes *Weißsein* haben, dazu verwenden, das Thema Rassismus im Kontext Systemischer Beratung sichtbar(er) zu machen und dabei den Fokus auf die eigenen Verstrickungen zu legen. Hierbei betrachten wir die Perspektiven von Expert*innen of Color und Schwarzen

5 Hier wird explizit der Begriff Positioniertheit verwendet, da es sich nicht um persönliche Einstellungen, Positionen oder eine selbst gewählte Positionierung handelt, sondern um die Wahrnehmung der eigenen Person von außen, vermeintlicher Zugehörigkeiten und entsprechend zugeschriebener Stellung in der Gesellschaft.

Expert*innen als grundlegendes Element der Auseinandersetzung. Daher freuen wir uns sehr, dass sich drei Expertinnen zu einem Interview für unser Buch bereit erklärt haben. Nichtsdestotrotz sind wir uns bewusst, dass aufgrund unserer *weißen* Perspektiven an vielen Stellen im Buch ein »Sprechen über« stattfindet.

Neben der Homogenität im eigenen *Weißsein* verfügen wir als Autor*innenteam über weitere Merkmale und Hintergründe, durch die wir uns unterscheiden und die relevant im Kontext gesellschaftlicher Machtstrukturen sind: vom Geschlecht über verschiedene soziale sowie familiäre Hintergründe und unterschiedliche Arbeitsverhältnisse bis hin zu Alter und Migrationsgeschichte, die jedoch nicht mit Rassismuserfahrungen einhergeht. Für uns ist es an dieser Stelle sehr wichtig zu betonen, dass wir als *weiße* Personen aufgrund all dieser Merkmale unsere Privilegien im Kontext von Rassismus nicht verlieren. Aus eigener Erfahrung wissen wir, dass die Auseinandersetzung mit den eigenen Privilegien von starker innerer Abwehr begleitet sein kann und es gerade deswegen eine tiefgreifende sowie kritische Betrachtung der eigenen Biografie und der eigenen Wissensbestände erfordert und – um es erneut zu betonen – der Prozess dabei niemals abgeschlossen sein kann.

2.2 *Weißsein*

> *»Mir wurde beigebracht, Rassismus nur in einzelnen Handlungen der Gemeinheit zu sehen, nicht in unsichtbaren Systemen, die meiner Gruppe Dominanz verleihen.«*[6]
>
> Peggy McIntosh

In der kritischen Auseinandersetzung mit Rassismus ist es wichtig, auch einen Begriff für die Menschen zu bilden, die von Rassismus profitieren. Denn wenn diese ohne Bezeichnung bleiben, kann das dazu beitragen, dass von *Weißsein* als selbstverständlicher Norm ausgegangen wird. *Weiße* Menschen als solche zu benennen, ist daher ein relevanter Schritt, um rassistische Machtstrukturen zu beleuchten.

Das Antidiskriminierungsbüro Köln (Öffentlichkeit gegen Gewalt e. V.) definiert *Weißsein* wie folgt:

---

6 Verfügbar unter http://sanczny.blogsport.eu/2012/10/01/white-privilege-den-unsichtbaren-rucksack-auspacken [10.05.2020]. Englisches Original: McIntosh 1989.

> »Als *weiß* in diesem Land gelten Menschen, deren Zugehörigkeit zu Deutschland nicht in Frage gestellt wird und die nicht negativ von Rassismus betroffen sind. Es wird kursiv geschrieben, um zu verdeutlichen, dass es sich um ein Konstrukt und nicht um eine reale Hautfarbe handelt« (ADB Köln 2017, S. 5).

Interessant im Zusammenhang mit *Weißsein* ist die Tatsache, dass die meisten *weißen* Personen überhaupt kein Bewusstsein von ihrem *Weißsein* und dessen Auswirkungen haben (ebd.). Denn sie haben das enorme Privileg, sich nicht mit Rassismus auseinandersetzen zu müssen, da sie nicht durch selbigen diskriminiert werden, sondern durch ihn profitieren. Sich selbst nicht im Kontext von Rassismus zu verorten und die eigene Positioniertheit nicht reflektieren zu müssen, ist nur eins von zahlreichen Privilegien. Weitere Privilegien sind zum Beispiel: Wenn *weiße* Personen eine Wohnung oder einen Arbeitsplatz suchen, stellt *Weißsein* kein Hindernis dar (siehe Kap. 4.4.1); wenn die Polizei *weiße* Personen kontrolliert, können diese sich sicher sein, dass ihre Hautfarbe nicht der Grund dafür ist; *weißen* Personen wird nicht akut bewusst gemacht, dass ihre Form, ihr Verhalten oder ihr Körpergeruch auf alle Menschen zurückfallen wird, die auch *weiß* sind (vgl. McIntosh 1989, S. 10).

Weiße Privilegien müssen auch auf den Kontext rassistischer Gewalt bezogen werden, konkret beispielsweise auf die Situation nach dem rassistischen Terroranschlag in Hanau am 19. Februar 2020. Denn auch hier wird deutlich, dass *weiße* Personen sich nicht mit der dauerhaften Angst und dem Schrecken auseinandersetzen müssen. Denn für sie selbst besteht nicht die akute Gefahr und auch nicht die permanente Sorge um das eigene Leben und um das Leben der eigenen Community (vgl. Agar u. Kalarickal 2020).

Weiße Personen profitieren von rassistischen Machtstrukturen, ob nun bewusst oder unbewusst. Denn diese wirken allgegenwärtig (vgl. Yeboah 2017, S. 154 ff.). *Weißsein* ist somit eine Machtposition, die nicht abgelegt werden kann, auch wenn *weiße* Personen zum Beispiel von anderen Diskriminierungsformen betroffen sind:

> »Durch Weißsein ist man privilegiert. Natürlich werden Positionen in gesellschaftlichen Ordnungen nicht allein durch Weißsein geprägt. Geschlecht, Klasse, Gesundheit usw. schaffen ebenfalls Machtstrukturen. Dass Weiße etwa arm oder reich, gesund oder beeinträchtigt, jung oder alt sein können, bedeutet nicht, dass manche von ihnen die Privilegien des Weißseins verlieren würden. Auch wenn Weißsein damit dynamisch

> und flexibel ist, bedeutet das jedoch nicht, dass es individuellen Spielräumen obliegt, das eigene Weißsein abzulegen. Als systemische Position ist Weißsein keine Weltanschauung, sondern eine Machtposition und als solche ein kollektives Erbe des Rassismus und auch am Werk, wenn Weiße es nicht bemerken (wollen)« (Arndt 2017, S. 43).

Aktuell erfolgt nur sehr vereinzelt eine kritische Beschäftigung mit dem eigenen *Weißsein* und der damit verbundenen Anerkennung rassistischer Machtstrukturen. Eine solche Auseinandersetzung in ihrer gesamtgesellschaftlichen Breite ist in Deutschland längst überfällig. Wenn Forschung in diesem Bereich getätigt wird, erscheint es wichtig, auch diese kritisch zu diskutieren. Denn es ist fragwürdig, wenn in Teilen der kritischen *Weißseins*-Forschung wieder ausschließlich *weiße* Personen, deren Umgang mit der eigenen Positioniertheit und deren »Leid« im Fokus der Betrachtung stehen. Bei einer solchen Fokussierung besteht die große Gefahr, die *weiße* Vorherrschaft wieder zu reproduzieren und *weiße* Personen erneut in die relevanteste Position zu rücken. Wenn die kritische *Weißseinsforschung* dagegen versucht, *Weißsein* zunächst sichtbar zu machen und anschließend als zentrale normstiftende Position aufzuheben, dann kann sie als Herrschaftskritik anerkannt werden (vgl. Stark u. Noack 2017, S. 896; Yeboah 2017, S. 156 f.; El-Tayeb 2017, S. 8 ff.).

In der Auseinandersetzung mit Rassismus, *Weißsein* und Privilegien betont Arndt (2017, S. 43), dass es dabei nicht um »Schuldzuschreibungen« geht, sondern um die Anerkennung von Rassismus »als ein komplexes Netzwerk an Strukturen und Wissen«, das weltweit prägend für Sozialisation und kontinuierliche Reproduktion wirkt. Somit

> »ist das Nicht-Wahrnehmen von Rassismus ein aktiver Prozess des Verleugnens, der durch das weiße Privileg, sich mit Rassismus nicht auseinandersetzen zu müssen, gleichermaßen ermöglicht wie abgesichert wird« (ebd., S. 43).

Wenn es doch zu einer Auseinandersetzung mit diesen Privilegien kommt, führt dies zunächst meist zu einer starken Abwehr. Jedoch werden auch andere Reaktionen beschrieben, die häufig abhängig von der Phase der Reflexion der eigenen Positioniertheit in der rassistischen Machtstruktur sind. Diese Reaktionen reichen von der Unterstellung einer Übertreibung über das Bedürfnis, eine Ausnahme sein zu wollen, über Scham und Schuldgefühle bis hin zu einer Anerkennung, dass Rassismus als Machtverhältnis existiert (vgl. Ogette 2019,

S. 23 ff.). Ein Nicht-Wahrnehmen(-Wollen) von Rassismus und der eigenen Privilegien findet auch häufig in vermeintlich positiven Aussagen *weißer* Personen Ausdruck wie: »Ich sehe keine Unterschiede!«, oder: »Wir sind doch alle gleich!« Diese Aussagen werden vor allem dann getätigt, wenn *weiße* Menschen auf Rassismus und/oder explizit auf ihre Privilegien angesprochen werden (Hasters 2020). Auch diese Form des Umgangs mit Rassismus stellt sowohl eine Verleugnung rassistischer Machtstrukturen als auch eine Abwehrstrategie dar, um sich nicht mit Rassismus beschäftigen zu müssen. Dies verhindert Prozesse der (Selbst-)Reflexion und kann zu Verletzungen bei Menschen führen, die durch Rassismus diskriminiert werden, indem ihnen dadurch, von privilegierter Position aus, die alltäglichen Erfahrungen abgesprochen werden.

Vor dem Hintergrund der Verleugnung rassistischer Machtverhältnisse und abwehrender Reaktionen steht der Begriff der »white fragility« oder »*weißen* Zerbrechlichkeit«, mit dem

> »die von Unsicherheit begleitete Interaktion von weißen Menschen in einer diversen Gesellschaft [bezeichnet wird], in der immer häufiger von diskriminierten Minderheiten eine strukturelle Kritik an weißen Privilegien formuliert wird« (Amjahid 2021, S. 16).

Das allgemeine Sprechen über *Weißsein*, *weiße* Strukturen oder *weiße* Privilegien ist für viele *weiße* Personen unangenehm, weil sie es nicht gewohnt sind, als Gruppe benannt, beschrieben, bewertet und kritisiert zu werden, unabhängig davon, wie behutsam, »sachlich« und auch losgelöst vom konkreten Gegenüber die Kritik formuliert wird (ebd., S. 17). Im Sinne der Verantwortungsübernahme für das eigene Handeln in gesellschaftlichen Machtverhältnissen ist es notwendig, sich der eigenen Abwehrreflexe und Zerbrechlichkeiten immer wieder aufs Neue bewusst zu werden (siehe Kap 7.1). Dies gilt umso mehr, wenn ich in professionellen Kontexten Verantwortung trage, so auch in und für Beratungssettings.

2.3 Selbstbezeichnungen

»Der Verzicht auf rassistische Sprache ist nicht gleichbedeutend mit dem Verschwinden von Rassismus. Er birgt gar das Problem, ihn schwerer fassen zu können. Doch dort, wo er wissentlich und achtungsvoll geschieht, ist er ein Ausdruck von Problembewusstsein.«

Sami Omar (2019, S. 7)

Blicken wir auf gesellschaftliche Machtverhältnisse, kommt Sprache eine wichtige Bedeutung zu. Denn sie reproduziert und schafft Wirklichkeiten, die wiederum Machtverhältnisse aufrechterhalten (vgl. Arndt 2004, S. 1).

So nimmt Sprache auch im Zusammenhang mit Rassismus eine ausschlaggebende Rolle ein. Denn viele der Wörter, die noch heute tagtäglich genutzt werden, sind Begriffe, die in der Kolonialzeit entstanden sind und mit der Absicht gewählt wurden, das Konstrukt der *Anderen* aufrechtzuerhalten (siehe Kap. 4.5). Zudem spiegeln viele von ihnen die Legitimation der kolonialen Unterdrückung wider. Die Nutzung dieser Begriffe löst abwertende Bilder und Vorstellungen aus, die ebenfalls wieder dazu beitragen, Machtverhältnisse und Diskriminierungen aufrechtzuerhalten (vgl. Ogette 2019, S. 74). Entsprechende Begriffe werden hier im Folgenden nicht benannt, um nicht zu einer weiteren Reproduktion von rassistischer und gewaltausübender Sprache beizutragen. Wichtig ist zu betonen, dass es sich bei all diesen Begriffen ursprünglich um Fremdbezeichnungen handelt, also um Benennungen, die Menschen zugewiesen wurden und keinesfalls selbst gewählt sind. Manche dieser Wörter haben sich betroffene Personen im Nachhinein angeeignet und werden somit als Selbstbezeichnungen benutzt. Dabei ist das Verständnis darüber enorm wichtig, dass diese Selbstnutzung keine Legitimation für *weiße* Personen darstellt, diese Wörter auch zu verwenden.

In diesem Zusammenhang soll auch kurz auf die Fragwürdigkeit des Begriffs des sogenannten Migrationshintergrundes eingegangen werden. Nach der Definition des Statistischen Bundesamtes hat eine Person einen Migrationshintergrund, wenn sie selbst oder mindestens ein Elternteil nicht mit deutscher Staatsbürgerschaft geboren wurde (vgl. Destatis 2020). Der Begriff beinhaltet eindeutig eine Zuschreibung, die nicht durch betroffene Personen selbst definiert ist.

Darüber hinaus wird dieser Begriff meist generalisierend angewendet, auch auf Personen, deren Familien schon seit vielen Generationen in Deutschland leben und somit offiziell gar keinen Migrationshintergrund haben. Zudem kann herausgestellt werden, dass sich der Begriff des Migrationshintergrundes meist auf Personen bezieht, die nicht *weiß* sind. Daher kann davon ausgegangen werden, dass meist Personen gemeint sind, die durch Rassismus diskriminiert werden, wenn von Migrationshintergrund gesprochen wird und zudem ein positives Selbstbild von sogenannten »Menschen ohne Migrationshintergrund«, also *weißen* Menschen, als »die Norm« aufrechterhalten wird. Dieser Begriff ist darüber hinaus zumeist mit Assoziationen von »Andersartigkeit« und negativen Zuschreibungen verknüpft (vgl. Özdemir 2018). Es wird also deutlich, dass der sogenannte Migrationshintergrund mit der Zeit und in Bezug auf die jeweilige Generation formal aufhört zu existieren, dies jedoch bei gleichzeitiger Kontinuität möglicher Diskriminierungserfahrungen. Auch ist es offensichtlich, dass nicht jeder sogenannte Migrationshintergrund als solcher bezeichnet wird und mit negativen Zuschreibungen assoziiert wird. Dabei wird in der Regel nicht an *weiße* US-Amerikaner*innen, *weiße* Engländer*innen oder *weiße* Schwed*innen gedacht. Hieraus folgt, dass es in den seltensten Fällen sinnvoll ist, über sogenannte »Menschen mit Migrationshintergrund« zu sprechen und diese binär von »Menschen ohne Migrationshintergrund« zu unterscheiden.

Durch die im Folgenden beschriebenen Selbstbezeichnungen wird deutlich, dass es sich hierbei nicht um die Beschreibung der konkreten Hautfarbe handelt. Selbstbezeichnungen von Menschen, die durch Rassismus diskriminiert werden, sind zum Beispiel Schwarze Menschen, People of Color oder Bi_PoC. Schwarz wird in diesem Kontext mit einem großen »S« geschrieben, da es sich hier nicht um körperlich sichtbare Merkmale, sondern um eine politische Selbstbezeichnung von Menschen handelt, die durch Rassismus diskriminiert werden. Somit wird durch den Begriff auf soziale Gemeinsamkeiten, ähnliche Lebensrealitäten, aber auch auf Widerstandserfahrung hingewiesen (vgl. Lauré al-Samarai 2015, S. 611 ff.). Menschen, die durch Rassismus diskriminiert werden, haben diesen Begriff somit auch gewählt, um eine Solidarität im gemeinsamen Kampf auszudrücken. Der Begriff People of Color – häufig abgekürzt als PoC – steht heute für viele in Verbindung mit der Black Power-Bewegung in den 1960er-Jahren.[7] Die Bezeichnung ist ebenfalls ein selbst gewählter und politischer Begriff, der die Erfahrungsgemeinsamkeiten zwischen Communitys mit unterschiedlichen historischen Hintergründen einschließt, die alle durch *weiße* Dominanz rassistisch diskriminiert wurden und weiterhin werden (vgl. Ogette 2019, S. 77).

Mit Bi_PoC (Black, indiginous People_and People of Color) werden zusätzlich explizit indigene Menschen mit einbezogen. Mit der Bezeichnung indigen – zu der unterschiedliche Positionen existieren, ob es sich dabei um eine Selbstbezeichnung handelt (deswegen hier kleingeschrieben; vgl. den Blog »Wir muessten mal reden«, dementgegen Migrationsrat Berlin e. V. 2020) –, soll speziell auf die Erfahrung hingewiesen werden, »durch einen rassistischen, also kolonialen Raub von Land verdrängt [...] und deswegen bis heute unterdrückt zu werden« (ebd. 2020).

Im Kontext der Erläuterung solcher Begrifflichkeiten wird von *weiß* positionierten Menschen häufig der Vorwurf erhoben, mit dem Verweis auf Selbstbezeichnungen Sprechverbote auferlegen zu wollen. Auch dieser Vorwurf kann zumeist auf Abwehrverhalten zurückgeführt werden. Wir möchten daher betonen, dass es sich hier nicht um ein Verbot handelt, sondern um die Aufklärung darüber, dass die Nutzung vieler Bezeichnungen die Ausübung von Gewalt bedeutet, hier nicht konkret physischer Art. Wenn Menschen diese Wörter nun weiterhin benutzen, obwohl sie darauf hingewiesen wurden, dass sie Menschen damit verletzen, Gewalt reproduzieren und ausüben, dann tun sie dies wissentlich (vgl. Ogette 2019, S. 79).

7 Für eine differenzierte Darstellung der Geschichte des Begriffs und seiner Ursprünge sowie Bezügen bspw. im französisch kolonisierten Haiti des späten 18. Jahrhunderts oder in der »US-amerikanischen Sklavenhaltergesellschaft« siehe Ha (2016, S. 31 ff.).

3 Diskriminierung – Was ist das eigentlich?

»Menschen werden nicht wegen ihres Geschlechts, Glaubens, ihrer Abstammung, Sprache, Heimat, Herkunft, Orientierung oder Behinderung diskriminiert. Sie werden diskriminiert, weil die Gesellschaft strukturell rassistisch, sexistisch, trans-, homo- und behindertenfeindlich ist.«[8]

Sibel Schick (2020)

Bei einem Blick in die Fachliteratur lassen sich für den Begriff der Diskriminierung viele unterschiedliche Definitionen finden. Dies erklärt sich vor allem durch die unterschiedlichen (Forschungs-)Perspektiven, die bei der wissenschaftlichen Auseinandersetzung mit dem Phänomen Diskriminierung eingenommen werden können. Hierzu zählen unter anderem eine soziologische, eine sozialpsychologische oder auch eine juristische Perspektive.[9] Auch unterscheiden sich die Definitionen in ihrer Komplexität, womit durchaus verschiedene Praxisfelder berücksichtigt und überhaupt der Zugang und Einstieg in diese vielschichtigen Wirkungsmechanismen erleichtert werden können. So verstehen Pates, Schmidt und Karawanskij (2010, S. 255) unter Diskriminierung, »dass eine Person schlechter als andere behandelt wird, weil sie einer bestimmten Gruppe zugeordnet wird oder ein bestimmtes Merkmal hat«. Hormel und Scherr (2010, S. 7) geben folgende Begriffsbestimmung: »Als Diskriminierungen gelten gewöhnlich Äußerungen und Handlungen, die sich in herabsetzender oder benachteiligender Absicht gegen Angehörige bestimmter sozialer Gruppen richten«. Aus der Kombination dieser beiden Definitionen ergeben sich zunächst drei wichtige Aspekte von Diskriminierung. Erstens geht es bei Diskriminierung um eine Ungleichbehandlung bzw. Benachteiligung. Zweitens zeigt sie sich sowohl in Sprache als auch in Verhaltensweisen und konkreten Handlungen. Drittens sind die Menschen davon betroffen, die als Angehörige bestimmter sozialer Gruppen wahrgenommen werden, egal ob sie tatsächlich Mitglieder dieser Gruppen sind bzw. sich selbst als solche identifizieren oder nicht. Scherr, El-Mafaalani und Yüksel

---

8 Auf Twitter abrufbar: https://twitter.com/sibelschick/status/1271857145072570370 [25.09.2020]

9 Für eine Sammlung und Darstellung verschiedener Forschungsperspektiven im Themenfeld Diskriminierung siehe Scherr, El-Mafaalani u. Yüksel (2017).

(2017, S. vi, Hervorh. im Orig.) erweitern diese Definitionen und Aspekte, indem sie

> »Diskriminierung hier nicht allein als eine Folge von benachteiligenden Handlungen [verstehen], denen Stereotype zu Grunde liegen, sondern als ein komplexes soziales Phänomen, das auf historische gewordene soziale Verhältnisse, auf institutionell verfestigte Erwartungen und Routinen, organisatorische Strukturen und Praktiken sowie auf Diskurse und Ideologien verweist«.

Dies bedeutet auch, dass sich diskriminierendes Verhalten nicht nur in intentionalen Handlungen vollzieht, sondern auch nicht intendiertes Handeln, das beispielsweise vor dem Hintergrund unhinterfragter Normsetzungen ausgeführt wird, mit einschließt.

3.1 Verschiedene Ebenen von Diskriminierung

Neben dem Verweis auf die historischen Kontinuitäten von Diskriminierungsverhältnissen werden verschiedene Ebenen benannt, auf denen Diskriminierung stattfindet. Häufig wird Diskriminierung als Vorgang zwischen zwei Personen, also als Bestandteil individuellen Interaktionsverhaltens betrachtet. Dies beschreibt die *individuelle Ebene,* die jedoch nur eine von drei Ebenen darstellt. Diskriminierung entfaltet ihre Wirkmächtigkeit auch, und erst dadurch so umfassend, auf einer *strukturellen* bzw. *institutionellen* sowie auf einer *ideologisch-diskursiven Ebene* (vgl. Pates et al. 2010, S. 34 f.; siehe auch Schmidt, Dietrich u. Herdel 2009; Gomolla 2010, 2017). Diese werden in Kapitel 4.4 am Beispiel rassistischer Diskriminierung näher beleuchtet.

3.2 Direkte und indirekte Diskriminierung

Eine weitere Unterscheidung, die hinsichtlich Diskriminierung getroffen wird und sich vor allem auf die strukturelle bzw. institutionelle Ebene beziehen lässt, ist die der direkten und indirekten Diskriminierung[10]. Gomolla (2017, S. 145) versteht unter direkter institutioneller Diskriminierung, wenn bestimmte Menschen kontinuierlich, bewusst und absichtlich in oder durch Institutionen Ungleichbehandlungen erfahren. Dies kann sowohl formell, also über Gesetze sowie Hand-

10 Fereidooni (2016, S. 44) spricht in vergleichbarer Weise von unmittelbarer und mittelbarer Diskriminierung. Rommelspacher (2011, S. 31) nutzt im Kontext rassistischer Diskriminierung das Begriffspaar explizit und implizit.

lungsanweisungen in Organisationen, als auch informell, zum Beispiel über Routinen oder ungeschriebene Regeln geschehen. Dabei erfolgt die Ungleichbehandlung unmittelbar aufgrund eines Diskriminierungsmerkmals (Fereidooni 2016, S. 44). Im Gegensatz hierzu handelt es sich bei der indirekten Diskriminierung um Vorschriften, Praktiken und Handlungsweisen, die vermeintlich merkmalsneutral sind und für alle Menschen gelten bzw. von denen alle gleichermaßen betroffen sind (ebd., S. 44). Die Diskriminierung entsteht in diesem Zusammenhang dadurch, dass »die Chancen, vermeintlich neutrale Normen erfüllen zu können, bei Angehörigen verschiedener sozialer Gruppen grundsätzlich ungleich verteilt sind« (Gomolla 2017, S. 146).

3.3 Relevante Merkmale für Diskriminierung

Wer ist von Diskriminierung betroffen bzw. kann von ihr betroffen sein? Von welchen sozialen Gruppen wird hier gesprochen? Welche Merkmale werden als »diskriminierungsrelevante Differenzkategorien« (Fereidooni 2016, S. 44) gesehen? Abbildung 1 gibt in Anlehnung an Zick, Küpper und Berghan (2019) hier einen Überblick, aus dem sich betroffene (und konstruierte) Gruppen ableiten lassen. Neben tatsächlicher oder vermeintlicher bzw. zugeschriebener Herkunft, Geschlecht, Religionszugehörigkeit oder sexueller Orientierung zeigt sie weitere für den Diskriminierungskontext relevante Kategorien auf.[11] Wie im Diskriminierungsverständnis von Scherr et al. (2017, S. vi), wird auch hier deutlich, dass die einzelnen Kategorien (z. B. Rassismus, Sexismus, Antisemitismus) auf Ideologien der Auf- und Abwertung basieren. Gleichzeitig kann der Ideologiegrad zwischen den einzelnen Elementen, aber auch innerhalb eines Elementes sehr unterschiedlich ausfallen. Je nach Einstellung und Manifestation kann dies von »einfachen« Stereotypen und Vorurteilen bis hin zu mehr oder minder geschlossenen Ideologiekomplexen reichen.

Grundsätzlich ist den jeweiligen Diskriminierungsformen gemein, dass sie von einer »Ideologie der Ungleichwertigkeit« ausgehen. Konkret stellt sich also hier die Frage, ob Personen davon aus-

11 Die Darstellung der Kategorien soll nicht als abgeschlossen verstanden werden. Im Laufe der regelmäßig erscheinenden Studien von Zick et al. wurden diese sukzessive ergänzt oder auch Kategoriebezeichnungen verändert. Dennoch ist darauf hinzuweisen, dass unter macht- und rassismuskritischer Perspektive immer noch problematische Begriffe genutzt werden, die hier ersetzt wurden. Zu einer rassismuskritischen Kritik siehe auch Hykel (2013).

Abb. 1: »Ideologie der Ungleichwertigkeit« in Anlehnung an Zick et al. (2019)

gehen, dass alle Menschen gleich viel wert sind, oder eben nicht. Dies bezieht sich in einem erweiterten Sinne auch auf Organisationen in ihren Routinen und Handlungen oder auch auf gesellschaftliche Diskurse. Die empirischen Untersuchungen von Zick et al. beziehen sich jedoch lediglich auf individuelle Einstellungspotenziale. Eine zugrunde liegende Ideologie der Ungleichwertigkeit zeigt sich auch darin, dass die Wahrscheinlichkeit zur Zustimmung zu einer Kategorie steigt, sobald einer anderen zugestimmt wird. Zick, Küpper und Krause (2016, S. 52) verweisen hier auf einen »substanziellen Zusammenhang nahezu aller Elemente untereinander«. So belegen sie empirisch die Überlegungen hinsichtlich der »ideologischen Verknüpfungen«, wie sie beispielsweise Miles (1991, S. 116) für Rassismus und Sexismus anstellte.

Hieran anschließen lassen sich auch die Überlegungen zur Intersektionalität[12], also das Betroffensein von mehreren Diskriminie-

12 Der Begriff geht im Englischen auf »Intersectionality« von Crenshaw (1989) zurück. Die amerikanische Juristin untersuchte in kritischen Fallanalysen verschiedene Antidiskriminierungsurteile in den USA. Sie spricht hier von einem »Paradigma Intersektionalität«, das mit Bezügen zum Black Feminism und der Critical Race Theory entstanden ist (siehe dazu Marten u. Walgenbach 2017, S. 158 ff.). Für eine intensivere Auseinandersetzung mit dem Themenfeld siehe Lutz, Herrera, Vivar u. Supik (2013) oder auch das www.portal-intersektionalitaet.de der Bergischen Universität Wuppertal.

rungsformen. Wichtig dabei ist, dass es sich bei dem Erleben von Intersektionalität nicht lediglich um eine Anhäufung der Diskriminierungserfahrungen handelt, sondern dass durch eine Verschränkung der Diskriminierungsformen, also durch die Schnittmenge dieser, eine neue, eigene Form der Diskriminierung entsteht (vgl. AlSabah 2020, S. 20). Meint also,

> »dass soziale Kategorien wie Gender, Ethnizität, Nation oder Klasse nicht isoliert voneinander konzeptualisiert werden können, sondern in ihren ›Verwobenheiten‹ oder ›Überkreuzungen‹ (intersections) analysiert werden müssen« (Walgenbach 2012, S. 81, Hervorh. im Orig.).

Beispielsweise kann eine Rollstuhlfahrerin of Color nicht nur als Frau, als Mensch of Color sowie als Person, die auf einen Rollstuhl angewiesen ist, Diskriminierung erfahren, sondern eben gerade in der Überschneidung als Rollstuhlfahrerin of Color eine spezifische Form der Diskriminierung erleben. Für die Auseinandersetzung mit gesellschaftlichen Macht- und Diskriminierungsverhältnissen ist eine intersektionale Perspektive von großer Bedeutung. Dementsprechend auch speziell im Kontext von Beratung (siehe z. B. Interview mit Souzan AlSabah in diesem Buch).

3.4 Machtpositionen und Privilegien

Eng verknüpft und eine Voraussetzung für gesellschaftliche Diskriminierungsverhältnisse sind gesellschaftliche Machtstrukturen und die sich daraus ergebenden Machtpositionen. Hierbei geht es nicht nur um politische oder ökonomische Entscheidungsgewalt und Möglichkeiten der Machtausübung, sondern auch um situative Macht und die eigene gesellschaftliche Positioniertheit. Denn diese ermöglichen in Kombination mit Stereotypen und Vorurteilen Diskriminierung (vgl. Schmidt 2009, S. 82). Abgeleitet aus den Überlegungen zu Abb. 1 und im Sinne der Intersektionalität wird deutlich, dass nicht alle Menschen gleichwahrscheinlich von Diskriminierung betroffen sein können. Hieraus ergibt sich ein Teil der gesellschaftlichen Positioniertheit und der damit verbundenen Machtposition und Privilegien: Denn wo Menschen Diskriminierung erfahren, gibt es auch immer andere, die davon profitieren (unabhängig davon, ob sie selbst aktiv diskriminieren oder sich dessen bewusst sind). Die Benachteiligung von marginalisierten Personen ist die Bevorzugung von dominant positionierten Personen. Diese erhalten dadurch Privilegien, die ohne entsprechende Reflexion über gesellschaftliche Diskriminierungsverhältnisse meist nicht als solche, sondern als Normalität wahrgenommen werden. Jedoch können sich beispielsweise nicht alle Kinder und Jugendlichen sicher sein, dass sie in der Schule nach den gleichen Kriterien benotet werden wie viele ihrer Mitschüler*innen. Gleiches gilt für die Bewerbung auf eine Ausbildungs- oder Arbeitsstelle.[13] Durch die Anerkennung der Existenz von Privilegien, die vielen häufig nicht bewusst sind, ergibt sich auch der Bruch mit dem gesellschaftlichen Narrativ, dass Menschen in einer Leistungsgesellschaft lediglich nach ihrer individuell erbrachten Leistung wahrgenommen und bewertet werden würden. Im Zusammenhang mit Machtpositionen geht es auch darum, ob Menschen, die Diskriminierung sichtbar machen oder sich darüber beschweren, zugehört wird. Und wenn ja, wer dann über die Deutungshoheit verfügt: Wer also hat die Macht, zu definieren, ob etwas diskriminierend ist oder nicht? Hier zeigt sich auch die Verteilung von symbolischer Gewalt bzw. Macht im Sinne Bourdieus (vgl. Moebius u. Wetterer 2011; Schmit u. Woltersdorff 2008). Privilegiert sein heißt auch, »die Wahl zu haben, sich mit Diskriminierung zu beschäftigen oder eben nicht. Menschen, die Diskriminierung erleben, müssen dies ungewollt immer wieder tun« (Köttler u. Gold 2019, S. 6).

13 Beispiele hierfür werden in Kapitel 4.4.1 mit Verweis auf empirische Studien aufgeführt.

4 Rassismus: Ein gesellschaftliches Machtverhältnis

»Rassismus ist die Norm und nicht die Ausnahme. Und um ihn zu demontieren, ist es immens wichtig, dass wir dies anerkennen und begreifen.«

Tupoka Ogette (2019, S. 41)

Nachdem in Kapitel 3 Diskriminierung im Allgemeinen dargestellt worden ist, folgt nun die Fokussierung auf Rassismus als eine spezielle Form von Diskriminierung. An dieser Stelle sei auf die Bedeutsamkeit der Auseinandersetzung in systemischen Kontexten mit anderen Diskriminierungsformen (z. B. Sexismus oder LGBTIQ*-Feindlichkeit) und ihren Überschneidungen im Sinne der Intersektionalität (siehe Kap. 3.3) verwiesen.

Ist von Rassismus die Rede, so denken viele Menschen an rassistische Hetze oder gar an körperliche Übergriffe aus rassistischen Motiven. Diese Erscheinungsformen stellen jedoch nur die Spitze des Eisberges dar. Rassismus als gesamtgesellschaftliches Phänomen und wirkmächtige Diskriminierungsform begründet sich in kolonialen Traditionen und ist gesellschaftlich tief verankert. Auch wissenschaftlich existieren unterschiedliche Verständnisse von Rassismus. Biskamp (2017, S. 272) differenziert zwei Richtungen, die er im Feld der Rassismusforschung ausmacht: Zum einen benennt er ein »ideologiekritische[s] Verständnis von Rassismus als falsches Bewusstsein«, zum anderen ein »machtkritische[s] Verständnis von Rassismus als soziales Dominanzverhältnis oder Diskurs«. Ersteres vertritt beispielsweise Miles (1991, S. 106), indem er für rassistische Ideologien im Allgemeinen vier zentrale Kennzeichen ausmacht: Erstens handelt es sich bei rassistischen Ideologien um Ideologien der Ein- und Ausgrenzung. Es steht also immer eine gedanklich konstruierte In-Group einer Out-Group[14] bzw. verschiedenen Out-Groups gegenüber. Zweitens stellt Miles (1991, S. 106) fest, dass Rassismus in seiner alltäglichen Form stark in Bezug auf die theoretische Dichte

14 An dieser Stelle werden häufig die Begriffe Eigen- und Fremdgruppe verwendet. Die Bezeichnung »fremd« ist in sich selbst bereits eine Reproduktion von rassistischen Machtverhältnissen, da hier Bi_PoC als »Fremde« konstruiert werden. Dies ist beispielsweise auch bei dem Begriff »Fremdenfeindlichkeit« der Fall.

variiert. So kann Rassismus »als relativ zusammenhängende Theorie mit innerer Logik oder als eher fragmentarische Ansammlung von Klischees, Bildern und Zuschreibungen für das Alltagsleben auftreten« (Zerger 1997, S. 139). Als drittes Kennzeichen beschreibt Miles (1991, S. 107) die Funktion von Rassismus zur subjektiven Erklärung der Welt. So können Beobachtungen im Alltag aus einer rassistischen Warte heraus zu Regelmäßigkeiten konstruiert werden, denen dann wiederum mit rassistischen Strategien versucht wird entgegenzutreten. Das vierte Kennzeichen liegt in der nichtvorhandenen Einförmigkeit bzw. Statik rassistischer Ideologien, da sie sich je nach gesellschaftlichem Kontext in Inhalten und Argumentationsmustern unterscheiden und sich an die jeweiligen Diskurse anpassen können (Miles 1991, S. 109). Hierfür beispielhaft sind Ersetzungsprozesse in rassistischen Diskursen, in denen auf Begriffe wie »Kultur« oder »Religion« an die Stelle von »Rasse« verwiesen wird (siehe Kap. 4.2). An dieser Stelle ist es wichtig darauf hinzuweisen, dass genetisch-biologisch keine »Menschenrassen« existieren (Kattmann 2015), sondern entsprechende Theorien im Zuge des europäischen Kolonialismus systematisch entwickelt worden sind.[15]

Auch wenn Biskamp (2017, S. 287) nicht alle Vertreter*innen der Ansätze in der jeweiligen Ausschließlichkeit verortet, sieht er die Stärke des ideologiekritischen Verständnisses als Schwäche des machtkritischen Verständnisses und umgekehrt. So wohnt dem ideologiekritischen Rassismusbegriff eine Verkürzung auf subjektivistische Bewusstseinsprozesse inne, die dazu führt, dass Dynamiken gesellschaftlicher Machtverhältnisse und Diskurse nicht sichtbar werden. Der machtkritische Rassismusbegriff setzt hingegen indirekt einen Vernunftbezug voraus, den er selbst jedoch nicht direkt beschreibt. Da es im Rahmen der Betrachtung von Rassismus im Kontext von Systemischer Beratung primär um Betroffenenperspektiven gehen muss, ist diese Schwäche eher zu vernachlässigen und somit ein machtkritisches Verständnis von Rassismus zentral. Denn erst dieses fasst Rassismus als Beziehung zwischen Menschen, genauer zwischen Subjekten und rassistisch Objektifizierten, auf und sieht ihn dementsprechend als Ordnungsverhältnis. Es stellt sich weniger die Frage, wie rassistische Einstellungen entstehen und worauf sie gründen, vielmehr interessiert, wie sich Rassismus gesellschaft-

15 Zur weiteren kritischen Auseinandersetzung mit dem »Rasse«-Begriff siehe Roig (2021), Friedrich (2019), Kattmann (2015), Mecheril u. Scherschel (2011).

lich zeigt und welche Auswirkungen Rassismus vor allem für Betroffene hat. »Dabei gilt die Differenz zwischen den privilegierten und marginalisierten Gruppen nicht als dem Diskurs vorgängiges Phänomen, sondern als eines, das erst im Diskurs selbst produziert wird« (Biskamp 2017, S. 281). Ein solcher rassifizierender Diskurs über Bi_PoC begründet die soziale, politische, kulturelle sowie wirtschaftliche Ausgrenzung und sichert der ausschließenden Gruppe einen privilegierten Zugang zu materiellen und symbolischen Ressourcen (vgl. Hall 2018a).

Ein machtkritisches Verständnis von Rassismus wird zum Beispiel von Rommelspacher (2011, S. 29) beschrieben. Sie versteht Rassismus als »ein System von Diskursen und Praxen, die historisch entwickelte und aktuelle Machtverhältnisse legitimieren und reproduzieren«. Es handelt sich hier also nicht nur um individuelle Vorurteile, sondern um die »Legitimation von Herrschaftsverhältnissen«, was wiederum zeigt, dass Rassismus als »*gesellschaftliches Verhältnis*« verstanden werden muss (ebd., Hervorh. im Orig.). In diesem Zusammenhang wird auf vier Merkmale bzw. Prozesse verwiesen, die Diskurse als rassifizierend kennzeichnen: Zunächst findet eine Naturalisierung von sozialen und kulturellen Differenzen statt. Nach einem biologistischen Verständnis werden Charaktereigenschaften und personale Merkmale unabänderlich mit der konstruierten »Rasse« verbunden und im Sinne eines Erbes weitergegeben. Das Ersetzen des Konzepts der genetischen »Rasse« durch das Konzept »Kultur« oder einer eher kulturell definierten »Ethnie« hat daran nichts Grundlegendes geändert, nur der Bezugspunkt ist ein anderer. Man spricht nun eher von einem kulturellen oder einem kulturalisierten Rassismus, nicht mehr von einem biologistischen (siehe Kap. 4.2). Das Erbe würde hier somit ein kulturelles. Das Prinzip der Naturalisierung bleibt dennoch bestehen, denn die Verbindung von Eigenschaften und Kultur wird auch hier als unabänderlich verstanden. Als zwei weitere Merkmale nennt Rommelspacher (2011, S. 29) die Homogenisierung und die Polarisierung. Denn mit der Naturalisierung findet gleichzeitig auch eine Einteilung und Vereinheitlichung von Menschen in homogene Gruppen statt. Je nach Perspektive werden dann die In-Group und die jeweilige Out-Group als disparat und grundsätzlich unverträglich einander gegenübergestellt. Als Konsequenz folgt darauf eine Hierarchisierung der Gruppen. Sie werden in eine Rangfolge gebracht und ihnen werden verschiedene Wertigkeiten zugesprochen bzw. auch eine eigene Wertigkeit aberkannt. Die Hierarchisierung wird von der Dominanzgesellschaft zu ihren Gunsten vollzogen. Wollrad (2005, S. 14) greift dies auch hinsichtlich einer historischen Kontinuität auf, indem sie Rassifizierung folgendermaßen beschreibt:

> »Weiße europäische Philosophen, Anthropologen und Ethnologen haben nicht aus schlichter Ordnungsliebe Kategorien zur Klassifikation der gesamten Menschheit eingeführt, sondern die Ordnung wurde in Form einer Hierarchisierung gestaltet, deren Kern in der Selbstpositionierung der Erfinder an der Spitze der Hierarchie bestand.«

Roig (2021, S. 37) berücksichtigt hier weitere strukturelle Machtsysteme und verweist unter Rückgriff auf Ramón Grosfoguel auf ein globales Über- und Unterordnungsverhältnis, das

> »in den letzten fünfhundert Jahren politisch, wirtschaftlich und kulturell durch die weiße Vorherrschaft, das kapitalistische System, den europäischen Kolonialismus und das Patriarchat produziert und aufrechterhalten [wurde].«

Davon ausgehend können mit Rommelspacher (2011, S. 30 f.) vier Segregationslinien benannt werden, anhand derer im System Rassismus von einer privilegierten Position aus Zugänge sowie Ausschlüsse bestimmt werden und damit Marginalisierung in essenziellen Lebensbereichen für Betroffene eine Lebensrealität darstellt:

- ökonomisch: Chancen und Diskriminierung auf dem Arbeitsmarkt, höheres Armutsrisiko von Bi_PoC oder »als Migrant*innen markierten« Menschen
- politisch: Ungleichbehandlung durch Gesetzgeber*in, hohe Hürden für die Erlangung der Staatsbürgerschaft, Sonderregelungen im Zuwanderungs- und Asylgesetz
- sozial: Umgang der Menschen untereinander, z. B. Freundschaften, Partnerschaften, Ehen zwischen *weiß* positionierten Personen und Bi_PoC, selektierender Wohnungsmarkt (vgl. Schiffer-Nasserie 2012, S. 43)
- kulturell: Konstruktion von »Wir« und Menschen, die als nicht zugehörig markiert werden, Zuteilung von symbolischer Macht: Wer darf sprechen? Wem wird zugehört? Über welche und über wessen Themen wird gesprochen? Wer ist wichtig in einer Gesellschaft, wer nicht und wer entscheidet darüber?

Daran wird deutlich, dass Rassismus auch immer »gesellschaftliche Diskriminierungen« (Rommelspacher 2011, S. 30) mit einschließt.[16]

4.1 Geschichtliche Hintergründe – Ein Einblick

Um eine Auseinandersetzung mit der rassistischen Machtstruktur zu beginnen, ist ein Blick in die deutsche Kolonialgeschichte unabdingbar. Eine detaillierte Beschäftigung mit ihr würde den Rahmen hier überschreiten, aber ein Einblick soll ein etwas umfassenderes Bild auf Rassismus in Deutschland werfen und als Basis für die weiteren Ausführungen dienen.

Eine Auseinandersetzung mit der Kolonialgeschichte führt häufig zu einer Distanzierung von derselben. Für *weiße* Personen steht nun nicht mehr ein positiver Blick auf sich selbst im Fokus, sondern der Blick auf eine zerstörerische und gewaltvolle Vergangenheit, die von *weißen* Herrschaftssystemen verursacht wurde. Dadurch kann ein Gefühl der Abgrenzung und Abwehr entstehen (vgl. Ha 2017, S. 105). In diesem Zusammenhang ist es auch wichtig zu betonen, dass sich die große Relevanz der Auseinandersetzung nicht in den Lehrplänen von Schulen und anderen Bildungseinrichtungen widerspiegelt. Oft wird Kolonialgeschichte als ein rein britisches oder französisches Phänomen dargestellt, was ferner das Nicht-Vorhandensein einer deutschen Kolonialgeschichte suggeriert. Daher wird in deutschen Schulen entweder nichts oder nur wenig zur deutschen Kolonialgeschichte und somit zur Entstehungsgeschichte von Rassismus gelehrt. Sowohl die Nicht-Einbeziehung dieses Wissens in Lehrpläne als auch die Vermeidung einer persönlichen Auseinandersetzung mit der Geschichte trägt dazu bei, dass Rassismus weiter so stark in der Gesellschaft verankert ist (vgl. Ogette 2019, S. 33 ff.).

Obwohl es bereits zuvor deutsche Kolonialbestrebungen gab, lässt sich die sogenannte »Afrika Konferenz« (November 1884 bis Februar 1885) als konkreter Beginn der deutschen Kolonialherrschaft nennen. In deren Zuge wurde der afrikanische Kontinent unter den Kolonialmächten aufgeteilt und diesen der freie Zugang zu Handel und Rohstoffen gesichert. Die Ziehung der kolonialen Grenzen erfolgte dabei willkürlich. Als deutsche Kolonien entstanden im Laufe

16 Für weitere Auseinandersetzungen und Perspektiven siehe z. B. Mai (2020), Kooroshy, Mecheril und Shure (2021), Bozay, Güner, Mangitay und Göçer (2021), Meiners (2021) sowie Kelly (2021).

der Zeit Deutsch-Südwestafrika, Deutsch-Ostafrika, Kamerun und Togo sowie Deutsch-Neuguinea, Deutsch-Samoa und Kiautschou in China, mit einer Fläche von insgesamt 2,9 Millionen Quadratkilometern, welche sechsmal so groß war wie das damalige Deutsche Reich (vgl. Zeller 2013, S. 16).

Im Zuge des gesamten europäischen Kolonialismus und der damit verbundenen Ausbeutung wuchs die Sklaverei zu einem riesigen System heran. Einem System, das sich selbst durch Rassismus legitimierte. Denn die Akteure europäischer Kolonialmächte »wurden Rassisten, um Menschen für ihren eigenen Profit versklaven zu können« (Ogette 2019, S. 33). Sie brauchten also eine moralische Legitimation für Ausbeutung, Gewalt, Invasion und Landnahme sowie für die Sklaverei. Um diese grausamen Taten zu beschreiben, wird das Wort »Maafa« verwendet; es ist Swahili und kann mit »Tragödie« oder »große Katastrophe« übersetzt werden. Mit dem Wort werden sowohl die Sklaverei, der Imperialismus und Kolonialismus beschrieben als auch der Rassismus, der damit einherging. Das Wort beschreibt jedoch auch den Widerstand der von der Maafa betroffenen Menschen und ist ein von ihnen selbst gewählter Begriff – nicht einer, der von kolonialen Mächten erfunden wurde. Der europäische Wirtschaftsboom im 17. Jahrhundert und die damit verbundene eigene Bereicherung bauten sich auf diesem gewaltvollen System auf und wurden nur dadurch möglich (vgl. ebd., S. 33 f.). Die »imperiale Lebensweise«, die auch heute noch vorherrscht, hatte darin ihren Ursprung (vgl. Brand u. Wissen 2017, S. 74).

Um also diese »grausame, mörderische Ausbeutungskultur« (vgl. Ogette 2019, S. 35) halten zu können, brauchte es zur Legitimation die Rassifizierung. Denn der Widerspruch zum humanistischen Weltbild konnte nur dadurch gerechtfertigt werden, dass eine Struktur erschaffen wurde, in der nur bestimmte Menschen als Menschen galten und andere eben nicht (vgl. Arndt 2017, S. 32). Bis ins 17. Jahrhundert wurde der Begriff der Rasse ausschließlich für die Tier- und Pflanzenwelt genutzt und erst dann auch für Menschen verwendet. Somit entstand ein Konstrukt, welches angebliche biologische Gegebenheiten als Hierarchisierungsgrundlage für Menschen nahm (vgl. ebd., S. 30). Hierbei ist es enorm wichtig darauf hinzuweisen, dass es keinerlei biologische oder genetische Anhaltspunkte für diese Theorien gibt, sondern dass es sich hierbei eben lediglich um die Konstruktion selbiger handelt. Es gibt unterschiedliche

»Rassentheorien«, aber sie alle verbindet die Grundannahme, dass *weiße* Menschen immer an der Spitze der hierarchischen Pyramide stehen (vgl. Ogette 2019, S. 35). Dabei wird das Christentum meist untrennbar mit dem *Weißsein* verknüpft und beides als eine von der Natur gegebene Normalität dargestellt, die wiederum die Ansprüche auf Herrschaft und Macht legitimieren soll. Um dieses Konstrukt zu untermauern, wurden scheinbare körperliche Merkmale erfunden, die Unterschiede markieren sollten. Diese angeblichen körperlichen Unterschiede wurden in Zusammenhang mit religiösen, sozialen und »kulturellen« Eigenschaften gestellt. Diese verallgemeinerten Zuschreibungen wurden auch als naturgegeben betrachtet, hier jedoch im Sinne einer Hierarchisierung und damit verbundenen Abwertung, durch die Gewalt und Vernichtung legitimiert werden sollten (vgl. Arndt 2017, S. 32 f.). »*Weiße* haben sich mittels des Rassismus die Welt passförmig gemacht, um sie zu beherrschen« (ebd., S. 34). Rassismus kann somit als eine *weiße* Herrschaftsform begriffen werden.

Es gibt viele Quellen, die dazu herangezogen wurden, den Kolonialismus zu legitimieren (vgl. Ogette 2019, S. 35 ff.). Auch schon in der Antike wurden »kulturelle« Differenzen zwischen Griechen und Nicht-Griechen konstruiert, um Abgrenzung zu begründen und Herrschaftsansprüche zu sichern. So stellte auch schon Aristoteles die Sklaverei als naturgegeben und gerecht dar und zieht scheinbare Verbindungen zwischen Hautfarbe und Eigenschaften von Menschen. Dieses Wissen ist noch keine »Rassentheorie«, kann aber als Bereitstellung von Wissen und Theoremen begriffen werden, die später eine Grundlage für die Konstruktion von »Rasse« lieferten. Auch im Hochmittelalter wurden christliche Farbsymboliken im Zusammenhang mit Hautfarbe genutzt, um religiöse Differenzen zu erschaffen und Hierarchisierungen zu bilden. So betrachteten *weiße* Europäer*innen ihr *Weißsein* als göttliche und reine Tugend, während Schwarze als dämonisch und böse angesehen wurden (vgl. Arndt 2017, S. 35 f.).[17]

Auch die Aufklärung hat eine große Auswirkung auf die Legitimation von Rassismus gehabt und somit eine neue Form seiner Rechtfertigung geliefert. Philosophen wie Hegel und Kant schufen ein geistiges Fundament für Rassismus und die dahinterstehende

17 Diese Verknüpfung von religiösen Unterschieden und Hautfarbensymboliken kann auch beispielhaft an Wolfram von Eschenbachs »Parzival« analysiert werden.

Haltung. Das Weltbild dieser »Vordenker« gilt in vielen Grundzügen noch heute, obwohl auch sie die Menschen rassifizierten und die Überlegenheit *weißer* Menschen in den Vordergrund ihrer Ausführungen stellten (vgl. Fathi u. Şirin 2019, S. 24). Bis heute gelten Rationalität, Erziehbarkeit, Mündigkeit und »entwickelt«, als Begriffe, die *weißen* Personen zugeschrieben werden und somit Rassismus untermauern (vgl. Ogette 2019, S. 39).

Durch seine jahrhundertealte Tradition und der Gesellschaft immanente Strukturen wirkt Rassismus als unterdrückendes System so tiefgreifend und allumfassend wie fast keine andere Machtstruktur (vgl. Arndt 2017, S. 42). Dennoch wird der deutsche Kolonialismus, im Vergleich zu anderen, häufig als weniger schlimm oder gar nicht so relevant abgetan. Eine Tatsache, die im Rückblick auf die deutsche Kolonialgeschichte auch häufig verschwiegen wird, ist der Genozid an den Herero und Nama. Diese waren aber der Situation nicht nur schutzlos ausgeliefert, sondern wehrten sich gegen Gewalt, Ausbeutung, Erniedrigung und Mord; sie formierten sich zu Bündnissen und begannen den Befreiungskampf. Darauf reagierte die deutsche Kolonialmacht mit der Errichtung von Konzentrationslagern und der Entsendung weiterer Truppen zur Bekämpfung der Herero und Nama (vgl. Ogette 2019, S. 46 ff.).

Vor dem Krieg zwischen Deutschen und Herero und dem damit einhergehenden Genozid wurde die Zahl der Herero auf insgesamt ca. 80.000 Menschen geschätzt. Nach dem Krieg auf nur noch ca. 14.000 Menschen, die weiterhin versklavt wurden. Die Zahl der ermordeten Nama wird auf 10.000–20.000 beziffert. Deutschland erkannte diese Gräueltaten bis 2015 nicht als Völkermord an (vgl. Brehl 2004, S. 77 ff.) und leistete auch danach keine Entschädigungszahlungen. In diesem Kontext sollen auch der Genozid und die Morde der 100.000 – 300.000 Menschen im Zuge des Maji-Maji-Kriegs benannt werden (vgl. Becker u. Beez 2005, S. 11 ff.).

Schon durch diesen – sehr verkürzten Blick – in die deutsche Kolonialgeschichte wird deutlich, dass Rassismus als eine scheinbar naturgegebene Struktur diente und noch weiter dient, um die Ansprüche auf Herrschaft, Macht und Privilegien *weißer* Menschen sicherzustellen und zu begründen. Dabei wird *Weißsein* stetig als Normalität konstruiert, durch die Überlegenheit und Macht legitimiert werden können (vgl. Arndt 2017, S. 34).

4.2 Rassismus und »Kultur«

»Das vornehme Wort Kultur tritt anstelle des verpönten Ausdrucks Rasse, bleibt aber ein bloßes Deckbild für den brutalen Herrschaftsanspruch.«

Theodor W. Adorno (1975, S. 276 f.)

Viele Menschen sprechen nur dann von Rassismus, wenn sich Haltungen, Aussagen oder Ungleichbehandlungen auf Konzepte biologistischer bzw. genetischer Kategorisierung von Menschen beziehen, also auf die Konstruktion von menschlichen »Rassen«. Kategorisierungen und Zuschreibungen basierend auf sogenannter »Kultur« und/oder »Religion« entziehen sich demnach für viele dem Verdacht, rassistisch zu sein. Generell gelten biologistische »Rassentheorien« in Europa nach dem Ende des Zweiten Weltkrieges als offiziell diskreditiert, was jedoch mitnichten bedeutet, dass Menschen nicht mehr nach rassistischen Denk- und Handlungsweisen in Gruppen eingeteilt, mit verschiedener Wertigkeit bedacht und dementsprechend ungleich behandelt werden (Shooman 2012, S. 53). Dabei fällt auf, dass in vielen Argumentationslinien der Verweis auf die sogenannte »Kultur« den Platz der »Rasse« eingenommen hat. Als Grundlage für Rassismus dient somit »ein determinierendes Konzept von Kultur«, in dem »festgelegte kulturell-territoriale Einheiten […] als ›Kulturkreise‹ homogenisiert [werden]« (Friedrich 2019, S. 306). Wie bereits beschrieben, finden auch hier Prozesse der Rassifizierung – Naturalisierung, Homogenisierung, Polarisierung und Hierarchisierung – statt. In der Literatur wird der Bezug auf »Kultur« mit verschiedenen Begriffen beschrieben, so beispielsweise als neuer oder Neo-Rassismus, als kultureller Rassismus oder auch als »Rassismus ohne Rassen« (Balibar 1990)[18]. Biskamp (2017, S. 274) macht deutlich, dass auch in Bezugnahme auf »Kultur« weiterhin ein Fokus auf Differenzen gelegt wird, die durch äußere Zuschreibungen erzeugt werden. Es werden also weiterhin Konstrukte erschaffen und aufrechterhalten, die Menschen durch ihre sogenannte »Kultur« voneinander unterscheiden sollen. So werden im Zusammenhang mit Rassismus nicht mehr vordergründig biologische Unterscheidungen als Rechtfertigung für Diskriminierung und Gewalt herangezogen, sondern die vermeintlich nicht zu

18 Diefenbach (2017, S. 838) weist darauf hin, dass der Ausdruck »Rassismus ohne Rassen« zwar häufig nach Balibar zitiert wird, jedoch bereits 1973 in dem Artikel »Racism Without Race: Ethnic Group Relations in Late Colonial Peru« von Leon G. Campbell benutzt wurde.

überwindenden kulturellen Differenzen. Hierbei wird zunächst nicht direkt sichtbar, inwieweit dies mit einer Hierarchisierung der »Kulturen« einhergeht, denn der Fokus liegt auf einer vermeintlich nicht zu vereinbarenden Unterschiedlichkeit in Traditionen und Lebensweisen. Hinzu kommt eine Betonung der vermeintlich destruktiven Auswirkungen, die durch ein Miteinander bzw. eine »Vermischung« sogenannter Kulturen entstehen würden (Balibar 1990, S. 28). Zu erkennen ist dies aktuell deutlich im Bereich des antimuslimischen Rassismus (vgl. Shooman 2011, 2012; Attia 2017). Gerade mit Bezug auf diesen Kontext aktualisiert und betont Balibar in einem jüngeren Interview mit dem Deutschlandfunk (Beckmann 2018):

> »Was mich umtreibt ist, dass wir einen Rassismus erleben, der sogar ohne Rasse auskommt. [...] Das moderne Hassobjekt ist der Islam beziehungsweise es sind die Muslime. [[19]] Das zeigt, dass sich Rassismus immer wieder modernisiert, und auch wenn seine biologistische Variante nicht mehr verfängt, kehrt er als kultureller Rassismus zurück. Eine Religion wird als Ersatz genommen, um rassistisches Denken aufrecht zu erhalten.«

Auch hier ist es wichtig, sich zu verdeutlichen, dass es sich bei der Religionszugehörigkeit um eine von anderen Personen zugeteilte Kategorie handeln kann, die nicht der tatsächlichen Religionszugehörigkeit entsprechen muss. Maßgeblich für diese Zuteilungen sind äußerliche Merkmale wie auch Namen oder Akzente, was wiederum auf das Fortbestehen und die Aktualisierung zugrunde liegender biologistischer Konzepte verweist. Shooman (2012, S. 55) spricht von einer »Rassifizierung von Musliminnen und Muslimen«, die sie auch in verschiedenen Studien zu Muslim*innen in Deutschland ausmacht, da dort als Gradmesser der Integration häufig der Kontakt zu »Deutschen« ermittelt und »[d]amit [...] explizit ein Antagonismus zwischen *Muslim*-Sein und *Deutsch*-Sein postuliert« (Hervorh. im Orig.) wird. Eine solche Forschungsperspektive negiert die Existenz von deutschen Muslim*innen oder muslimischen Deutschen, bestärkt damit ein weit verbreitetes Alltagsverständnis eben dieser Kategorien und macht erneut die Naturalisierung von »Kultur« im Hinblick auf die Kategorie »muslimisch« deutlich.

Als ein weiteres Beispiel dafür, wie sich unter dem Deckmantel der »Kultur« weiterhin biologistisch-rassistischer Konzepte bedient

19 An dieser Stelle ist der Verweis wichtig, dass es weder *den* einen Islam gibt noch *die* Muslime als homogene Gruppe.

wird, ist die Thematisierung von Sexualität, die häufig im Zuge der Markierung und Beschreibung von Bi_PoC erfolgt. Sexualität – ein an sich schon sehr auf Körperlichkeit bezogenes und meist so verstandenes Thema – ist seit jeher fester Bestandteil von rassistischen Kategorisierungen. So wurde beispielsweise der Grad der Zivilisiertheit aus kolonial-rassistischer Perspektive an der (zugesprochenen) Fähigkeit zur Selbstkontrolle und -beherrschung festgemacht (vgl. Castro Varela u. Mecheril 2016, S. 11). Auch unter den formulierten »kulturellen« Vorzeichen findet eine »sexuelle Bedrohungsinszenierung« statt, die, wie im biologistischen Rassismus, die Sexualität der als *Andere* Markierten adressiert und sie als Bedrohung beschreibt (Mecheril u. van der Hagen-Wulff 2016, S. 121, Hervorh. im Orig.). Im Kontext des antimuslimischen Rassismus seien dann nur »muslimische Männer« (oder als solche markierte) »sexistisch und vergewaltigend« (Castro Varela u. Mecheril 2016, S. 10) – und im Selbstbild *weiße*-deutsche Männer eben nicht. So findet im öffentlichen Diskurs sexualisierte Gewalt im Zusammenhang beispielsweise mit Karneval oder dem Oktoberfest deutlich weniger Beachtung. Werden *die* »muslimischen Frauen« oder als solche markierte adressiert, gehen häufig (kultureller) Rassismus und Sexismus Hand in Hand, und starke, empowerte und emanzipierte Frauen werden in diesem Diskurs nicht sichtbar gemacht.

Wie mithilfe der unterschiedlichen Beispiele gezeigt werden konnte, geht es also bei der Benennung von »Kultur« als Differenzmerkmal im Kern nicht um die kritische Ablösung und Distanzierung von biologistisch-rassistischen Konzepten, noch gar um eine differenzierte Auseinandersetzung mit »Kultur« (auch der »eigenen«!) an sich, sondern vielmehr um die Aufrechterhaltung und Legitimierung rassistischer Denk- und Handlungsweisen sowie entsprechender Machtverhältnisse – bei gleichzeitiger Verleugnung eben dieser.

Wird in diesem Buch von Rassismus gesprochen, sind damit explizit Konzepte sowohl des biologistischen Rassismus als auch des kulturellen Rassismus in ihrer Verwobenheit gemeint.

4.3 Rassismus in alltäglichen Situationen

»Diese kleinen Momente, sie wirken wie Mückenstiche.
Kaum sichtbar, im Einzelnen auszuhalten,
doch in der Summe wird der Schmerz unerträglich.«
Alice Hasters (2020)

Alle Menschen, die in Deutschland leben, sind Teil einer rassistischen Struktur. Relevant zu begreifen ist, dass es Menschen gibt, die von diesem Machtverhältnis profitieren, und Menschen, die dadurch diskriminiert werden. Diese Diskriminierung betrifft u.a. Millionen von Deutschen, die häufig nicht als solche gelesen bzw. wahrgenommen werden und denen ihr Deutschsein immer wieder abgesprochen wird. Hinzu kommen nicht als *weiß* gelesene Menschen ohne deutsche Staatsbürgerschaft, die in Deutschland leben, und Menschen, die nach Deutschland geflüchtet sind (vgl. Velho 2011, S. 12). Dabei bleiben die Wirkmächtigkeit der rassistischen Struktur und deren Normalität häufig unsichtbar. Deren immer noch bei Weitem unzureichende Thematisierung in vielen gesellschaftlichen Bereichen – auch in der Systemischen Beratung – hat enorme Auswirkungen. Wichtig dabei ist, dass Rassismus »als soziale Exklusion« und »als bundesdeutsch hergestelltes Hindernis, Teil der Gesellschaft zu sein« (Velho 2011, S. 13), verstanden werden muss. So spricht Terkessidis (2010, S. 80) im Kontext alltäglicher Rassismuserfahrungen von

> »Erlebnisse[n], die zunächst nicht groß und gravierend erscheinen, die aber mit erheblicher Penetranz wiederkehren, manchmal täglich, manchmal mit längeren Abständen, und gerade in ihrer Alltäglichkeit sehr deutlich einen Unterschied markieren und dauerhaft eine Grenze etablieren zwischen ›uns‹ und ›ihnen‹.«

Viele Menschen, die durch Rassismus diskriminiert werden, sind tagtäglich konfrontiert mit ausgrenzenden Fragen wie zum Beispiel: »Woher kommst du?«, und der Nicht-Anerkennung der Antwort, wenn diese nicht den Vorstellungen der fragenden Person über die Herkunft entspricht. Auch beispielsweise das ungefragte Duzen oder die Exotisierung (siehe Kap. 4.4.2) von Personen oder Personengruppen zählt zu den alltäglichen Diskriminierungserfahrungen (vgl. Velho 2011, S. 14).

Im Zusammenhang mit (Alltags-)Rassismus wird auch der Begriff der Mikroaggressionen genutzt (vgl. Nguyen 2013; Hasters 2020). Er macht deutlich, dass hiermit subtile, übergriffige Verhaltensweisen gemeint sind, die in alltäglichen Äußerungen, Handlungen oder auch abwertenden Blicken zum Tragen kommen. Der Begriff steht dafür, dass Menschen, die rassistisch diskriminiert werden, in den unterschiedlichsten Situationen abwertende und/ oder ausgrenzende Erfahrungen machen. Hierzu zählen eben auch solche Fragen, die suggerieren, dass eine Person nicht nach Deutschland gehört oder hier »fremd« ist. Mikroaggressionen können auch unbewusste oder vordergründig nett gemeinte Kommentare oder Verhaltensweisen sein (vgl. Ogette 2019, S. 54 f.).

Rassismus wird also jeden Tag reproduziert und das auch von Menschen, die dies nicht bewusst tun. Rassismus wirkt auch an Orten und Räumen, in denen Menschen sich bewusst als anti-rassistisch oder rassismuskritisch definieren. Rassismus wird aber häufig nur mit der extremen Rechten und beispielsweise der AfD in Verbindung gebracht. Damit im Zusammenhang steht auch die Annahme, dass Rassismus immer mit Vorsatz ausgeübt wird und die Menschen, die sich rassistisch verhalten, verachtenswert sind. Somit erscheint es für *weiße* Personen häufig auch undenkbar, dass sie selbst rassistisch denken und handeln. Denn es herrscht die Auffassung vor, dass nur ein absichtlich oder intentional rassistisches Handeln auch rassistisch sein kann. Dies bedeutet, dass somit nicht der betroffenen Person die Definitionsmacht zugesprochen wird, sondern dass die Deutungshoheit darüber, ob etwas rassistisch ist oder nicht, bei der *weißen* Person verbleibt. Zudem erleben viele *weiße* Personen die Rückmeldung darüber, dass ihr Verhalten rassistisch war, als Angriff oder Beleidigung und beschuldigen die Person, die das rassistische Verhalten angesprochen hat. Diese häufige Reaktion wird im Konzept der »white fragility« als Beispiel für genau diese *weiße* Zerbrechlichkeit aufgeführt (vgl. Ogette 2019, S. 22 ff.). Gerade dieser Prozess führt dazu, dass vielen Personen gar nicht die Möglichkeit gegeben wird, rassistische Erlebnisse anzusprechen. Denn die persönlichen Folgen davon sind häufig so negativ, dass die Situation eher stark verschlimmert als verbessert wird (vgl. Scharathow 2017, S. 122 ff.). In diesem Zusammenhang wird auch der Begriff sekundäre Viktimisierung (IDA-NRW o. J.) verwendet. Er steht für den sozialen Prozess

> »eine[r] zweite[n] Opferwerdung, bei der Betroffene durch unangemessene Reaktionen des sozialen Nahraums (Verwandte, Freund_innen, Bekannte etc.) oder Instanzen sozialer Kontrolle (Polizei, Staatsanwaltschaft, Gerichte) erneut verletzt werden. Hierbei kann es sich z. B. um

> ausbleibende Unterstützung und Verständnis, eine Bagatellisierung der Tat, mangelndes Einfühlungsvermögen, Witze, Mitschuldvorwürfe oder gar eine Täter-Opfer-Umkehr handeln« (ebd.).

Çiçek, Heinemann und Mecheril (2014, S. 311 f.) sprechen hier auch von sekundären Rassismuserfahrungen. Damit beschreiben sie

> »Erfahrungen der Wut, der Beschämung, der Furcht, die dann entstehen, wenn eigene Rassismuserfahrungen zum Thema werden und gleichzeitig dethematisiert werden. [...] Sekundär sind sie, weil sie im Zuge der Thematisierung von primären Rassismuserfahrungen bzw. der Verweigerung dieser Thematisierung gemacht werden.«

Somit ist die Erfahrung, (Alltags-)Rassismus nicht benennen und thematisieren zu können, grundlegender Bestandteil von Alltagsrassismus.

4.4 Rassistische Diskriminierung jenseits des individuellen Interaktionsverhaltens

»Es gibt in diesem Land eine bei vielen Menschen tief verankerte Grundhaltung, dass migrantisch gelesene Personen anders sind und anders behandelt werden können. Es passiert ständig, in der Schule, auf dem Wohnungsmarkt, in Behörden. Um das zu bekämpfen, brauchen wir vor allem mehr Repräsentation.«[20]

Newroz Duman (2020)

Ausgehend von einem machtkritischen Rassismusverständnis verlagert sich der Fokus in der Betrachtung von Diskriminierung von der individuellen auf die strukturelle bzw. institutionelle sowie auf die ideologisch-diskursive Ebene. Hier gibt es keine Trennschärfe zwischen den Ebenen, vielmehr bedingen und stützen sich alle drei Ebenen als rassistisches Machtverhältnis gegenseitig.

4.4.1 Rassismus auf struktureller bzw. institutioneller Ebene

Die Diskussion um strukturelle bzw. institutionelle Diskriminierung setzt bei den Überlegungen von Carmichael und Hamilton (1967) im Zusammenhang mit der Black Power-Bewegung in den USA und bei Überlegungen von Troyna und Williams (1986) in Großbritannien an. Im Vergleich zur individuellen Perspektive auf Rassismus, mit dem

20 Zitat abrufbar unter https://www.bento.de/politik/anschlag-in-hanau-initiative-eroeffnet-begegnungsort-zum-gedenken-a-9a8f6870-1a4d-4e45-aa9b-71eba467f360 [25.09.2020].

Fokus auf vorurteilsbehaftete Denkmuster und Interaktionsverhalten, wird hier von institutionellem bzw. strukturellem Rassismus[21] gesprochen. So verstanden, resultieren Diskriminierungen aus sozialen Prozessen, die strukturell bzw. institutionell gefestigt wurden und stetig aktualisiert werden. Der Ursprung von Diskriminierung ist demnach ein gesellschaftlicher und die Diskriminierungen wirken im »*organisatorischen Handeln* [der] zentralen gesellschaftlichen Institutionen« (Gomolla 2010, S. 89, Hervorh. im Orig.) wiederkehrend und beständig auf die Betroffenen ein. Folgt man Alvarez (1979), so zeigen sich Diskriminierungen, die auf institutionellem Rassismus fußen, hauptsächlich im Verwehren von Belohnungen und Leistungen, die bestimmte soziale Gruppen im Vergleich zur Mehrheitsgesellschaft erhalten.

Im Folgenden werden nun beispielhaft anhand von zwei essenziellen Bereichen (Arbeits- und Ausbildungsmarkt, Wohnungsmarkt) gesellschaftliche (rassistische) Diskriminierungsverhältnisse aufgezeigt.

Arbeits- und Ausbildungsmarkt

Strukturelle Ungleichbehandlung auf dem Arbeits- und Ausbildungsmarkt konnte in verschiedenen Studien dargelegt werden. Dabei steht vor allem eine diskriminierende Einstellungspraxis im Fokus. Neben Geschlecht, sozioökonomischem Status und/oder Alter zählt die vermeintliche Herkunft (Nationalität, »Kultur«/»Religion«, sogenannter Migrationshintergrund) zu den zentralen diskriminierungsrelevanten Differenzkategorien (vgl. Imdorf 2017, S. 358 ff.). Die methodischen Zugänge der einzelnen Studien sind sehr unterschiedlich: von (potenziell) Arbeitnehmenden- und Arbeitgebendenbefragungen über die Analyse wirtschafts- und sozialwissenschaftlicher Daten bis hin zu experimentellen Verfahren bzw. sogenannten Korrespondenztests (Schneider, Yemane u. Weinmann 2014, S. 12 ff.)[22]. Dabei gelten Letztere als König*innenweg, da hier eine Vergleichbarkeit herge-

---

21 Der Unterschied von strukturellem und institutionellem Rassismus besteht in der jeweiligen Bezugsgröße. Ist es beim strukturellen Rassismus das gesamte Gesellschaftssystem mit seinen rechtlichen, politischen und ökonomischen Strukturen, die von Rassismus geprägt sind, so ist die Bezugsgröße beim institutionellen Rassismus das organisatorische Handeln von zentralen Institutionen. Im Hinblick auf die vollzogenen Diskriminierungen spielen gewohnte Arbeitsabläufe und die jeweiligen Wertvorstellungen bzw. Handlungsmaximen innerhalb der Institutionen eine bedeutende Rolle (Rommelspacher 2011, S. 30; siehe auch Gomolla 2010, S. 90).

22 Zur Messbarkeit von Ungleichbehandlung bei der Ausbildungsplatzvergabe siehe Imdorf 2017, S. 355 f.

stellt werden kann und sich nur die zu untersuchende Diskriminierungskategorie variieren lässt. Schneider et al. (2014) konnten so beispielsweise zeigen, dass es bei der Bewerbung um eine Ausbildung zu einer signifikanten Ungleichbehandlung zwischen männlichen Jugendlichen (16 Jahre) mit als deutsch und als türkisch wahrgenommenen Namen kam. Für die Studie wurden fiktive Bewerberprofile erstellt, die im Hinblick auf die Eignung für die jeweiligen Ausbildungsplätze (KFZ-Mechatroniker und Bürokaufmann) vergleichbare Voraussetzungen aufwiesen, sich aber bezüglich der Namen unterschieden. Die Bewerbungen (n = 3.588) wurden an insgesamt 1.794 Unternehmen verschickt (Schneider et al. 2014, S. 15 f.). Als Ergebnis halten die Autor*innen fest, dass es mit dem als türkisch gelesenen Profil zur Ausbildung als KFZ-Mechatroniker ca. 1,5-mal mehr Bewerbungen für die Einladung zu einem Vorstellungsgespräch bedarf als mit dem als deutsch gelesenen (Bürokaufmann ca. 1,3-mal mehr). Absolut heißt das am Beispiel des KFZ-Mechatronikers, dass ein ausbildungsinteressierter Jugendlicher mit als türkisch geltendem Namen im Durchschnitt 6,6 Bewerbungen für ein Vorstellungsgespräch verschicken muss, ein Jugendlicher mit als deutsch geltendem Namen lediglich 4,4 (Schneider et al. 2014, S. 25). Hochgerechnet für die Einladung zu beispielsweise fünf Vorstellungsgesprächen ergibt sich hier ein Verhältnis von 33 zu 22 Bewerbungen.

Eine aufwendige und wegweisende experimentelle Studie von Koopmans, Veit und Yemane (2018) mit dem Titel »Ethnische Hierarchien in der Bewerberauswahl« untersuchte Einstellungspraxen für acht Ausbildungsberufe in Deutschland. Hierfür wurden 7.500[23] Bewerbungen verschickt, deren Merkmale hinsichtlich »Geschlecht«, »Ethnizität«, »Religion«, »Phänotyp« sowie »Noten, Referenzschreiben und Vertragslaufzeit (aktuelles Beschäftigungsverhältnis, Anm. d. Verf.)« experimentell variierten (Koopmans et al. 2018, S. 11 ff.). Bei »Geschlecht« unterschieden die Autor*innen zwischen weiblich und männlich, bei »Ethnizität« zwischen 35 »ethnischen Zugehörigkeiten«, bei »Religion« zwischen ohne Religion, christlich, muslimisch, buddhistisch/hinduistisch, bei »Phänotyp«[24] zwischen »drei stereotypen Herkunftsregionen«, Nord- und Südeuropa, Ost- und

23 Die Stichprobe lag bei 5.819, da Bewerbungen ohne Foto und fiktive Bewerberinnen mit Kopftuch für die Analyse nicht berücksichtigt wurden (Koopmans et al. 2018, S. 9).
24 Problematisch an »Phänotyp« ist die stereotype Vereinfachung und Reproduktion rassistisch konstruierter Merkmale/Zuschreibungen als vermeintlich objektive Wahrnehmungsdimension.

Westafrika sowie Südost- und Ostasien und bei »Noten« zwischen guten (Note 2) und befriedigenden (Note 3) Leistungen. Der Hälfte der Bewerbungen wurden positive Referenzschreiben der aktuellen Arbeitgebenden beigefügt. Die Analyse zeigt, dass Bewerber*innen, die nicht migrantisch markiert werden, in 60 % der Fälle eine positive Rückmeldung[25] erhalten, migrantisch markierte Bewerber*innen lediglich in 51 % der Fälle. »Diese Diskriminierung unterscheidet sich jedoch stark zwischen Herkunftsländern, der Religionszugehörigkeit und dem Phänotyp. So werden vor allem Muslime und Menschen mit [...] [ost- und westafrikanischem] Phänotyp diskriminiert« (ebd., S. 35). Beispielsweise erhalten fiktive Bewerber*innen, denen ein französischer Hintergrund zugesprochen wird, in 55 % der Fälle eine positive Rückmeldung, während bei fiktiven als »türkisch«, »äthiopisch«, »marokkanisch« oder »albanisch« konstruierten Bewerber*innen dies entsprechend zu 47 %, 43 %, 42 % und 41 % der Fall ist (ebd., S. 22). Hinsichtlich der Religion erhielten Bewerber*innen ohne Religionssignal eine positive Rückmeldung in 54 % der Fälle. Die Quote lag »für Christen bei 57 %, für Muslime bei 46 % und für Buddhisten und Hindus bei 53 %« (ebd., S. 23). Die deutliche Benachteiligung von Muslim*innen gegenüber Christ*innen bestand auch weiterhin, nachdem zum Beispiel nur migrantisch markierte Bewerber*innen mit Phänotyp Nord- und Südeuropa berücksichtigt wurden (52 % zu 42 %, ebd., S. 24). In Bezug auf den Phänotyp lagen die positiven Rückmeldequoten insgesamt für nord- und südeuropäisch bei 55 %, für südost- und ostasiatisch bei 53 % und für ost- und westafrikanisch bei 49 %. Die Diskriminierung Schwarzer Bewerber*innen blieb bestehen, wenn in den Berechnungen andere Merkmale variiert bzw. nicht berücksichtig wurden (ebd., S. 25 f.). Da im Rahmen der Studie ein Referenzschreiben insgesamt keine signifikanten Auswirkungen auf die Rückmeldequote zeigte, sowohl Bewerber*innen, die als Migrant*innen konstruiert worden sind, als auch Bewerber*innen ohne eine solche Markierung in der Tendenz ähnlich von guten Noten profitierten und es trotzdem zu dargelegten Ungleichbehandlungen kam, sehen die Autor*innen starke Hinweise darauf, dass es sich hierbei um eine »präferenzbasierte Diskriminierung« und weniger um eine

25 »Als positive Rückmeldung galten dabei Einladungen zu einem Bewerbungsgespräch oder zum Probearbeiten, Nachfragen zur Bewerbung sowie die Bitte um einen Rückruf. Als negative Rückmeldungen werteten wir, wenn wir eine explizite Absage, nicht mehr als eine Eingangsbestätigung oder gar keine Antwort erhielten« (Koopmans et al. 2018, S. 11).

»statistische Diskriminierung« handelt (ebd., S. 35 f.). Statistischer Diskriminierung, die auf Annahmen von durchschnittlicher Produktivitätsleistung sozialer Gruppen beruht, sollte der Theorie nach mit Informationen zu Leistungen der einzelnen Bewerber*in (z. B. Notendurchschnitt, positive Referenzen) entgegengewirkt werden können, wenn diese*r als einer sozialen Gruppe mit vermeintlich geringer(er) Produktivität zugehörig gelesen wird. Der präferenzbasierten Diskriminierung liegen hingegen persönliche, ablehnende Einstellungen gegenüber bestimmten Gruppen zugrunde oder angenommene bzw. erwartete Ablehnungen von Mitarbeitenden sowie Kundschaft (ebd., S. 5 f.; Schneider et al. 2014, S. 10 f.; Imdorf 2017, S. 357 f.).

Wohnungsmarkt

Hinz und Auspurg (2017, S. 389) machen drei verschiedene Formen aus, wie sich auf zugeschriebene Herkunft bezogene Diskriminierung auf dem Wohnungsmarkt zeigt und diese sich auch gegenseitig beeinflussen. Sie nennen hier »Exklusion« (Erschwerung oder Blockierung des Zugangs zu Wohnraum), »Preisdiskriminierung« (höhere Miete oder Kaufpreise für gleiche Ausstattung und Lage) sowie »räumliche Segregation« (Konzentration von Gruppen vermeintlich gleicher Herkunft auf bestimmte Gegenden). Wie bei der Erforschung von Ausbildungs- und Arbeitsmarktdiskriminierung lassen sich auch in verschiedenen Studien zur Wohnungsmarktdiskriminierung unterschiedliche Methoden finden, wobei sich ebenfalls Korrespondenztests als König*innenweg durchsetzen konnten. Nachteilig ist jedoch, dass »sie sich auf den Marktzugang beschränken und später im Suchprozess auftauchende Diskriminierungen nicht erfassen können« (ebd., S. 398).

Mit einer experimentellen Studie zeigt Schmid (2015, S. 98), dass im Untersuchungszeitraum 2012 die Rate der Nettodiskriminierung[26] im Bereich der Mietwohnungen in sechs geprüften deutschen Großstädten zwischen 9 % und 16 % variierte. Zuvor konnte bereits Planerladen e. V. (2007, S. 13) bei einem E-Mail-Testing aufzeigen, dass in 42 % der Fälle lediglich der »deutschen [und] nicht der

26 Die Diskriminierungsrate gilt als einfacher Indikator für das Vorhandensein von Ungleichbehandlung. »Man unterscheidet die sog. Bruttodiskriminierungsrate, bei der alle Fälle von Bevorzugung der Mehrheit auf die Gesamtheit der getesteten Wohnungen bezogen sind. Für die Berechnung der Nettodiskriminierungsrate werden im Zähler die Fälle der möglichen Bevorzugung der Minderheit abgezogen« (Hinz u. Auspurg 2017, S. 398).

türkischen Testidentität geantwortet [wurde]«[27]. Die Stichprobe fiel hierbei mit 105 Anfragen vergleichsweise gering aus. 2017 veröffentlichten der Bayrische Rundfunk und der Spiegel die Ergebnisse eines gemeinsamen Projekts von Datenjournalist*innen, die mittels eines Korrespondenztests Diskriminierung auf dem Mietwohnungsmarkt untersuchten.[28] Hierfür verschickten sie 20.728 Anfragen für Wohnungen in zehn großen deutschen Städten und erhielten 8.377 Antworten darauf. Die Anfragen enthielten nahezu identische Texte. Alle fiktiven Bewerber*innen waren jung, hatten perfekte Deutschkenntnisse und einen festen Job im Bereich Marketing. Sie unterschieden sich jedoch in zwei Merkmalen: Geschlecht und Namen mit unterschiedlichem Herkunftsbezug. Neben den als deutsch gelesenen Namen gab es als türkisch, arabisch, italienisch und polnisch gelesene Profile. Pro Wohnungsanzeige wurden entweder drei männliche oder drei weibliche Anfragen verschickt, je eine vom Namen her als deutsch und zwei als nicht-deutsch wahrgenommene. Folgte davon auf eine Bewerbung eine Zusage für einen Besichtigungstermin und für eine andere nicht, wurde dies als Diskriminierung bewertet. Die Ergebnisse zeigen, dass im Gegensatz zu als »deutsch« markierten Bewerber*innen »arabisch« markierte in 27 %, »türkisch« markierte in 24 %, »polnisch« markierte in 12 % und »italienisch« markierte in 8 % der Fälle diskriminiert wurden. Auffallend ist auch, dass es hinsichtlich des Geschlechts nur bei als »arabisch« und »türkisch« konstruierten Bewerber*innen zu signifikanten Unterschieden kam. Während es bei Bewerbern in 31 % bzw. 33 % der Fälle zu Diskriminierung kam, lag die Quote bei Bewerberinnen bei 23 % bzw. 16 %. Dies sollte vor dem Hintergrund des im Jahr der Untersuchung anhaltendenden Diskurses über »arabisch« und »türkisch« markierte Männer gesehen und als Hinweis auf die sich gegenseitig stützenden Ebenen von Rassismus gewertet werden.

Hinz und Auspurg (2017, S. 401) verweisen darauf, dass im Bereich des Mietwohnungsmarktes die Anzeichen für eine statistische Diskriminierung deutlicher sind als für eine präferenzbasierte. Auf Basis der Studie von Bayrischem Rundfunk und Spiegel kann dieser Einschätzung nicht zugestimmt werden. Hier wurden zu jeder

27 Hierbei ging es um die Wahrnehmung als »deutsch« oder »türkisch«, nicht um die Nationalität nach Pass.

28 Alle der hier dargelegten Informationen sind der Internetseite www.hanna-und-ismail.de (BR/Spiegel 2017) entnommen.

zehnten Anfrage zwei weitere »Extremprofile« verschickt. Beide als deutsch wahrgenommen, unterscheiden sie sich in Beruf (»Arzt« vs. »Langzeitstudent«) und Form des Anschreibens (»eloquent« vs. »flapsig und unprofessionell«). Die Ergebnisse zeigen, dass selbst der »flapsige Langzeitstudent« den Profilen vorgezogen wurde, die als männlich »türkisch« und als männlich »arabisch« konstruiert worden sind, trotz deren »fehlerfreien Anschreiben und einer festen Anstellung« (BR/Spiegel 2017).

Wie bis hierhin exemplarisch gezeigt werden konnte, existieren strukturelle bzw. institutionelle rassistische Diskriminierungsverhältnisse in den existenziellen Lebensbereichen Arbeit und Wohnen. Ein weiterer wichtiger Bereich ist der des Erziehungs- und Schulsystems, da er selbst »einerseits Ausdrucksgestalt gesellschaftlicher Teilhabe- und damit auch Diskriminierungsstrukturen ist, andererseits auch Ungleichheiten herstellt, die Grundlage für Diskriminierung sind« (Hummrich 2017, S. 337). Dies verweist auf die Verwobenheit gesellschaftlicher Teilsysteme, über die hinweg Rassismusverhältnisse aufrechterhalten, gegenseitig gestützt oder sogar erst hervorgebracht werden. Es sei an dieser Stelle auf zwei Studien (Bonefeld u. Dickhäuser 2018; Bonefeld u. Dickhäuser et al. 2017) verwiesen, die zeigen konnten, dass sowohl bezüglich Rechtschreibung als auch in Mathematik Schüler*innen mit Migrationsgeschichte bei gleicher Leistung schlechter bewertet wurden.

Gerade durch strukturelle bzw. institutionelle Diskriminierung wird sichtbar, dass für Menschen mit Rassismuserfahrungen schon sehr früh deutlich wird, dass das gesellschaftliche Narrativ der Leistungsgerechtigkeit (zum Beispiel in Form der Aussage »Du musst dich nur anstrengen, dann kannst du alles erreichen!«) ein gebrochenes ist. Dem Postulat der allgemeinen Gleichbehandlung steht die Erfahrung der realen Ungleichbehandlung gegenüber. Ein weiterer für Betroffene einschneidender Kontext, in dem das Postulat der Gleichbehandlung/-berechtigung verletzt wird, sind Polizeipraxen wie etwa »Racial Profiling« oder rassistische Perspektiven allgemeiner Ermittlungstaktiken, beispielhaft zu sehen anhand der Ermittlungen zum NSU (vgl. Bozay, Aslan, Mangitay u. Özfirat 2017; Behr 2017; Melter 2017; Cremer 2017; zur (parlamentarischen) Aufarbeitung des NSU siehe Dengler u. Foroutan 2017) sowie zum rassistischen Terroranschlag in Hanau (z. B. Initiative 19. Februar Hanau 2021; Keskinkılıç 2021; Gezer u. Neshitov 2021).

4.4.2 Rassismus auf ideologisch-diskursiver Ebene

Die ideologisch-diskursive Ebene verweist auf die Vorstellungen und Bewertungen, die über Bi_PoC bestehen. Sie finden ihren Niederschlag in Bildern und Diskursen, die über jene gesellschaftlich geteilt und in mehrheitsgesellschaftlichen Sozialisationsprozessen gelernt werden. Die so als *Andere* Markierten werden dadurch in einem Außen verortet und deren Zugehörigkeit mindestens infrage gestellt. Die ideologisch-diskursive Ebene dient somit auch der unhinterfragten/unreflektierten bzw. unsichtbaren Konstruktion mehrheitsgesellschaftlicher (*weißer*) Normalitäten. Anders ausgedrückt:

> »Gemeint sind also das Denken und Reden über ›Uns‹ und die ›Anderen‹ in Wissenschaft, Literatur, Sprache, Werbung, in den Medien, in politischen Grundsatzreden oder in Gesprächen im KollegInnenkreis. Hier kommt zum Ausdruck, wer ›normal‹ ist, wer dazu gehört, wer wichtig genommen wird und welche gesellschaftlichen Gruppen über anderen stehen« (Pates et al. 2010, S. 37 f.).

Wie aufgeführt, lassen sich entsprechende Bilder und Vorstellungen in den unterschiedlichsten gesellschaftlichen Bereichen und Situationen finden, die zur Wissensgenerierung beitragen und damit Teil von Diskursen sind. Ein zentraler Aspekt ist die Verwendung von Sprache an sich. Wer wird in Sprache mitgedacht und wer nicht? Welche Begrifflichkeiten werden benutzt und »welche Worte [...] kennt eine Sprache für diejenigen, die nicht dem Territorium, dem diese Sprache zugerechnet wird, zugehörig empfunden werden?« (Castro Varela 2019, S. 3). Setzen sich in der Alltagssprache Selbstbezeichnungen (siehe Kap. 2.3) von marginalisierten Gruppen durch oder wird die Benutzung von Fremdbezeichnungen kämpferisch mit dem Verweis auf (Sprach-)Traditionen verteidigt? Werden im Diskurs überhaupt Menschen gehört und ernst genommen, die von Diskriminierungen und Verletzungen im Kontext bestimmter Begriffe berichten und auf diese hinweisen? Gerade in diesem Zusammenhang werden gesellschaftliche Machtverhältnisse und die damit verbundene Deutungshoheit in diskursiven Prozessen deutlich. Messerschmidt (2010, S. 41) macht für den mehrheitsgesellschaftlichen Umgang mit Rassismus vier Praktiken im Diskurs aus, die sie als »Distanzierungsmuster« beschreibt. Danach werden eher die »Rassismusdiagnosen« skandalisiert als die »rassistischen Praktiken« selbst (ebd., S. 42). Rassismus wird in die Welt des Rechtsextremismus verlagert (ebd., S. 45 ff.) oder in die Vergangenheit, hier vor allem in den historischen

Nationalsozialismus verschoben (ebd., S. 52 ff.). Letztlich dient die Kulturalisierung (siehe Kap. 4.2) als Distanzierungsmuster, um

> »durch kulturalistische Wahrnehmungsmuster […] Rassismus unsichtbar […] [zu machen], während zugleich die rassistischen Identifizierungen beibehalten werden können, indem sie als kulturelle Unterschiedlichkeit dargestellt werden« (ebd., S. 49).

Hier schließt sich die Frage an, was im Diskurs inhaltlich überhaupt als rassistisch bewertet wird. Neben dem Einwand, dass im Sinne der Kulturalisierung etwas nur rassistisch sein könne, wenn es sich auf eine imaginierte »Rasse« beziehe und dies im Rückbezug auf eine zugeschriebene »Kultur« nicht vorliege, charakterisieren sich im Alltagsverständnis von Rassismus für die meisten Menschen rassistische Zuschreibungen über Negativität, (intentionale) Abwertung und Ausgrenzung. Auf den ersten Blick scheinbar positiv formulierte Bilder werden gemeinhin nicht als Rassismus gewertet. Dabei folgen sie zumeist ebenso kolonialen Perspektiven bzw. Konstruktionen von Gegensätzlichkeit, die sich im Bewusstsein europäischer/westlicher Gesellschaften über Jahrhunderte verankert und den Rang eines vermeintlich objektiven Wissens über Bi_PoC eingenommen haben (vgl. Brunner u. Ivanova 2015, S. 54).

Ein weiterer Aspekt ist hier die Exotisierung. Menschen werden qua vermeintlicher Herkunft und/oder bestimmter äußerer Merkmale zu etwas Besonderem oder als »schön, reizvoll, exotisch etc.« (ebd., S. 53) definiert. Sie oder die ihnen zugesprochene »Kultur« fungieren dann als Projektionsfläche für Phantasien oder Wunschvorstellungen (vgl. Mengis u. Drücker 2019; Velho 2010, S. 117). Die zugrunde liegenden Mechanismen sind auch hier die gleichen: Menschen werden in homogene Gruppen zusammengefasst und qua Naturalisierung mit Eigenschaften belegt. Diese werden als gegensätzlich zur »In-Group« definiert und in eine hierarchische Rangfolge gebracht (vgl. Rommelspacher 2011). In einer Gesellschaft, die Wertigkeiten weithin über individuell erbrachte Leistungen bemisst und auf Logik und Wissenschaft basiert, stellt sich letztendlich ein Vorzug von beispielsweise »Rationalität« vor »Leidenschaft« ein (vgl. Gold 2015, S. 20).

Im Zusammenhang mit vermeintlich positiven Vorstellungen werden Menschen auch eigene Leistungen und Erfolge (bspw. durch Training und Übung) abgesprochen, wenn ihnen unterstellt wird, dass ihnen bestimmte Dinge »im Blut« lägen oder sie Tätigkeiten »von Natur aus« gut könnten. Auch ohne an dieser Stelle Beispiele zu nennen, wird davon ausgegangen, dass beim Lesen von »im Blut liegen« oder »von Natur aus« entsprechende Bilder bzw. Vorstellungen von Menschen oder Tätigkeiten in den Sinn kommen. Ungeachtet dessen, ob diesen Zuschreibungen persönlich zugestimmt wird oder nicht, wäre dies auch ein Hinweis auf die bestehenden, gesellschaftlich geteilten Bilder über Bi_PoC und entsprechend auf die ideologisch-diskursive Ebene.

Als ein Bereich, der diese Ebene bedient, können journalistische Medien gesehen werden. Ruhrmann (2017, S. 373) befasst sich mit der in den Medien stattfindenden Diskriminierung von Bi_PoC und zeigt unter Bezug auf verschiedene Studien auf, das Migrant*innen, die als »kulturell ›fremd‹« wahrgenommen werden, eine Überrepräsentation erfahren. Lange Zeit wurden so wahrgenommene Personen in passiven Rollen dargestellt, kamen nicht selbst zu Wort und wurden damit zum Objekt journalistischer Berichterstattung:

> »Migranten werden bewertet, aber sie bewerten nicht. Sie werden zum Handeln aufgefordert, aber sie fordern nicht(s). Ihre Motive, ihr Verhalten und ihr Handeln werden prognostiziert, doch die Migranten selbst prognostizieren nichts. Mit anderen Worten: Journalisten und Medien haben jahrzehntelang nicht mit den Migranten geredet, sondern über sie geschrieben« (ebd., S. 373, Hervorh. im Orig.).

Zusammen mit thematischen Engführungen und entsprechenden »*Medienframes* [...] als Interpretationsmuster« (ebd., S. 375) werden Bilder und Vorstellungen gesellschaftlich wirkmächtig (re)produziert. So treten Bi_PoC in aktiver Rolle häufig im Zusammenhang mit Kriminalität oder vermeintlich misslungener Integration auf, während sie dabei für ihre soziale Lage ausschließlich selbst verantwortlich gemacht werden. Mecheril (2011) spricht hier von einem »Integrationsdispositiv«. Denn gerade durch die Negativnarrative, auf denen der Integrationsdiskurs basiert, erhält dieser seine normative Kraft (ebd., S. 2). Entsprechende Frames führen dann gleichsam dazu, dass Machtverhältnisse und »organisatorische, gesellschaftliche oder historische Aspekte institutioneller Diskriminierung [...]« (Ruhrmann 2017, S. 376) im öffentlichen Diskurs wenig bis keine Beachtung finden.

Weitere Bereiche, in denen rassistische Zuschreibungen und Bilder (re-)produziert, aktualisiert und damit koloniale Perspektiven in Gesellschaft fortgeführt werden, sind beispielsweise Werbung (Hund et al. 2013; Hobuß 2008), Spendenplakate (Della u. Kiesel 2014; Phillip 2011; Kiesel u. Bendix 2010) oder Kinder-, Jugend und Schulbücher (Mätschke 2017; Marmer u. Sow 2015; Marmer 2013; Wollrad 2011). Mit Letzteren geschieht die Internalisierung von (alltags)rassistischen Denkmustern bereits in der Kindheit. So werden auch in unzähligen Geschichten und Erzählungen, wie zum Beispiel bei Pippi Langstrumpf, diskriminierende und abwertende Bilder von Bi_PoC und Bezeichnungen wie das N-Wort vermittelt (vgl. Sow 2009, S. 185). Die dort reproduzierten Zuschreibungen können im Zusammenspiel mit der Beobachtung des Verhaltens der Bezugspersonen zu einer starken Verinnerlichung und einer damit verbundenen Internalisierung von stereotypen Bildern und rassistischen Denkmustern führen. So zeigen zum Beispiel die »Projective Doll Interviews« deutlich, wie stark verankert diese stereotypen Bilder und negative Zuschreibungen von Eigenschaften schon bei kleinen Kindern sind (vgl. Auma 2017).

Vor dem Hintergrund der bis hierhin dargestellten verschiedenen Ebenen von Rassismus kann dieser bzw. dessen gesellschaftliche Normalität zusammenfassend auch »als ein Dispositiv, als ein Zusammenhang von sozialen Praxen und Institutionen begriffen werden, der wesentlich durch Diskurse produziert bzw. hergestellt wird« (Jäger 2010, S. 27).

4.5 Othering, Internalisierungsprozesse, Subjektbildung, Double Binds

Liegt der Fokus in der Auseinandersetzung mit Rassismus auf den Menschen, die dadurch diskriminiert werden, so müssen die Prozesse betrachtet werden, in denen Menschen zu *Anderen* gemacht werden. Diese Prozesse werden mit dem Konzept *Othering* beschrieben, das seinen Ursprung in postkolonialen Theorien/Studien hat (Velho 2010, S. 114 f.; Riegel 2016, S. 52). Kern des Othering ist, dass Menschen nicht als *Andere* geboren werden, sondern erst durch gesellschaftliche Machtverhältnisse in entsprechenden Diskursen dazu gemacht und als solche konstruiert werden. Diese Konstruktionen sind nicht beliebig austauschbar und geschehen nicht nur temporär, sondern sind Teil von historischen, politischen und gesellschaftlichen Kontinuitäten. Als prägend für die Auseinandersetzung mit Othering gelten die Arbeiten von Said (1978)[29] und Spivak (1985), die

29 Said selbst benutzt hier noch nicht Othering als Begriff.

darin die Herstellung der *Anderen* innerhalb hegemonialer Machtstrukturen bezüglich der Konstruktion des *Orients*[30] durch den Westen bzw. im Rahmen der Kolonialisierung Indiens beschreiben (vgl. Velho 2016, S. 83 ff.). Sie sind gerade deswegen zentral, weil auch in den heutigen postkolonialen Gesellschaften koloniale Verhältnisse weiterhin bestehen und sich auf die Betroffenen auswirken (Riegel 2016, S. 51). Es handelt sich »bei Othering [...] um einen permanenten Akt der Grenzziehung, der Kategorisierung und letztendlich um eine diskursive Unterscheidung zwischen einem ›Wir‹ und ›den Anderen‹« (Riegel 2018). In Abkehr von den *Geotherten* entsteht auch erst das »Wir«, welches als normal klassifiziert wird (vgl. Velho 2010, S. 116) und somit der »Selbstvergewisserung und Absicherung einer privilegierten Position sowie der hegemonialen sozialen Ordnung« (Riegel 2016, S. 53) dient. Dieser Prozess wird überhaupt als notwendig »zur Definition des Eigenen, Prioren und Normalen« (ebd., S. 52) erachtet. Dies darf jedoch nicht mit psychologischen Phänomenen allgemeiner Identitätsbildung verwechselt werden, im Rahmen derer Subjekte ihre eigene Identität auch immer durch Differenz gegenüber anderen Personen und über ein »was-bin-ich-nicht« ausbilden. Es geht hier um gesellschaftliche Normalitätskonstruktionen, die eine Verbindung von Wissen sowie Deutungshoheit und Macht darstellen, auf deren Basis soziale Ressourcen und Privilegien ungleich verteilt und Diskriminierungsverhältnisse begründet sind (vgl. ebd., S. 54). Eine dieser konstruierten Normen ist das *Weißsein* an sich, weshalb es dafür über lange Zeit auch keine Benennung gab. Denn nur das, was »anders« als die vermeintliche Norm ist, bedarf einer Bezeichnung. Eine Annahme, die mit der Bildung dieser konstruierten Norm einhergeht, bezieht sich darauf, dass u.a. Deutschsein und *Weißsein* als miteinander verbundene Aspekte gesehen oder gar gleichgesetzt werden. Deutschen Bi_PoC wird daher häufig ihr Deutschsein und somit ihre Zugehörigkeit abgesprochen, sie werden somit zu *Anderen* gemacht. Auch Fragen wie: »Woher kommst du?«, und das Loben der Deutschkenntnisse sind Beispiele für die Verinnerlichung einer Norm, die auf Othering basiert und in »zugehörig« und »nicht zugehörig« unterteilt. Innerhalb einer Gesellschaft wird

30 Der Begriff »Orient« ist abgeleitet von *sol orient* = »aufgehende Sonne«; daraus leiten sich auch die Begriffe »Morgenland« und »Osten« ab. Das Gegenteil davon ist der Okzident, der sich als Abendland bzw. Westen versteht und heute wieder vermehrt als Gegensatz dargestellt wird.

durch die konkrete Abgrenzung eines »Wir« von den *Anderen* eine Mehrheit des »Wir« suggeriert, welches den Eindruck einer selbstverständlichen Norm noch verstärkt (vgl. Ogette 2019, S. 59 ff.; Velho 2011, S. 15 ff.).

Wie bereits in Kapitel 4.2 dargestellt, bedeutet auch eine Fokussierung auf die vermeintliche Andersartigkeit der sogenannten »Kulturen« eine deutliche Reproduktion von Othering. Denn auch hier werden konstruierte Differenzen in den Mittelpunkt gerückt, die Stereotype reproduzieren und Nährboden für rassistische Diskriminierung bieten. Zudem wird auf eine scheinbar unmögliche Zusammenführung der sogenannten kulturellen Unterschiede hingewiesen, die als erneuten Prozess des Otherings Ausgrenzungsprozesse und stereotype Denkmuster weiter verstärken (vgl. Velho 2011, S. 36). Durch das Othering können alle Formen von Gewalt und Diskriminierung gegenüber Bi_PoC leichter legitimiert werden. Menschen fällt es leichter, anderen Menschen Gewalt zuzufügen, wenn sie sich mit diesen weniger oder überhaupt nicht identifizieren (vgl. Arndt 2017, S. 29). Die Konzentration der Aufmerksamkeit auf die als *Andere* Markierten führt auch dazu, dass *weiße* Privilegien noch weniger wahrgenommen werden. Denn durch eine Festlegung dieser Norm erscheinen auch die Vorrechte und Privilegien, die *weißen* Personen zuteilwerden, als selbstverständlich (vgl. Velho 2011, S. 36).

Doch was bedeutet Othering für die Subjektbildung derjenigen, die zu *Anderen* gemacht werden? Durch die Markierung als *Andere* entsteht eine beständige Sichtbarkeit, während die Angehörigen der Dominanzgesellschaft unmarkiert bleiben. Somit stehen sie sowohl in alltäglichen Situationen (sie können nicht »in der Masse verschwinden«) als auch in gesellschaftlichen Diskursen (bspw. Zuwanderung oder Integration) im Fokus der Aufmerksamkeit, ohne diesen selbst qua fehlender (oder zumindest weitestgehend infrage gestellter) Deutungshoheit verändern oder von sich »weglenken« zu können. Dies führt nach Velho (2010, S. 116) im Sinne eines foucaultschen Panoptikums dazu, dass sich durch die Sichtbarmachung die Fremdkontrolle zu einer Selbstkontrolle wandelt. Foucault selbst beschreibt die Auswirkungen von diskursiver Macht auf Menschen folgendermaßen:

> »Derjenige, welcher der Sichtbarkeit unterworfen ist und dies weiß, übernimmt die Zwangsmittel der Macht und spielt sie gegen sich selbst aus; [...] er wird zum Prinzip seiner eigenen Unterwerfung« (Foucault 1977, S. 260, zit. n. Muhle 2008).

Diese Ausübung von durch Othering bedingter Selbstkontrolle ist eine Beschränkung sowohl der eigenen Identitäts- und Subjektbildung als auch daraus folgend der eigenen Handlungsmöglichkeiten und -perspektiven. Als ein zentraler Aspekt gilt hier der Prozess der Internalisierung. Hall (2018b) beschreibt diesen als »Internalisierung des Selbst als Anderer«. Velho (2010, S. 120) konkretisiert diesen Prozess, indem sie von einem »Bekennen zur hegemonialen Vorstellung« spricht, das mit einem »impliziten Geständnis in einer Situation permanenter Sichtbarkeit« einhergeht: Ja, ich bin ein*e Anderer*e. Damit werden die Zuschreibungen und Bilder über die Gruppe, die mit dieser Person assoziiert wird, als »wahr« und »richtig« internalisiert. Im Sinne von Handlungsmöglichkeiten kann dies sowohl zu einer Überidentifikation mit entsprechender »Gruppe« führen, aber auch zu dem Versuch, dieser, soweit es nur irgendwie möglich ist, nicht zu entsprechen. In beiden Fällen wird »die Internalisierung des Selbst als Anderes forciert« (ebd., S. 121) und führt somit zu eben jener Beschränkung der eigenen Identitäts- und Subjektbildung.

Velho (2010, S. 117) weist in diesem Zusammenhang zudem auf das »Invisibility Syndrom« hin. Damit wird ein Paradoxon beschrieben, welches durch die hegemoniale Sichtbarmachung für Betroffene entsteht. Denn zeitgleich geht diese mit einer Unsichtbarmachung der eignen Person im Sinne einer Entindividualisierung einher. Sowohl kontinuierliche Ausgrenzungserfahrungen als auch das Herhalten der eigenen Person als Stellvertreterin für die gesamte assoziierte Gruppe können

> »zu einem Gefühl der Unsichtbarkeit führen [...], das die effektive Nutzung der eigenen Ressourcen, den Aufbau positiver Beziehungen und das Potenzial zu einer befriedigenden Lebensführung im Generellen beeinträchtigt« (ebd., S. 117).

Des Weiteren wird im Kontext von Othering und Rassismuserfahrungen auch auf Double Binds hingewiesen (ebd., S. 118; Sequeira 2015). Der Begriff Double Bind, bzw. Doppelbotschaft stammt ursprünglich aus der Kommunikationstheorie nach Gregory Bateson (vgl. Bateson et al. 1984). Durch den Begriff wird beschrieben, dass eine Person gleichzeitig zwei widersprüchliche Botschaften an die empfangende Person sendet. Hierbei können die Botschaften sowohl durch nonverbale Signale, wie durch Mimik oder Gestik, als auch durch verbale Ausdrucksformen vermittelt werden. Eine Double Bind-Botschaft kann somit zum Beispiel Signale der Zuneigung und Ablehnung gleichzeitig beinhalten. Die empfangende Person weiß somit häufig nicht, wie sie diese widersprüchlichen Botschaften verstehen und verarbeiten soll. Dadurch kann ein Zustand der Verwirrung entstehen. Diese rührt meist daher, dass die empfangende Person durch die sich widersprechenden Botschaften nun häufig widersprüchliche Emotionen in sich wahrnimmt. Dies kann wiederum dazu führen, dass die Person in ihrer Handlungsfähigkeit stark eingeschränkt wird (vgl. Sequeira 2015, S. 247 ff.). Relevant erscheint, dass die Double Bind-Botschaft vor allem dadurch wirkmächtig wird, wenn sie von einer Bezugsperson oder einer Autoritätsperson gesendet wird. Die empfangende Person braucht darüber hinaus zumeist viel Energie, um diese paradoxen Situationen zu verarbeiten (vgl. Sequeira 2015, S. 247 ff.).

Im Kontext von Rassismus treten Double Bind-Situationen beispielsweise dann auf, wenn Menschen, die als *Andere* definiert werden, widersprechenden Aufforderungen wie »Integrier dich!« und »Pass dich an!« versus »Sei exotisch!« oder »Sei besonders!« ausgesetzt sind. »Hier ist es die Einforderung des Integrationswillens bei gleichzeitiger Betonung und Zementierung der Fremdheit« (Omar 2017). Aber auch Fragen nach der Herkunft oder vermeintliche Komplimente bezüglich der Sprachfähigkeit können zu Double Bind-Situationen führen, da hier das vordergründige Interesse oder Kompliment gleichsam eine Verortung im Außen, also eine Nicht-Zugehörigkeit ausdrückt (vgl. Sequeira 2015, S. 264 ff.). Auch die scheinbare Fürsorge von Personen, wenn sie sich zum Beispiel wiederholt erkundigen, ob eine Person sie versteht, sendet die implizite Botschaft: »Du gehörst nicht dazu«, und kann somit ebenfalls als Double Bind beschrieben werden.

Unter anderem infolge der Betrachtung von kontinuierlichen Double Bind-Erfahrungen und dem darauf rückzuführenden Stresserleben werden die Auswirkungen von Rassismus auf Betroffene als Trauma(ta) beschrieben und unter Gesichtspunkten psychischer Gesundheit diskutiert (siehe Kap. 5). Internalisierungsprozesse, »ungesunde« Selbstattribuierung und ebenso Traumata werden im Individuum auch durch die Abwesenheit von Wissen über rassistische Machtverhältnisse gefördert, was sich vor allem in kindlichen Sozialisationserfahrungen zeigt (vgl. Velho 2016, S. 104 ff.), aber vor dem Hintergrund beschriebener gesellschaftlicher Dethematisierung(sbemühungen) eben jener Machtverhältnisse hier für viele Menschen nicht endet. Abschließend stellt Abbildung 2 dar, dass Othering (-Erfahrungen) und Internalisierungsprozesse innerhalb des rassistischen Machtverhältnisses stattfinden, welches durch die drei bereits erläuterten Ebenen aufgespannt wird:

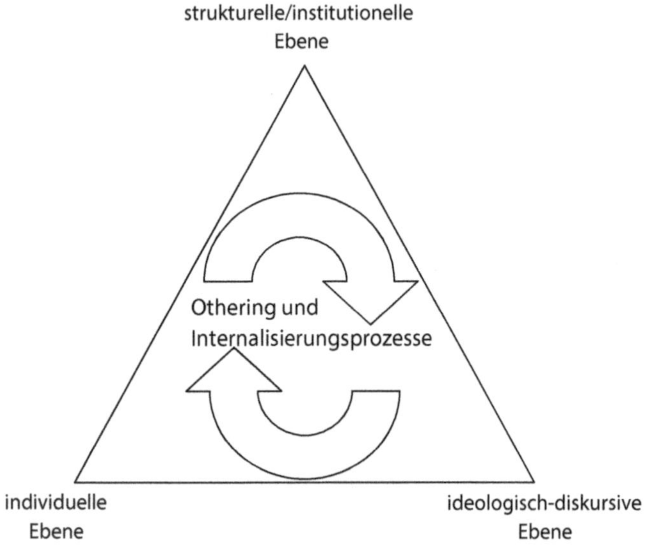

Abb. 2: Rassismusebenen, Othering und Internalisierungsprozesse

Interview mit Sandra Karangwa und Berivan Moğultay-Tokuş

Bitte stellen Sie einmal kurz sich und Ihren Arbeitskontext vor.

Wir sind Sandra Karangwa und Berivan Moğultay-Tokuş und arbeiten zusammen im Antidiskriminierungsbüro Köln. Das Büro hat einen freien Träger, Öffentlichkeit gegen Gewalt e. V., den es schon bald 30 Jahren gibt. Wir haben noch eine weitere Kollegin, Ilka Simon, und arbeiten zu dritt in dieser Beratungs-, Fach- und Qualifizierungsstelle in Köln. Der Schwerpunkt unserer Arbeit liegt in der Beratung von Menschen, die mit rassistischer Diskriminierung in jedem Lebensbereich konfrontiert sind. Das zieht sich durch von jüngeren Menschen, die noch in die Schule gehen oder in Ausbildung sind, bis hin zu Menschen, die z. B. im Gesundheitssystem rassistische Diskriminierung erfahren, an ihrem Arbeitsplatz oder auch im öffentlichen Raum. Diese Menschen können zu uns kommen, und die Beratung findet auf Wunsch auch anonym statt und ist kostenlos (wir sind als Servicestelle vom Land NRW und von der Stadt Köln finanziert). Die Ratsuchenden entscheiden dabei selbst, in welche Richtung die Beratung gehen und was genau angestrebt werden soll. Die Beratungen nehmen den größten Teil unserer Arbeit ein; zudem sind wir auch eine Fachstelle für Fortbildungs- und Qualifizierungsmaßnahmen und werden sehr häufig angefragt Workshops zu machen, z. B. für Institutionen oder andere Teams, die sich vorgenommen haben, sich in Bezug auf Rassismus weiter zu sensibilisieren oder weiterzubilden. Manchmal sind wir auch an Schulen oder bieten Workshops für Jugendgruppen an. Gleichzeitig sind wir gut vernetzt, das heißt, vor Ort in der Kölner Stadtgesellschaft und Umgebung sowie bundesweit sitzen wir in verschiedenen Arbeitskreisen und Gremien, die alle zum Thema Rassismus und rassistische Diskriminierung arbeiten.

Wie würden Sie die größten Herausforderungen in Ihrem Arbeitskontext beschreiben?

Die größte Herausforderung, und das ist uns sehr bewusst, ist, dass unsere Möglichkeiten so gering sind. Wir müssen uns immer wieder klar werden, dass Rassismus als Struktur schon jahrhundertelang besteht und sehr verkrustet ist. Da kann unsere Arbeit nur ein Teil davon sein, auf eine gesamtgesellschaftliche Veränderung hinzuwirken. Und natürlich wissen wir in der Zusammenarbeit mit Ratsuchenden, wie schwierig es ist, deren Forderungen, Wünschen und Bedürfnissen gerecht werden zu können, sodass ihre Erfahrungen und Themen vonseiten der diskriminierenden Parteien ernst genommen werden. Aber das liegt nicht an den Ratsuchenden, sondern das liegt an dieser rassistischen Struktur. Allein die Tatsache, dass es in einer Millionenstadt wie Köln nur drei Beratungsstellen gibt, die ein Mandat als Anti-Diskriminierungs-Beratungsstelle haben, und damit erwartet oder angenommen wird, der Bedürfnislage gerecht zu werden, stellt eine grundsätzliche Schieflage dar. Wir verstehen die Anliegen, Nöte und Bedürfnisse der Menschen, die zu uns kommen, verstehen auch die Dringlichkeit dahinter und stehen der Herausforderung gegenüber, alle unsere Möglichkeiten ausschöpfen zu können. Aber klar ist trotzdem, dass es nicht immer effektiv und wirksam funktioniert. Die Zielvorstellungen liegen leider oft, wenn wir uns die Realitäten ansehen, weit entfernt von dem, was gerecht wäre. Das ist auf jeden Fall etwas, das wir sehr schwierig finden in diesem Job, und damit einher geht auch viel Frustration. Dann sind wir beide selbst von Rassismus betroffen und müssen schauen, wie wir einerseits fachlich damit umgehen und gleichzeitig aber auch mit der eigenen Betroffenheit, die dadurch auch noch mal bei uns verstärkt bzw. ausgelöst wird. Wir erleben ständig Ablehnung im Sinne von Abwehrhaltung von *weißen* Personen, die u.a. strukturell bedingt ist, aber auch in individuellen Zusammenhängen. Wir telefonieren und sprechen, wir fordern und schreiben und darauf kommen sehr oft Antworten, die sehr unbefriedigend sind, und das stellt auf jeden Fall eine große Herausforderung dar.

*Was halten Sie davon, dass wir uns als Systemische Berater*innen, aber auch konkret in dieser Konstellation als weiße Systemische Berater*innen mit Macht- und Rassismuskritik beschäftigen?*

Uns ist aufgefallen und wir haben uns darüber gewundert, dass erst jetzt, 2020, im deutschsprachigen Raum, in einem systemischen Zusammenhang Rassismuskritik zu einem Thema wird. Für uns ist es kaum möglich zu verstehen, wieso das so lange gebraucht hat oder warum die Bedingungen offensichtlich nicht so sind, dass dieses Machtsystem oder die strukturelle Entwicklung von Rassismus bisher nicht gesehen oder mitgedacht worden ist. In jeder Form von Machtkritik, ob es z. B. um Cis- und Heterosexismus geht, sollte klar sein, welche Privilegien die Menschen besitzen, die sich mit sozialen Machtsystemen auseinandersetzen, und dass es unfassbar wichtig und total relevant ist, das aufzunehmen. Für uns ist es kaum vorstellbar, dass das bisher nicht passiert ist, also dass *Weißsein* keine Rolle spielen konnte und dass, wie so häufig, das *Weißsein* als Default und Norm überhaupt nicht benannt wurde. Rassismus zieht sich durch alles, z. B. auch durch Familiensysteme, und deswegen ist die Thematisierung extrem notwendig und auch längst überfällig unserer Meinung nach.

Wenn Sie davon sprechen, dass es sehr auffällig ist, dass es in deutschsprachigen systemischen Zusammenhängen bisher keine dezidierte Auseinandersetzung mit klarer Benennung von Rassismus und Weißsein *gab, gibt es ja dennoch einiges an interkulturellen Ansätzen. Wie ist da Ihre Sicht darauf?*

Ja, das wundert uns ehrlich gesagt nicht. Alleine wie schwierig es war, überhaupt das Wort Rassismus als Begriff in den gesellschaftlichen Diskurs zu bekommen. Erst in den letzten fünf bis zehn Jahren wurde in der Auseinandersetzung nach und nach explizit von Rassismus gesprochen, sodass wir heute mittlerweile Rassismus benennen können, ohne dass alle vom Stuhl fallen. Früher wurde das nicht so benannt, da wurde z. B. von »Ausländerfeindlichkeit« oder »Fremdenfeindlichkeit« geredet. Dann wurde ganz viel über Integration und kulturelle Diversität gesprochen. Das heißt, es werden viele problematische Begriffe benutzt, ohne damit das eigentliche Problem zu benennen. Sobald man nämlich von Rassismus spricht, ist klar, dass es nicht um die *Anderen* gehen kann. Wenn man Rassismus wirklich hinterfragt und wissen möchte, woher das eigentlich kommt, und diese Struktur verstehen will, dann geht es um *Weißsein*. Das ist natürlich unbequem und ruft Widerstand und Ablehnung hervor. Auch hier zeigt sich, dass es sich um ein *weißes* System handelt, in dem lange vermieden worden ist, sich auch mal selber zu betrachten; stattdessen wurde sich nicht mit der Struktur und diesem Begriff auseinandergesetzt, sondern ein Platzhalter verwendet. Etwas, das ein bisschen weicher klingt und nicht einfordert, die eigene Positionierung zu reflektieren, die dabei eine so essenzielle Rolle spielt. Rassismus zu betrachten ohne *Weißsein* zu betrachten, macht eben keinen Sinn. Und wenn in einem Feld wie der Systemischen Beratung hauptsächlich *weiße* Menschen arbeiten, die bisher der Meinung waren, sich selber an dieser Stelle nicht kritisch mit einbeziehen zu müssen, dann erschließt sich mir auch, dass stattdessen lieber über kulturelle Diversität gesprochen werden will. Aber dabei geht es dann nicht um die eigene Positionierung und vor allem nicht um die Machtausübung und die strukturellen Vorherrschaften.

*... und auch nicht um Sichtbarkeit, z. B. von den Systemischen Berater*innen, die selbst von rassistischer Diskriminierung betroffen sind.*

Ja total, es muss ja für diese Personen eine unfassbare Reibung sein. Sie haben ja als rassifizierte Menschen auch diese Ausbildungen durchlaufen und sich inhaltlich damit auseinandergesetzt und gemerkt, wie wenig ihnen das begegnet, dass die eigene Positionierung eine Rolle spielt. Wenn ich mir vorstelle, ich stelle in diesem System eine deprivilegierte Person dar, die überhaupt nicht mit gesehen wird, und muss oder will aber trotzdem bzw. habe den Anspruch an mich, so eine Ausbildung zu absolvieren, dann scheint das sehr schwierig zu sein. Ich setze mich da in diesen *weißen* Raum und beschäftige mich mit diesen Inhalten und erfahre unangenehme rassistische Situationen, die ich aber nicht benennen darf oder kann, weil ich mir Sorgen machen muss. Das sind ganz typische Erfahrungen von Menschen, die rassifiziert werden und in Zusammenhängen leben oder arbeiten müssen, in denen das eben nicht benannt wird – das stelle ich mir für Berater*innen, die diese Arbeit machen, extrem schwierig vor.

Was sind für Sie die wichtigsten Aspekte von Macht- und Rassismuskritik, vor allem im Kontext (Systemischer) Beratung?

Was bei uns der Fall ist und worüber wir auch sehr froh sind, ist, dass wir als drei Kolleginnen im Machtsystem Rassismus verschieden positioniert sind. Für Ratsuchende ist es möglich zu entscheiden, von wem sie sich am besten begleitet fühlen. Sie können z. B. sagen, dass sie – aus welchen Gründen auch immer – lieber mit einer *weißen* Person, einer Person of Color oder einer Schwarzen Person arbeiten möchte. Damit gehen wieder verschiedene Möglichkeiten einher, die manchmal positive Folgen haben können und manchmal negative, das ist nicht immer von vornherein abzuschätzen. Ein wesentlicher Bestandteil unserer Beratung, der wichtig für uns ist, ist unsere Parteilichkeit. Das bedeutet, dass wir immer und in jeder Hinsicht die Forderungen, Wünsche und auch Haltung der Person unterstützen, die zu uns kommt. Wir würden niemals Ratsuchenden Empfehlungen geben, von denen wir der Meinung sind, sie entsprächen vielleicht eher unseren Erfahrungen und Vorstellungen. Es kann auch durchaus passieren, dass eine ratsuchende Person sich für ein Vorgehen entscheidet, das wir nicht für sinnvoll oder für unberechenbar halten. Unsere persönliche Einstellung dazu darf keine Rolle spielen. Für uns ist es wichtig, dass die ratsuchende Person immer das Gefühl der Kontrolle hat, weil sie in der Situation, aus der es für sie notwendig war zu uns zu kommen, sowieso schon das Gefühl hatte, die Kontrolle verloren oder keine Stimme bekommen zu haben, und als nicht glaubwürdig wahrgenommen wurde. Im Rahmen der Beratung sollte das auf keinen Fall passieren. Diese Erfahrung sollte sich da nicht wiederholen. Das heißt, gegen dieses bestehende Ungleichgewicht, in Bezug auf die Machtverhältnisse von Rassismus, zu arbeiten. Es ist dabei wichtig zu wissen, dass die Ziele, die wir in einer Beratung formulieren, nicht immer so erreicht werden und es leider sehr wahrscheinlich ist, dass die diskriminierende Stelle oder Person gar nicht erst antwortet oder bekannte Abwehrhaltungen zeigt – deshalb ist es sehr wichtig, dass der Raum so gestaltet wird, dass die ratsuchende Person immer die Kontrolle darüber behält, sodass sie auch mittendrin sagen kann: »Ich habe keine Lust mehr!« Welche Gründe es auch immer sein mögen, ob sich die Ratsuchenden nicht mehr melden, wenn sie den Eindruck haben, dass es einfach reicht, okay so ist oder es sie vielleicht so belastet, dass sie sich damit nicht mehr beschäftigen möchten: Für uns gilt es dies zu akzeptieren. Selbst wenn wir denken, wow, jetzt wäre es genau richtig, jetzt könnten wir Öffentlichkeitsarbeit machen oder bis vor ein Gericht gehen. Für uns ist es total wichtig, dass wir nur eine Art verstärkende Stimme sein können. Mit unserer fachlichen Expertise und auch mit unserer Funktion in der Stadtgesellschaft als öffentliche Stelle haben wir einen anderen Einfluss mit einer Beschwerde bspw. bei einer Polizeibehörde. Auf uns wird anders reagiert, als wenn das von einer Person allein kommt. Grundsätzlich sind es diese Aspekte, die uns wichtig sind, damit wir diese Machtlosigkeit, die viele Menschen häufig in Bezug auf Beratungssettings fühlen, zumindest versuchen können ein bisschen auszugleichen, das ist unser Wunsch. Auch sollten wir uns immer bewusst darüber sein, dass, wie bereits erwähnt, wir alle drei verschieden in Bezug auf Rassismus positioniert sind. Es kann z. B. auch einen Vorteil haben, dass wenn sich eine Schwarze Person mit einer Situation, in der es sich um Anti-Schwarzen-Rassismus handelt, an uns wendet, dabei von Ilka, die *weiß* positioniert ist, begleitet wird. Es kann dagegen aus einem anderen Grund wiederum vorteilhafter sein, wenn eine Schwarze Person z. B. sagt: »Ne, ich wünsche mir aber eine Schwarze Beraterin, von der ich den Eindruck habe, mit ihr brauche ich über gewisse Sachen erst gar nicht zu sprechen, weil da ähnliche Erfahrungen dahinterstehen.« Letzten Endes ist es ein Empowerment-Raum, der in einem Beratungssetting stattfinden kann, aber gleichzeitig ist es auch klar, dass wenn der Wunsch besteht, wir gehen nach draußen und wenden uns an die entsprechende Stelle, Behörde oder Person und bspw. auch ein Klärungsgespräch gewünscht wird, dass da noch mal die Frage aufkommt, wer jetzt der Stelle gegenübersitzen soll. Entweder wir, die als Schwarze Berater*innen oder Berater*innen of Color vielleicht bei gewissen Menschen verschiedene Stereotype oder Verhaltensweisen auslösen können, oder wäre es da sinnvoller, dass Ilka das übernimmt. Das heißt, ein bisschen strategisch überlegen muss man in jeder Hinsicht, und das können wir den Ratsuchenden immer erklären und offenlassen, sodass sie es sich überlegen, was für sie richtig und passend wäre. Es geht also darum, immer im Bewusstsein zu haben, wie ist meine eigene Positionierung und wie lassen sich die Machtverhältnisse wenigstens in diesem Beratungssetting ein bisschen ausgleichen.

Würden Sie es dann auch so sehen, dass es immens wichtig ist, der Person, die da kommt, die Expertise für ihr eigenes Leben zuzusprechen?

Ja und das haben sie auch alle. Wir finden es total bewundernswert zu sehen, wie lange die Menschen schon gekämpft, sich damit auseinandergesetzt und auch schon verschiedene Wege versucht haben zu bestreiten, bis sie sich irgendwann an uns wenden. Das hat ja auch ganz unterschiedliche Gründe, wie sie dann an uns kommen, warum sie das dann machen zu diesem Zeitpunkt, aber alle die dann da sind mit einem ganz konkreten Ziel oder Wunsch, wissen auch ganz genau was sie leisten können und sind sich auch immer total klar drüber. Wir haben es noch nie erlebt, dass in einer Beratung mit jemandem überlegt werden musste, was denn eigentlich deren*dessen Wunsch sei. Wir hatten immer den Eindruck, dass sie sehr klare Vorstellungen davon haben, aus welchem Grund es notwendig ist, sich an uns zu wenden, und dass das dann auch unfassbar empowernd sein kann. Selbst wenn das Ergebnis nicht so zufriedenstellend ist, haben sie auf jeden Fall gewusst, wir haben jetzt alle Möglichkeiten ausgeschöpft und wissen auch, in welcher Hinsicht was vielleicht zu erwarten ist. Oder sie gehen damit irgendwie noch mal anders um, sobald sie dann nach Hause gehen und merken, okay, die diskriminierende Partei scheint wirklich nicht interessiert daran zu sein und versucht nach wie vor abzuwehren und auszuweichen. Aber trotzdem kann es ein befriedigendes Gefühl sein, noch mal einen ganz deutlichen Brief geschrieben oder eine ganz offizielle Beschwerde abgeschickt zu haben.

*Was hier noch mal spannend ist, sind die Kernaspekte, dass zum einen in der Beratungssituation nicht noch mal das Gleiche passieren darf, was im Alltag geschieht, nämlich dass kein Ohnmachtsgefühl entstehen soll, und dass die Beratungsnehmenden als Expert*innen für ihr Leben gesehen werden müssen.*

*Aus systemischer Perspektive würde dem sehr deutlich zugestimmt werden. Es gilt als Kernelement Systemischer Beratung, die Menschen als Expert*innen für ihre eigenen Lebensrealitäten zu sehen. Und dennoch – so unsere Einschätzung – hört das häufig auf, sobald es um gesellschaftliche Machtstrukturen geht und auch hier die klassischen Abwehrmechanismen greifen, wie bspw. die Relativierung und Trivialisierung von Erfahrungen. Eigentlich ist das ein sehr guter Weg zum Anknüpfen, der aber in einer unreflektierten weißen Praxis zumeist nicht gegangen wird.*

Wir haben den Eindruck, dass dieses Verhalten und der Versuch, *weiße* Macht nach wie vor unangreifbar zu machen und dass diese nicht infrage gestellt werden darf, sich in verschiedensten Facetten und unterschiedlichsten Spielarten zeigt, die unfassbar ausgeklügelt sein können. Diese sind nicht immer bewusst, darüber wird oft nicht geredet und sie funktionieren einfach so und das hat sich schon so eingeschlichen. Es braucht – auch das, was Sie jetzt mit diesem Buch machen – eine explizite Strategie, bis das dann irgendwann auch bewusst angeschaut werden kann. Eine Strategie, die im Grunde sagt, wir decken das mal nach und nach auf. Diese ganzen Layer decken wir mal auf, weil Rassismus strukturell ist. Das vergessen viele ganz gerne, weil es um einiges leichter ist, Rassismus auf einer individuellen Ebene abzuhandeln und zu sagen: »Ich bin doch kein*e Rassist*in!« Aber so funktioniert eine ernst gemeinte Auseinandersetzung mit Rassismus nicht.

Das Wort »strukturell« ist eine gute Überleitung zur nächsten Frage. Wir haben in unserem Buch ein Kapitel, in dem wir uns noch mal explizit mit der strukturellen und institutionellen Ebene auseinandersetzen, ohne die Rassismus oder andere Diskriminierungsformen gesellschaftlich gar nicht so greifen würden. Können Sie noch einmal genauer auf diese Ebene eingehen, vielleicht auch anhand konkreter Beispiele aus Ihrer Praxis?

Es gibt ja das Allgemeine Gleichbehandlungsgesetz seit 2006. Das AGG soll dazu dienen, dass Menschen überhaupt die Möglichkeit haben zu klagen. Interessant daran ist, und dadurch ist es leider auch schwierig damit zu arbeiten, dass es irgendwie keine klare Vorstellung und praktische Erfahrungswerte davon gibt, wie das genau funktionieren soll. Es gibt verschiedene Bereiche, die das AGG abdeckt, zum Beispiel den Bildungsbereich. Nun ist es aber so, dass das AGG ein Bundesgesetz ist, und das macht das in Deutschland auch so schwierig. Wenn wir jetzt die Schulen anschauen, zeigt sich, dass wir überhaupt keine Handhabe haben. Da das AGG in Bezug auf Schule nicht auf der Landesebene anzuwenden ist, da Schule in Deutschland Ländersache ist. Wenn z. B. hier bei uns in der Beratung ein junger Mensch sitzt mit seiner Familie und von rassistischen und diskriminierenden Erfahrungen in seinem Schulalltag erzählt, können wir uns nicht auf das AGG berufen, da sich das nur auf den privaten Sektor anwenden lässt. Das heißt, wenn man auf einer privaten Schule wäre und die angestellten Lehrer*innen dort rassistisch diskriminieren, wäre es laut AGG tatsächlich möglich, den Schutz der Ratsuchenden einzuklagen. Und da sehen wir wieder, was wir eingangs zu den Herausforderungen gesagt haben: Es gibt laut Grundgesetz und der UN-Menschenrechtscharta unfassbar viele Möglichkeiten, ganz viel auf weißem Papier zu lesen. In der Umsetzung und in der realen Beschäftigung damit haben wir einfach mit Strukturen zu kämpfen, die es bisher geschafft haben zu vermeiden, dass Menschen aufgrund vieler Merkmale, z. B. ihrer Herkunft, ihrer religiösen Zugehörigkeit, ihres Aussehens, ihres Status oder ihrer Staatsangehörigkeit tatsächlich denselben Schutz vor Diskriminierung genießen. Das macht dann am Ende eine solche Situation sehr schwierig, z. B. wenn da eine Familie vor uns sitzt und erzählt, dass wiederholt Schüler*innen von den Lehrkräften beleidigt werden, dass unverhältnismäßig häufig und hart sanktioniert wird und dass vor anderen auch diskriminierende Begriffe benutzt werden. Und wenn sich dann die Schüler*innen wehren möchten, aber nicht so recht wissen, wie, dann eskaliert das meistens und die Eltern schalten sich z. B. ein. Wenn es sich bei den Eltern dann auch um Menschen handelt, die rassifiziert werden, erfahren sie es häufig auch noch, dass sie nicht ernst genommen werden und ihnen kein Glauben geschenkt wird. Wir erleben auch Situationen, in denen wir dann versuchen, ein Klärungsgespräch mit der Schulleitung, der Familie und den Lehrkräften, um die es geht, zu führen, um die Situation zu klären; aber am Ende klar ist, dass wir keine juristische Handhabe haben. Und dabei wird auch deutlich, dass es kein gemeinsames Verständnis von strukturellem und institutionellem Rassismus gibt, sondern dass sich Lehrkräfte häufig darauf berufen, nicht rassistisch gehandelt zu haben, die Person hätte das persönlich einfach nur so aufgefasst, solange es nicht möglich ist zu sagen: »Aber wisst ihr denn eigentlich, wovon wir sprechen, wenn wir von Rassismus reden?« Von den Konsequenzen, die sich aus so einem Konflikt ergeben; das heißt, was nach so einem versuchten Gespräch, das meistens nicht erfolgreich verläuft, für die Schüler*innen passiert, ist eher noch zum Nachteil. Häufig sorgt die Schule dafür, dass das Problem nicht weiter benannt werden darf, dass die Lehrkräfte auf gar keinen Fall sich mit diesem unerhörten Vorwurf, rassistisch gehandelt zu haben, auseinandersetzen müssen. Die Schulleitung empört sich dann mehr über den Vorwurf als über den eigentlichen Vorfall. Dann wird meist Druck auf die Familie ausgeübt und in den meisten Fällen entscheidet sich die Familie dafür, dass das Kind die Schule verlässt, ohne zu wissen, ob es an anderen Schulen ähnlich laufen wird. Sie wissen allerdings auch, dass dieses Kind sich damit in der Schule nicht mehr länger auseinandersetzen kann, weil damit eine ganz lange Geschichte verbunden ist und diese immer wieder auf das Kind zurückfallen wird. Das heißt, die Institution, hier die Schule, ist nicht bereit, eben in die Struktur selbst mal reinzuschauen, mit Lehrkräften auch mal in einen Diskurs und in die Auseinandersetzung zu gehen, sondern es wird abgeschoben auf die individuelle Ebene und gesagt: »Ihr habt übertrieben, so kann das nicht sein!«

Ähnliche Beratungsfälle gibt es auch im Kontext der Kölner Verkehrsbetriebe (KVB), die sich auf einzelne Situationen beziehen, die in der Öffentlichkeit stattgefunden haben und wo dann über ein Beschwerdemanagement versucht worden ist, mal Einfluss darauf zu nehmen. Wie ist z. B. die Ausbildung bei der KVB? Ähnlich wie die Ausbildung bei der Polizei. Das hat ja gesellschaftlich in letzter Zeit etwas mehr Gehör gefunden, aber da wird eigentlich nur geblockt. Zumindest haben wir so die Erfahrung hier in Köln, dass auf gar keinen Fall die Institution selbst kritisiert werden darf, sondern dass es immer die Einzelfälle sind, auf die eingegangen wird. Und dann wird, wie auch in einem Fall bei der KVB, beispielsweise gesagt: »Ich kann ja gar nicht rassistisch gewesen sein, weil meine Frau kommt aus der Türkei!« Und so etwas wiederholt sich – schon fast klassisch.

*Um noch mal strukturelle Herausforderungen im Kontext (Systemischer) Beratung in den Blick zu nehmen: Wie sieht es bspw. mit Supervision in Ihrer Praxis aus? Finden Sie Supervisor*innen, die ein Verständnis für Ihre Arbeitskontexte und auch eine Expertise im Themenbereich Rassismus und Diskriminierung mitbringen?*

Hier geht es auch noch mal um die Fragen, wie Berater*innen und Supervisor*innen positioniert sind. Es muss ja nicht immer eine persönliche Betroffenheit bestehen, um für diese strukturellen Bedingungen überhaupt sensibel zu sein. Das ist keine Grundvoraussetzung, genauso wenig wie das automatisch davor schützen würde. Ich kann ja auch ein gewisses Merkmal mitbringen und da trotzdem sehr undifferenziert mit umgehen. Aber solange in der Lehre und wissenschaftlichen Beschäftigung mit Systemischer Beratung *Weißsein* nicht als ein wichtiges

Element mit einbezogen wird, kann das ja auch am Ende der Ausbildung nur auf einer individuellen Ebene passieren. Vielleicht aufgrund von besonderem persönlichem Engagement, weil vielleicht eine Person sowieso bereit für eine Auseinandersetzung damit ist oder sich aus anderen Gründen davor schon damit beschäftigt hat. Nur so funktioniert es dann aktuell, dass eine Form der Beratung oder Supervision angeboten werden kann, die Rassismus als Struktur versteht. Wir haben Glück, dass wir jemanden kennen, den wir hier in Köln anfragen können, um mit uns eine entsprechende Supervision zu machen. Interessant dabei ist aber auch, dass unsere Förderung keine Mittel für Supervision vorsieht und der Verein die Kosten selbst tragen muss, was natürlich auch wieder sehr fragwürdig gerade in diesem Bereich ist. In unserer Supervision haben wir jemanden, dem wir vertrauen, der auch selbst von Rassismus betroffen ist und der eine psychotherapeutische sowie eine systemische Ausbildung hat. Grundsätzlich voraussetzen, so wie wir das mitbekommen, können wir aber nicht, dass das Thema Rassismuskritik Bestandteil von Ausbildungen ist – egal ob jetzt psychotherapeutisch, systemisch oder im Kontext von Mediationen. Es liegt also wieder an den Einzelnen, die sich dann mit diesem Thema beschäftigen, aber eben nicht innerhalb der Struktur. Das heißt, wir müssen das dann erst erspüren und sehen, inwieweit die Menschen hier fachlich geschult sind und das Teil von deren Expertise ist, gerade bei *weiß* positionierten Menschen. Weil diese müssen sich nicht nur mit dem Thema inhaltlich vertraut machen, sondern sie müssen auch erst einmal mit eigenen Erfahrungen und eigenen Abwehrmechanismen kämpfen, um dann auf dem Gebiet sensibel zu sein und zu verstehen, wann es anfängt schwierig zu werden. Wir glauben, das geht nur, wenn es weh tut, und dass *weiße* Menschen immer durch einen schmerzhaften Reflexionsprozess durchmüssen. Wenn sie das nicht tun, dann haben sie etwas falsch gemacht.

Sie hatten vorhin den Begriff des Empowerments erwähnt und von einer empowernden Wirkung gesprochen. Sie bieten ja auch Empowerment-Workshops an. Können Sie das noch mal etwas näher ausführen?

Früher gab es einen Workshop, den das ADB [AntiDiskriminierungsBüro] Köln einmal im Jahr angeboten hat und der sich an Eltern Schwarzer Kinder richtete. In diesem Workshop sollte die Möglichkeit bestehen, sich über Erfahrungen auszutauschen, mit der Expertise einer Schwarzen Person, die selbst ein Schwarzes Kind hat und die gleichzeitig auch fachlich, also als Anti-Rassismus-Trainerin, in diesem Bereich arbeitet.

Dieser Workshop richtete sich allgemein an alle Eltern, die Schwarze Kinder haben, und das hieß, dass mehrheitlich *weiße* Personen dieses Angebot nutzten. In der Regel waren das *weiße* Frauen, die einen Schwarzen Partner und Schwarze Kinder haben. Durchaus waren auch Schwarze Eltern da, bloß nur sehr wenige und auf jeden Fall in der Minderheit. Als ich [Sandra Karangwa] die Organisation des Workshops übernommen habe, hatte ich den Eindruck, dass es sich für mich nicht so gut angefühlt hat, das Angebot so in der Art und Weise weiterzuführen. Nicht weil ich der Meinung bin, dass es für *weiße* Elternteile nicht total relevant und wichtig ist, diesen Raum zu finden, sondern weil ich glaube, dass die Erfahrungen, die *weiße* Eltern und Schwarze Eltern jeweils mit Schwarzen Kindern machen, total verschieden sind. Und weil ich glaube, dass die Bedürfnisse in Bezug auf solch eine Auseinandersetzung zu verschieden sind, als dass diese in einem gemeinsamen Raum stattfinden könnte. Da war mein Vorschlag, warum wir nicht ein Angebot für *weiße* Eltern und eines für Schwarze Eltern machen können. Das haben wir dann versucht und es hat geklappt. Seitdem hat sich auch unser allgemeines Workshop-Konzept bzgl. der Sensibilisierung und des Empowerments weiterentwickelt. Wir bieten mittlerweile keine Workshops mehr an, die in gemischten Räumen stattfinden. Das hat am Anfang ein bisschen gebraucht, bis wir ein Konzept geschrieben hatten, das für die Menschen, die uns anfragen, auch direkt verständlich war, und auch wir ein bisschen eingespielt waren. Mittlerweile haben wir das aber auch stehen, das heißt, wir können sofort unser Konzept aus der Schublade ziehen, sodass Ilka Simon etwas für *weiß* positionierte Menschen anbietet und Berivan und ich etwas für die Menschen, die Rassismuserfahrungen machen. Dann können die Menschen entscheiden, ob sie mit dem Konzept mitgehen und das so machen wollen oder nicht. Das Schöne, wie sich das so entwickelt hat, ist, dass deutlich wurde, wie viel mehr Raum sich die Menschen nehmen. Egal, wie sie in Bezug auf Rassismus positioniert sind. Auch für *weiße* Menschen war es ein komplett anderer Raum, in dem sie sich getraut haben zu reden, zu fragen, auch ihre Verletzungen zu zeigen, weil sie wussten, da sitzen jetzt keine Menschen, die von Rassismus betroffen sind. Für die von Rassismus betroffenen Menschen war es auch eine positive Erfahrung, weil sie wussten, hier muss ich mich nicht wie sonst zurücknehmen, weil ich ja wieder in der Minderheit bin, ähnlich wie in den Machtverhältnissen und Ungleichgewichten, die draußen herrschen. Deshalb haben wir festgestellt, dass es für unsere Arbeit total sinnvoll ist, einen größeren Raum für Empowerment-Arbeit anzubieten. Diese Workshops sind das eine, zum anderen haben wir noch einen Empowerment-Verteiler eingerichtet, worüber wir auch auf andere Angebote im Raum Köln verweisen.

Jetzt aber noch mal mehr in Bezug auf den Begriff Empowerment, da gibt es ja nicht die eine, eindeutige Definition: Für uns ist das erst mal ein gelebtes politisches Konzept, das auch Geschichte hat. Es entstand in den 1960er-Jahren in der Bürger*innenrechtsbewegung in den USA mit dem Wunsch, in einem Raum zu sein, zu arbeiten, sich gegenseitig zu stärken, aber vor allem um politisch weiterzukommen. Politisches Weiterkommen kann dabei auch total vielfältige Möglichkeiten beinhalten. Das kann auch bedeuten, dass es einfach super ist, sich zu treffen und zu sehen und einfach etwas zusammen zu trinken, sich einfach mal zu entspannen und eben nicht über Rassismus sprechen zu müssen, wenn es gerade nicht das Bedürfnis ist. Es geht darum, genau zu verstehen, an welcher Stelle habe ich persönlich gerade das Bedürfnis, mich zu stabilisieren, und wenn das ein ruhiger Raum ist, in dem gerade keine Menschen der Mehrheitsgesellschaft anwesend sind, dann entscheide ich mich dafür, was ich machen möchte, ob ich jetzt mit meinen Freund*innen, die ähnliche Rassismuserfahrungen machen wie ich, einfach einen Film schaue, und wenn die Tränen laufen, dann laufen auch einfach die Tränen. Oder wenn wir irgendwas Lustiges machen, dann machen wir was Lustiges, aber dass klar wird, dass wir nicht unter Beobachtung stehen. Wir haben keinen Anspruch an uns, wir müssen nichts, sondern können nur. In der Regel ist das dann so, weil die Räume so selten sind und es so selten der Fall ist, dass es Empowerment-Räume gibt, dass es natürlich ganz viel um die Aushandlung von Rassismus geht. Wie gehst du damit um? Was macht ihr? Was habt ihr für Strategien entwickelt?

Würde es so viele Empowerment-Räume und -veranstaltungen geben, wie es auch Sensibilisierungsangebote für *weiße* Menschen gibt, dann könnten wahrscheinlich auch Menschen, die von Rassismus betroffen sind, bei einem Empowerment-Angebot mal nicht über Rassismus reden, sondern über die letzte Serie, die sie gesehen haben, und sich total empowered fühlen und nach Hause gehen und einen schönen Tag gehabt haben. Aber da sie so selten sind, haben alle das Gefühl, ach endlich, unbedingt brauche ich das jetzt, nur um wieder ins Gleichgewicht zu kommen. Gerade jetzt, wenn es auch ganz viel um Polizeigewalt geht, müsste es eigentlich nicht nur die Demos oder Protestaktionen geben, sondern es müsste drum herum ganz viele Empowerment-Räume geben, in die die Menschen danach auch reingehen und sich davon erholen könnten, ständig mit diesen schmerzhaften Inhalten konfrontiert zu werden. Mit diesen Bildern, diesen Nachrichten, die unfassbar an einem zerren und Kräfte ziehen. Es geht immer ganz viel um diese Aufmerksamkeit, die Aufklärungsarbeit und den Widerstand, was sich aber letzten Endes an die *weiße* Bevölkerungsmehrheit richtet. Weniger geht es darum zu fragen, wie es den von Rassismus Betroffenen danach geht, nachdem wir zehntausendmal diese Bilder gesehen und zehntausendmal diese Nachrichten gehört haben, auf der Straße waren und uns den Hals wund gebrüllt haben. Wo bekomme ich da meine Ressourcen wieder aufgeladen und meine Batterien wieder voll? Dafür müsste viel mehr Bewusstsein bestehen, dass es unfassbar wichtig ist, dass alle Menschen, die von diesem System tagtäglich betroffen sind, Rückzugsorte brauchen. Dafür wäre Empowerment genau das richtige.

Was wären Ihre Forderungen an die systemische Community, aber auch gesamtgesellschaftlich in Deutschland? Oder auch im Sinne der Wunderfrage: Was wäre morgen anders, wenn heute Nacht ein Wunder passieren würde?

Wenn wir es nur auf Rassismus beziehen und uns wünschen, dass da eine nachhaltige Verbesserung und Entwicklung stattfindet, dann sollten am nächsten Tag die Menschen, die von Rassismus profitieren, aufwachen und zumindest mal einen Tag lang diesen Schmerz erfahren. Also dass sie einen Tag lang mit genau diesen offenen Herzen, traumatischen Erfahrungen und offenen Wunden leben. Es würde ein Bewusstsein daraus wachsen können, dass sich das nicht nur einfach über den Kopf deutlich macht. Ich habe den Eindruck, dass viele Dinge einfach nicht gefühlt werden, und bin der Meinung, dass viele Momente und Erfahrungen von Menschen, die Rassismus erleben, überhaupt nicht über die Sprache zu vermitteln sind: Das kann einfach nur ein Blick, ein Sich-Unwohlfühlen, ein Unter-Beobachtung-Stehen, In-einen-Raum-reinkommen-und-die-Dynamik-Fühlen sein. Ich glaube, dass es wichtig ist, dass das einfach mal gespürt wird und sich nicht immer nur kognitiv oder theoretisch damit befasst werden sollte. Rassismus ist meiner Meinung nach nämlich kein Problem von Menschen, die nicht *weiß* sind, sondern das Problem von *weißen* Menschen. Diese müssten sich mal mit sich selbst beschäftigen und auseinandersetzen. Sie könnten das dann nicht auf rassifizierte Menschen projizieren, sondern sollten sich mal fragen, woher das Bedürfnis eigentlich kommt, diese Unterschiede zu machen. Woher kommt diese Struktur, die ihr so aufrechterhalten wollt, und womit wird das gerechtfertigt? Vielleicht käme am nächsten Morgen dann ein hartes Erwachen, dem aber ein tiefes Bedürfnis nach Reflexion und gesellschaftlicher Transformation folgt?

5 Rassismus und Trauma

»Die Gewalt verursachende Gesellschaft erkennt Rassismus als Gewalt und Trauma als Folge nicht. Kampf, Flucht, Metaebene und Heilung werden für die Betroffenen versperrt. Betroffene dürfen sich nicht als solche bezeichnen. Personen, die Othering-, Doublebind- und Rassismuserfahrung machen, leben demzufolge mit ihrem Trauma und werden durch neue Erfahrungen retraumatisiert.«

Dileta Fernandes Sequeira (2015, S. 443)

Um sich Trauma aus einer macht- und rassismuskritischen Perspektive zu nähern, soll hier zunächst erläutert werden, warum Trauma und Rassismus zumeist nicht miteinander in Verbindung gebracht werden und wie es zu dieser Tabuisierung kommt. Im Weiteren werden Definitionen, Begrifflichkeiten und die Bedeutung des Trauma-Begriffs dargelegt, um diesen später im Kontext von Rassismus einordnen zu können. Die verschiedenen Formen von Trauma werden zunächst dargestellt und anschließend im Bezug zu Rassismus analysiert und betrachtet. Studien, die den Zusammenhang von Rassismus und Trauma beleuchten, stützen die folgenden Ausführungen.

5.1 Tabuisierung von Rassismus als Trauma-Realität

Der Blick auf die aktuelle Situation in Deutschland in Verbindung mit der fehlenden Aufarbeitung der kolonialen Vergangenheit zeigt, dass (Alltags-)Rassismus und dessen Folgen in Deutschland nahezu gar nicht thematisiert werden. Eine Anerkennung der Auswirkungen von Rassismus würde eine Beschäftigung mit der rassistischen Machtstruktur und eine Reflexion der eigenen Positioniertheit und insbesondere *weißer* Privilegien in selbiger benötigen. Da dies jedoch häufig nicht geschieht, bleibt auch eine Benennung von möglichen traumatischen Folgen durch rassistische Diskriminierung meist unausgesprochen, und der Begriff des Traumas wird überhaupt nicht im Zusammenhang mit den Auswirkungen von Machtstrukturen gedacht und thematisiert (vgl. Yeboah 2017, S. 149).

So werden die Auswirkungen von Diskriminierung meist komplett ausgeklammert, wenn es um eine Datenerhebung zur psychischen Gesundheit in Deutschland geht. Stattdessen liegt der Fokus auch in diesem Zusammenhang wieder auf Themen wie Migration und vermeintlichen kulturellen Unterschieden, sodass Rassismus als beeinflussender Faktor für die psychische Befindlichkeit nicht mitgedacht wird (vgl. ebd., S. 143 f.; Velho 2011, S. 17). Auch körperliche Symptome, die durch dauerhaften Stress entstehen können, werden meist nicht im Zusammenhang mit Diskriminierungserfahrungen gesehen. Was meist eher passiert, ist eine Bagatellisierung dessen oder eine Unterstellung, dass die betroffene Person übertreiben würde, wenn sie derartige Symptome äußert. Es fehlt insgesamt zumeist das Sprechen darüber und Benennen, wie die negativen Erfahrungen von Rassismus die psychische Gesundheit von Menschen beeinflussen können. Dadurch werden die Folgen dessen weiter ausgeblendet und sogar geleugnet (vgl. Velho 2011, S. 24).

Machtverhältnisse im Trauma-Diskurs mitzudenken erscheint aber enorm relevant, um ein ganzheitliches und kritisches Verständnis von Trauma zu erlangen (vgl. Becker 2002, S. 68 f.). Es wird ein Bewusstsein und daher auch eine Sprache dafür benötigt, was Machtstrukturen, hier mit dem Fokus auf Rassismus, für Auswirkungen haben können – gerade dann, wenn Personen sich beispielsweise in verschiedenen Kontexten von Beratung bewegen. In diesen Bereichen steht zumeist ein Präventionsgedanke im Fokus der Leitidee sowie auch das Bestreben, Menschen zu unterstützen, wenn sie durch unterschiedlichste Kontexte geschwächt sind. Eine angemessene Durchführung dieser Vorhaben erscheint jedoch nur möglich, wenn die Machtstrukturen, in denen wir in Deutschland leben, mitgedacht werden (vgl. Velho 2011, S. 24).

Um eine angemessene Beratungssituation mit Menschen, die durch Rassismus diskriminiert werden, zu ermöglichen, muss also zunächst ein Bewusstsein darüber erlangt werden, dass rassistische Diskriminierung eine starke Auswirkung auf die psychische Gesundheit von betroffenen Personen hat – und eben auch Folgen, ähnlich einer Traumatisierung, hervorrufen kann. Daher wird hier nun zunächst auf Trauma im Allgemeinen eingegangen.

5.2 Trauma

Um sich einem ersten Verständnis des Trauma-Begriffs zu nähern, bietet sich ein Blick auf die Herleitung des Wortes Trauma an. Es hat seinen Ursprung im Altgriechischen und bedeutet Verletzung. Hierdurch wird deutlich, dass es sich bei einem Trauma um eine schmerzhafte Verwundung handelt, die sich im nicht-medizinischen Kontext jedoch nicht auf einen physischen Schmerz, sondern eben auf eine psychische Verletzung bezieht. Für viele Menschen scheinen sichtbare physische Verletzungen häufig einfacher begreifbar zu sein als eine seelische (vgl. Fischer u. Riedesser 2009, S. 24 f.). Dennoch lassen sich in der gesamten Menschheitsgeschichte immer schon seelische Verletzungen als Reaktion auf schreckliche Erlebnisse, Verluste etc. verzeichnen, wobei zu betonen ist, dass Menschen auch schon immer Strategien gefunden haben, diese zu bewältigen (vgl. ebd., S. 33).

Eine detailliertere Auseinandersetzung mit den Folgen von Traumata auf einer wissenschaftlichen Ebene erfolgte in Deutschland meist im Zusammenhang mit geschichtlichen Ereignissen, die in einem direkten Bezug zum Trauma-Erleben stehen, so zum Beispiel nach dem Ersten und Zweiten Weltkrieg und auch nach Naturkatastrophen (vgl. ebd., S. 33 ff.). Denn durch das Erleben von Menschen, die diese Erfahrungen gemacht haben, wurde deutlich, dass sie auf einer viel tieferen Ebene Verletzungen erlitten als zuvor häufig vermutet. So erscheint es in diesem Zusammenhang auch wichtig zu erwähnen, dass die Posttraumatische Belastungsstörung (PTBS) erst im Jahr 1980 in das Diagnostic and Statistical Manual of Mental Disorders (DSM) aufgenommen wurde. Dass ein Trauma durch ganz unterschiedliche Faktoren ausgelöst werden kann und welche dies sein können, wird im Folgenden noch weiter erläutert. Hier erscheint es jedoch zunächst sinnvoll zu betonen, dass traumatische Erlebnisse auch schon durch für Außenstehende nicht direkt sichtbare Erlebnisse entstehen können. So können auch sogenannte sekundäre Traumatisierungen, zum Beispiel durch das Zusammenleben mit einem traumatisierten Elternteil oder die Konfrontation mit Trauma-Folgen als helfende Person, schwere Verletzungen darstellen (vgl. Reddemann u. Dehner-Rau 2013, S. 13 f.).

Für die Traumatisierung durch miterlebtes Leid, zum Beispiel bei Trauma-Helfenden, wird häufig auch der Ausdruck vicariierende Traumatisierung (vicarious = stellvertretend) verwendet. Eine Weitergabe der Traumata kann auch über Generationen hinweg geschehen, also nicht nur sekundär durch die Eltern erfolgen, sondern auch tertiär.[31] In diesem Zusammenhang wird dann von einer transgenerationalen oder intergenerationalen Weitergabe des Traumas gesprochen.

31 Zur Vertiefung des Themas »generationsübergreifende Weitergabe von Traumata« siehe auch Rohr (2017).

Hier erscheint vor allem eine fehlende Thematisierung und Kommunizierung der Ereignisse als auslösender Faktor (vgl. Fischer u. Riedesser 2009, S. 151 f.).

In der Auseinandersetzung mit Traumata gilt es zum einen, das in den Blick zu nehmen, was Individuen selbst wahrnehmen und spüren, und nicht das, was Menschen in der Umgebung beobachten (vgl. Eckert 2016, S. 18). In diesem Kontext kann es auch interessant sein, Traumata in Hinblick auf Körpererinnerung und die Speicherung des Erlebten im Körper mit einzubeziehen (vgl. ebd., S. 31). Zum anderen ist es jedoch wichtig, dass nicht nur allein die subjektive Wahrnehmung relevant ist, um sich der Definition von Trauma anzunähern. Denn so besteht die Gefahr einer rein beliebigen Verwendung und einer schwammigen Nutzung der Begrifflichkeit. Ein Trauma ist keine Qualität, welche sich einer bestimmten Situation zuordnen lässt, sondern eher das Verhältnis von einem Ereignis und wie dieses individuell erlebt wird. Hier steht also die Beziehung des Individuums zur Umwelt im Fokus der Betrachtung. Ein Trauma kann dahingehend also weder komplett subjektiv noch ausschließlich objektiv betrachtet werden, sondern muss in jedem Fall beide Gesichtspunkte miteinbeziehen (vgl. Fischer u. Riedesser 2009, S. 64). Trauma ist fast immer mit einem Gefühl von Überwältigung und tiefgreifender Überforderung verbunden. Wenn all diese Gesichtspunkte mit in die Erläuterung von Trauma einbezogen werden, erscheint hier die Definition von Fischer und Riedesser (2009, S. 84) als eine umfassende und nutzbare Begriffsbestimmung:

> »[Eine traumatische Erfahrung ist] […] als ein vitales Diskrepanzerlebnis zwischen bedrohlichen Situationsfaktoren und den individuellen Bewältigungsmöglichkeiten, das mit Gefühlen von Hilflosigkeit und schutzloser Preisgabe einhergeht und so eine dauerhafte Erschütterung von Selbst- und Weltverständnis bewirkt [zu verstehen].«

Gerade der Fokus auf die Gefühle von Hilflosigkeit und Schutzlosigkeit ist für die weiteren Ausführungen von Bedeutung. Denn sie werden bei Fischer und Riedesser in einem konkreten Bezug zu einer langfristigen Veränderung des Blicks auf die Welt und auch auf sich selbst gesehen, was wiederum die enorme Tragweite von Traumatisierung widerspiegelt.

Um die Vielfältigkeit von traumatischen Erlebnissen zu verdeutlichen, werden im Folgenden die verschiedenen Typen von Trauma dargestellt.

Zunächst lassen sich Traumata danach unterscheiden, ob sie durch ein einmalig stattfindendes Ereignis ausgelöst werden (Typ 1) oder ob es sich um eine anhaltende Traumatisierung handelt (Typ 2). Zudem ist relevant, den Unterschied zwischen einem »natural« oder »non-man-made« Ereignis und einem »man-made disaster« zu begreifen. Ein »non-man-made« Ereignis beschreibt ein nicht durch konkrete Personen ausgelöstes, also ein nicht von Menschen verursachtes Trauma, wie zum Beispiel Naturkatastrophen, etwa Erdbeben, Flutkatastrophen und Vulkanausbrüche. Dieses Beispiel beschreibt zudem den Traumatyp 1, da es sich auf einmalig stattfindende Ereignisse bezieht. Ein »non-man-made« Trauma Typ 2, also ein nicht durch konkrete Personen ausgelöstes Ereignis, welches anhaltend ist, wäre zum Beispiel Armut (vgl. Weinberg 2006, S. 23).

Das »non-man-made« (»NMM«) Trauma steht hier im Gegensatz zu einem »man-made disaster« (»MMD«), welches die Auslösung des Traumas durch einen oder mehrere konkrete Personen beschreibt. Hier lässt sich wiederum zwischen einem »man-made disaster« durch »identifikationsferne Menschen« und einem »man-made disaster« durch »Identifikationsfiguren« bzw. Bezugspersonen unterscheiden (ebd.).

Zusätzlich können die zuvor beschriebenen sekundären Traumatisierungen als Traumatyp 3 kategorisiert werden (ebd.). Als einen weiteren Traumatyp ist das sogenannte kollektive Trauma, wie zum Beispiel durch Krieg ausgelöst, zu benennen (vgl. Reddemann u. Dehner-Rau 2013, S. 10).

Die häufig verwendete Unterteilung der Traumata nach Typ 1 und 2 ähnelt der von Fischer und Riedesser dargestellten Unterscheidung in Mono- und Polytraumatisierung. Die Monotraumatisierung korreliert dabei mit der zuvor dargestellten Typ 1-Traumatisierung. Die Polytraumatisierung beschreibt dagegen, dass Ereignisse gleichzeitig oder auch nacheinander auf eine Person einwirken und somit die Auswirkung auf diese Person verstärken (vgl. Fischer u. Riedesser 2009, S. 151).

Als eine weitere Form des Traumas lässt sich in der Literatur das sogenannte kumulative Trauma (Khan 1963) benennen. Es beschreibt, dass einzelne traumatische Erfahrungen unterschwellig bleiben können, aber in ihrer Wiederholung die Person langfristig schwächen und zu starken traumatischen Folgen führen können, da die »Erholungsphase« nach jeder einzelnen Erfahrung immer wieder unterbrochen wird (vgl. ebd.).

Um die konkreten und praxisnahen Diagnosekriterien eines Traumas aufzuzeigen, soll hier auch die Posttraumatische Belastungsstörung (PTBS) Erwähnung finden. Nach der Internationalen Klassifikation der Krankheiten und verwandter Gesundheitsprobleme (ICD-10) wird die Posttraumatische Belastungsstörung unter F43.1 aufgeführt (vgl. ICD-10 2016, S. 136). Hier wird eine Perspektive auf traumatische Erfahrungen dargestellt, die auch einige Aspekte aus den zuvor aufgeführten Definitionen von Trauma aufgreift. So war nach Diagnosekriterium A einer PTBS die betroffene Person einem

> »kurz oder langanhaltendem Ereignis oder Geschehen von außergewöhnlicher Bedrohung oder mit katastrophalem Ausmaß ausgesetzt, das nahezu bei jedem tiefgreifende Verzweiflung auslösen würde« (ICD-10 2016, S. 136).

Auch hier wird also dargelegt, dass sowohl einmalige Erlebnisse als auch eine über einen längeren Zeitraum anhaltende Konfrontation mit bestimmten Geschehnissen zu einer PTBS führen können. Das erneute Erleben der Belastung, zum Beispiel durch Flashbacks oder häufige Albträume, wird als weiteres Kriterium dargelegt. Sogenannte Trigger können völlig unerwartet und in verschiedenen Situationen das ursprüngliche Gefühl des Trauma-Erlebens wieder hervorrufen. Darüber hinaus wird auch das Gefühl einer »inneren Bedrängnis« in Kontexten, die der traumatischen Situation ähnlich sind, beschrieben. Diese Situationen werden von der betroffenen Person möglichst vermieden, und allein die Vorstellung derartiger Situationen löst meist große Angst, Verunsicherung und Stress aus. Zudem kann es möglich sein, dass sich die betroffene Person nur noch teilweise oder gar nicht an die Situation der Belastung erinnern kann. Auch eine sogenannte erhöhte »psychische Sensitivität und Erregung«, wie zum Beispiel Reizbarkeit oder Konzentrationsschwierigkeiten, aber auch Schlafstörungen und Schreckhaftigkeit, können Symptome der PTBS sein (vgl. ICD-10 2016, S. 136). Außerdem können Phänomene der Dissoziation auftreten, welche sich durch eine innerliche Abspaltung und ein Gefühl der Entfremdung von der eigenen Person beschreiben lassen. Diese Dissoziationen können in ganz unterschiedlicher Form auftreten und sind zunächst meist ein Schutzmechanismus, um Schmerz und Angst ertragen zu können (vgl. Reddemann u. Dehner-Rau 2013, S. 54). Im Kontext traumatischer Erlebnisse und deren Einordnung in klinische Diagnoseverfahren sollte jedoch berücksichtigt werden, dass bei einer Diagnose mithilfe des ICD-10 die Gefahr besteht, biografische Zusammenhänge sowie auch gesellschaftliche Machtstrukturen außer Acht zu lassen und nur auf die Symptome zu fokussieren (vgl. Fischer u. Riedesser 2009, S. 129 f.).

Ein weiterer Aspekt sind die körperlichen Reaktionen, die im Zuge einer Traumatisierung stattfinden. Eine differenzierte Ausführung der physischen Abläufe würde an dieser Stelle den Rahmen überschreiten. Daher wird im Weiteren nur ein kurzer Einblick in diese Thematik gegeben. Bei traumatischen Erlebnissen wird das Gehirn mit Stresshormonen überflutet. Denn Adrenalin, Noradrenalin und Cortisol werden vermehrt ausgeschüttet, was wiederum bedeutet, dass der Körper Kampfbereitschaft aufbaut und das Denken sich einengt. Zudem wird das Schmerzerleben unterdrückt. Diese Stresshormone wirken sich einschränkend auf die Funktionsweise des Hippocampus aus. Somit wird die Zusammenarbeit zwischen der Amygdala und dem Hippocampus gestört. Die Amygdala wird als »hot system« bezeichnet und ist für die Speicherung des emotionalen Erlebens zuständig, ohne dieses zu bewerten. Der Hippocampus hingegen wird als »cold system« bezeichnet; hier werden Ereignisse eingeordnet und geografisch sowie zeitlich gespeichert und bewertet. Bei einem Trauma überwiegt demnach das sogenannte emotionale Gedächtnis der Amygdala und nicht das autobiografische Gedächtnis des Hippocampus. Daher kann häufig nicht das ganz konkrete Geschehen in einer solchen Situation abgespeichert werden, sondern die damit verbundenen emotionalen Erinnerungen. Es besteht bei einer Traumatisierung häufig ein gleichzeitiges Auftreten von intensiven emotionalen Erinnerungszuständen auf der einen Seite und Erinnerungsdefiziten bezüglich des konkreten Ablaufs des Ereignisses auf der anderen Seite. Dies wiederum ist eine Erklärung dafür, dass verschiedenste Reize als Trigger agieren und somit bei betroffenen Personen extreme emotionale Erinnerungen hervorrufen können (vgl. Stahlschmidt 2018; Reddemann u. Dehner-Rau 2013, S. 28 ff.).

Um Trauma systemisch und umfassend begreifen zu können, wird im Weiteren ein Einblick in die Grundidee systemischen Denkens in Bezug auf Trauma gegeben. Eine detaillierte Ausführung dessen soll an dieser Stelle nicht erfolgen. Jedoch soll ein kurzer Abriss über die Einbindung von Trauma im System das Verständnis für den weiteren Verlauf des Buches erhöhen.

Unabhängig davon, ob Trauma nun nach der Definition von Fischer und Riedesser begriffen wird oder mithilfe des ICD-10 eine Annäherung an das Phänomen einer Traumatisierung erfolgt, ist es evident, dass Trauma immer im sozialen Kontext passiert. Aber nicht nur die Entstehung eines Traumas geschieht in diesem Zusammenhang, sondern auch der spätere Umgang mit diesem wird vom sozialen Kontext beeinflusst. Neben den Schutzfaktoren und Ressourcen des äußeren Systems, wie das Ausmaß an sozialer Unterstützung und Eingebundenheit durch Familie, Freund*innen und andere Bezugspersonen, sind auch die persönlichen Widerstandskräfte und Selbstschutzmechanismen des inneren Systems relevant. Denn auch die unterstützenden Anteile des eigenen »Inneren Teams«[32] können maßgeblich als Ressource dienen. Weiterhin ist zu berücksichtigen, dass die innere Systemebene und die äußere sich gegenseitig beeinflussen. So können sich Systemmitglieder, zum Beispiel eines Familiensystems, gegenseitig stützen und sogenannte Systemressourcen aktivieren, sich aber auch retraumatisieren und die eigenen inneren Systeme schwächen (vgl. Reddemann u. Dehner-Rau 2013, S. 44 f.; vgl. Hanswille 2015, S. 699 f.).

Wenn die systemischen Einflussfaktoren einer Traumatisierung insbesondere in einem Familiensystem begriffen werden, erscheint es sehr naheliegend, dass Kindheitserfahrungen hier von enormer Relevanz sind. Trauma kann durch ganz unterschiedliche Faktoren ausgelöst werden, auf die im weiteren Verlauf der Arbeit fokussiert werden soll. Aber gerade im Zusammenhang mit der kindlichen Lebensphase lassen sich sexualisierte Gewalt, körperliche Gewalt sowie Vernachlässigung und Verlust einer Bezugsperson als häufige Auslösefaktoren nennen. Neben den schwächenden Faktoren einer Traumatisierung bietet diese auch immer die Möglichkeit, Widerstandskräfte zu aktivieren, die sowohl in der Kindheit als auch im späteren Leben einen enormen Einfluss haben können. Zum Beispiel können diese Widerstandskräfte zur Motivation werden, sich zu solidarisieren und sich aktiv an sozialen Bewegungen gegen traumatisierende gesellschaftliche Zustände zu beteiligen (vgl. Reddemann u. Dehner-Rau 2013, S. 12 f.).

Rassismus wirkt als permanente Machtstruktur im gesamten Gesellschaftssystem und infolgedessen auch in vielen alltäglichen

32 Unter dem *Inneren Team* lässt sich ein Konzept sogenannter »innerer Multiloge« verstehen, nach dem eigenen, inneren Anteilen jeweils Stimmen zugesprochen werden (siehe Kap 7.1).

Situationen. Das sich ständig wiederholende Erleben der negativen Auswirkungen dieser Struktur und die damit verbundenen Diskriminierungen sowie das Erfahren unterschiedlichster Formen von Gewalt und Ausgrenzung können sich demzufolge auf die psychische Gesundheit der betroffenen Personen auswirken. In welcher Form dies geschehen kann und inwieweit in diesem Zusammenhang der Begriff des Traumas relevant ist, soll im Folgenden erläutert werden.

5.3 Mögliche traumaähnliche Auswirkungen von Rassismus und eine Einordnung in die Traumatypologie

Rassismus als Struktur sowie die damit verbundenen Mikroaggressionen können Folgen hervorrufen, die denen anderer Traumatisierungsformen ähneln. Diese Folgen werden im weiteren Verlauf des Buches noch anhand einiger Studien dargelegt. Zunächst folgt jedoch ein Überblick darüber, welche Auswirkungen das Erleben von rassistischer Diskriminierung insgesamt auf die psychische Gesundheit und das Wohlbefinden der Betroffenen haben kann und inwiefern sich diese in die zuvor dargelegten Ausführungen zur Traumatypologie einordnen lassen.

Ganz essenziell steht hier zunächst die Frage nach der eigenen Sicherheit im Fokus der Betrachtung. Dies gilt für alltägliche Situationen, aber auch für besondere Ereignisse wie Urlaube, öffentliche Veranstaltungen und neue Umgebungen im Allgemeinen. Diese anhaltende Sorge um die eigene Sicherheit kann zusätzlich verschärft werden, wenn die Sorge um die eigenen Kinder, die auch durch Rassismus diskriminiert werden, hinzukommt. Betroffene beschreiben hierbei, dass sich das Gefühl von Schutzlosigkeit häufig verstärkt und sich in einem Empfinden von dauerhaftem Stress äußern kann. Zudem spielt die Tatsache, dass nie vorhersehbar ist, ob eine Konfrontation mit rassistischen Diskriminierungen erfolgen wird, eine entscheidende Rolle. Denn so kann keine Vorbereitung auf eine derartige Konfrontation getroffen werden, was ein Gefühl der Hilflosigkeit sowie das Erleben von Schutzlosigkeit und »Ausgeliefertsein« noch verstärken kann (vgl. Ogette 2019, S. 63 f.).

Menschen, die Rassismuserfahrungen machen, wird häufig die eigene Perspektive abgesprochen. Das bedeutet, dass ihr Erleben nicht ernst genommen und nicht als relevant angesehen wird. Die Definition einer Situation, wie sie verlaufen ist und was hier erlebt wurde, verbleibt meist bei den *weißen* Personen. Dies kann dazu führen, dass Bi_PoC an der eigenen Wahrnehmung zu zweifeln beginnen oder sich hilflos, ohnmächtig, wütend oder gestresst fühlen, was somit zusätzliche Unsicherheiten hervorrufen kann. Auch berichten Bi_PoC, die sich bewusst mit Rassismus auseinandersetzen und sich als politisiert beschreiben, davon, dass sie ein Gefühl der Wut, Verzweiflung und/oder Ohnmacht empfinden, da sie den alltäglichen Rassismus erkennen und reflektieren, aber nicht dagegen handeln können. Auch die Abhängigkeit von und die enge Beziehung zu Menschen, die wiederholt Rassismus reproduzieren, kann ein Gefühl der Schutzlosigkeit verstärken und zu einem zusätzlichen traumatischen Erleben führen. Auch andere Abhängigkeitsbeziehungen, in denen rassistische Diskriminierung reproduziert wird, können zu einer Verstärkung der Belastungsfaktoren führen (vgl. Velho 2011, S. 25). In diesem Zusammenhang sind auch Beratungskontexte zu erwähnen, da sie ein Beispiel für Abhängigkeitsbeziehungen darstellen können. Dies erfährt dann eine Verschärfung, wenn Beratung in Zwangskontexten stattfindet.

Auch Double Bind-Situationen (siehe Kap. 4.5) können in diesem Kontext eine relevante Rolle spielen. So erleben viele Bi_PoC zum einen Zuschreibungen von scheinbar positiven Stereotypen, wie im Kontext von Exotisierung erläutert, zum anderen gehen diese als Komplimente »verkleideten« Vorurteile aber auch mit einer Abwertung und einem erneuten Othering der Person einher. Dieses Gefühl, sich einander widersprechende Informationen und Signale zu erhalten, kann ebenfalls zu einer tiefen Verunsicherung, Wut und Stress führen und Unsicherheiten in Bezug auf die eigene Wahrnehmung unterstützen (vgl. Velho 2011, S. 24 f.).

Das Erleben von Mikroaggressionen kann zu Stress führen, der durch eine dauerhafte Wiederholung der Situationen nicht abgebaut werden kann. Die Selbstregulation, das Selbsterleben sowie Selbstwertgefühl können durch rassistische Diskriminierung gestört werden. Durch die Unvorhersehbarkeit von Mikroaggressionen kann zudem eine erhöhte Wachsamkeit, eine sogenannte Hypervigilanz entstehen, die wiederum zu einer Erhöhung des Stresslevels beitragen kann (vgl. Sequeira 2015, S. 442). Auch eine Internalisierung, also eine Verinnerlichung der Machtverhältnisse und somit auch der rassistischen Struktur, kann Auswirkungen auf die psychische Gesundheit und das eigene Erleben haben. So kann die Erfahrung von rassistischer Diskriminierung auch zu einer starken Überidentifikation mit den dominanten *weißen* Perspektiven führen. Eine sogenannte Subjekt-Objekt-Verschmelzung[33] kann dazu beitragen, dass betroffene Personen lernen, sich aus der *weißen* Perspektive zu betrachten und sich so stark mit der zugeschriebenen Position zu identifizieren, dass sie dazu gebracht werden, sich auch selbst als minderwertig zu erfahren. Die Internalisierung der Machtstruktur, die zur Verinnerlichung der äußeren Zuschreibungen führt, kann mit einer stetigen Bemühung einhergehen, sich von diesen Zuschreibungen abzugrenzen. Somit kann ein zusätzlicher Druck entstehen, in keinem Fall bestimmten stereotypen Vorstellungen entsprechen zu wollen (vgl. Velho 2011, S. 25 f.). Gerade bei am stärksten marginalisierten Menschen kommt es häufig zu einer Internalisierung von gesellschaftlichen Herrschaftssystemen, die mit einer Legitimation dieser Systeme und eben auch mit einer Selbstabwertung einhergehen kann (vgl. El-Mafaalani, Waleciak u. Weitzel 2017, S. 55). So werden gerade nicht direkt offensichtliche Diskriminierungen zuweilen auch als eigenes Verschulden eingeordnet, wodurch sich der Schmerz und eine langfristige Verunsicherung im Selbsterleben noch verstärken können (vgl. Uslucan 2017, S. 134).

Rassismus wirkt als Struktur eben auch über Generationen hinweg und kann somit als historisches Trauma gesehen werden – auch im Sinne eines kollektiven Bewusstseins bis in die Gegenwart (vgl. Kilomba 2008, S. 133). Der Schmerz des Kolonialismus und die Gewalt, die frühere Generationen erlebt haben, können also stets präsent und spürbar sein. Kilomba (2008, S. 133 f.) beschreibt, dass das Erleben von rassistischer Diskriminierung somit auf unterschiedlichen Ebenen sehr starke Verletzungen hervorrufen kann. Diese Verletzungen können sich auch in Form von Ängsten, Albträumen und Flashbacks äußern. Hinzu kommen häufig auch körperliche Reaktionen auf das Erlebte. Diese körperlichen Schmerzerfahrungen werden als eine »Veräußerung der Verwundung durch Rassismus« (Yeboah 2017, S. 149) beschrieben, die wiederum die psychische Verletzung zeigt. Denn häufig gibt es eben keine Sprache, die das Erlebte zum Ausdruck bringen kann. Das Trauma nimmt dann

33 Zu einer ausführlicheren Beschreibung von Subjekt-Objekt-Verschmelzung s. Fischer und Riedesser (2009, S. 334).

eine »greifbare« Form an und drückt sich in körperlichem Schmerz aus (vgl. ebd.).

Insgesamt kann herausgestellt werden, dass allein die Erfahrung, aus einer Gemeinschaft ausgestoßen und ausgegrenzt[34] zu werden, eine Gewalterfahrung ist und traumatisierend wirken kann (vgl. Yeboah 2017, S. 147 ff.). Denn Ausgrenzung und Demütigung können in den Schmerzzentren des Gehirns genauso wie physische Gewalteinwirkung repräsentiert werden und somit starke Auswirkungen auf die menschliche Psyche und den Körper haben (vgl. Bauer 2011, S. 58 f.). Dies kann in Verbindung mit transgenerationalen Traumatisierungen und den eigenen Erfahrungen von rassistischer Diskriminierung die Auswirkungen auf die psychische Verfassung verstärken.

Wie zuvor erläutert, werden Traumata in verschiedener Form typologisiert und eingeordnet. Im Folgenden soll das Erleben von rassistischer Diskriminierung in die unterschiedlichen Definitionen und Typologien von Traumata eingeordnet werden. Diese Erläuterung erhebt keinen Anspruch auf Vollständigkeit und soll auch in keinem Fall auf alle Personen anwendbar sein, sondern stellt lediglich eine Annäherung dar.

Zunächst kann herausgestellt werden, dass, genau wie bei anderen Traumatisierungsformen, auch bei dem Erleben von Alltagsrassismus und Mikroaggressionen Schmerz und Verletzungen verursacht werden können. Zudem wird deutlich, dass auch hier viele Menschen ein Gefühl von Überwältigung beschreiben, welches mit dem Empfinden von Schutz- bzw. Hilflosigkeit verbunden ist. Es werden wiederum Parallelen zu der Definition von Trauma nach Fischer und Riedesser deutlich. Die Autoren betonen, dass dieses Erleben von Hilflosigkeit eine »dauerhafte Erschütterung des Selbst- und Weltverständnisses« (Fischer u. Riedesser 2009, S. 84) hervorrufen kann.

Alltägliche Mikroaggressionen können als einzelne traumatische Erfahrungen zunächst unterschwellig bleiben, aber in ihrer ständigen Wiederholung und der damit verbundenen Langfristigkeit besonders schwächend und stark in den Folgen sein. Fischer und Riedesser verwenden den Begriff des »kumulativen Trauma« (ebd., S. 151), der

34 Dies bezieht sich auch auf alltägliche Mikroaggressionen, wie z. B. auf die immer wieder gestellte Frage: »Wo kommst du her?«, mit der nicht unbedingt böswillig und absichtsvoll Zugehörigkeit infrage gestellt wird. Auch solche vermeintlich »harmlosen« Fragen können zu Stressreaktionen und kumulativen Traumata führen.

sich auf das Erleben von rassistischer Diskriminierung übertragen lässt. Hier ist es von besonderer Relevanz, dass die Erholungsphasen zwischen den einzelnen traumatischen Erfahrungen, auch wenn sie einzeln betrachtet vielleicht nicht als stark verletzend erlebt werden, immer wieder unterbrochen werden. Somit ist es möglich, dass sich Körper und Psyche nicht so schnell wieder regenerieren und eine Anhäufung von Verletzungen entsteht, die langfristig zu einer starken Traumatisierung führen kann.

Die Folgen von Alltagsrassismus lassen sich dem Traumatyp 2 oder auch dem Begriff der Polytraumatisierung zuordnen. Denn hier wird auf die anhaltende Dimension des Traumas hingewiesen. Eben als etwas, das nicht nur ein einmaliges Erlebnis ist, sondern andauert und immer wiederkehrt. Zudem erscheint es relevant festzuhalten, dass die rassistische Traumatisierung sowohl als ein sogenanntes »non-man-made« Trauma begriffen werden kann als auch als ein zusätzlich verstärkendes »man-made« Trauma. Denn zum einen wirkt die rassistische Machtstruktur permanent und ist als in der Gesellschaft immer präsente Machtstruktur zu begreifen, die sich keiner spezifischen Person zuweisen lässt. Auf der anderen Seite wirkt die Machtstruktur aber auch durch Mikroaggressionen und Gewalt, die in konkreten Situationen von einzelnen Personen ausgelöst wird. Auch hier spielt es, wie auch bei anderen Traumatisierungen, eine Rolle, ob die Diskriminierung zusätzlich von einer Bezugsperson hervorgerufen wird oder von einer unbekannten Person. In diesem Zusammenhang können, wie bereits beschrieben, häufig auch Double Bind-Erlebnisse entstehen (siehe Kap. 4.5).

Um die Einordnung von Rassismus in die Traumatypologie fortzuführen, erscheint es wichtig, auch den Aspekt des kollektiven und des transgenerationalen Traumas mitzudenken. Denn zusätzlich zu den eigenen traumatischen Erfahrungen leben Bi_PoC auch mit dem kollektiven Trauma durch die koloniale Gewalt. In diesem Zusammenhang lässt sich auch die transgenerationale Komponente mitdenken. Denn Rassismus wirkt als ausbeuterisches und gewaltvolles System schon seit vielen Generationen, und Menschen, die heute leben, sind auch immer beeinflusst von der eigenen Familiengeschichte, die eingebettet ist in der kollektiven Geschichte. Dieser Aspekt erscheint gerade dann besonders relevant, wenn wir Trauma aus einer systemischen Perspektive betrachten und begreifen wollen. Hier spielt auch die für Trauma immer besonders relevante

Phase der Kindheit eine große Rolle. Denn vor allem in der Kindheit können die Traumaerfahrungen der Eltern, Großeltern, älteren Geschwister und anderen Bezugspersonen unbewusst auf das Kind übertragen werden und wirken zusammen bzw. verstärken sich mit den aktuellen Diskriminierungserfahrungen des Kindes. Darüber hinaus können sich frühe Ausgrenzungserfahrungen und das Gefühl, nicht dazuzugehören, stark auf das Wohlbefinden des Kindes auswirken.

Das Erleben von Rassismus und Mikroaggressionen ist immer individuell verschieden. An dieser Stelle soll daher darauf hingewiesen werden, dass Menschen, die von Mehrfachdiskriminierung betroffen sind, also Intersektionalitätserfahrungen (siehe Kap 3.3) machen, häufig mit auf unterschiedlichen Ebenen wirkender Marginalisierung und Gewalt konfrontiert werden, was das Erleben von Traumatisierung, aber auch allgemein von Stress, Belastung oder Energielosigkeit noch verstärken kann.

5.4 Studien zu rassistischer Diskriminierung und Trauma

Anhand zahlreicher Studien wird deutlich, dass es einen engen Zusammenhang zwischen dem Erleben der negativen Auswirkungen von Rassismus und psychischer Gesundheit gibt. Auch wird sichtbar, dass ein sogenannter »race[35]-based traumatic stress« durch das Erleiden von Mikroaggressionen zu ähnlichen Symptomen führen kann, wie sie bei einer PTBS beobachtet werden. Im Folgenden sollen einige dieser Studien dargelegt werden. Zudem wird auch ein Blick auf deutsche Studien gerichtet, die zwar, wie bereits erwähnt, nicht konkret diesen Zusammenhang untersuchen, aber trotzdem für diese Arbeit wichtige Hinweise sichtbar machen.

Für dieses Buch erscheinen uns die Untersuchungen von Robert T. Carter, der seit 2007 zahlreiche Studien zum Zusammenhang von rassistischer Diskriminierung und Trauma durchführte, entscheidend. In einer Metastudie aus dem Jahr 2007, die sich auf 39 Studien

35 Im Gegensatz zum deutschen Sprachraum bezieht sich im Englischen »race« auf die bereits beschriebene soziale Konstruktion von »Rasse«. »Durch eine akademische Verankerung [hat der Begriff ›race‹] eine Bedeutungswandlung von einer vermeintlich biologischen Kategorie hin zu einem sozialwissenschaftlichen Analyse-Tool vollzogen [...]« (Kupka 2020). Aus diesem Grund wird hier der englische Begriff »race« übernommen.

bezieht, die zwischen 1991 und 2004 über Bi_PoC durchgeführt wurden, untersuchte er die Auswirkungen von Diskriminierung. Hierbei ist wichtig hervorzuheben, dass nicht unbedingt physische Gewalt und Bedrohung erlebt werden mussten, um traumatische Reaktionen zu beobachten. Durch die Entwicklung des Konzepts der »Psychological and Emotional Injury« macht er deutlich, dass auch Mikroaggressionen, rassistische Abwertungen und Ausgrenzungen, oft im Zusammenwirken mit institutionellem Rassismus, zu traumatischen Folgen führen können. Zudem wird hier deutlich, dass zuweilen nicht ein Ereignis zu dem traumatischen Erleben führt, sondern dass meist das Stresslevel der betroffenen Person langfristig so angehoben wird, dass durch ein weiteres Ereignis die Grenze hin zum Trauma überschritten wird. Carter beschreibt hiermit erstmalig das Modell des »race-based traumatic stress« (vgl. Velho 2011, S. 17 ff.).

In einer von Kirkinis et al. (2018) durchgeführten Metaanalyse mit 28 Studien wurde der Zusammenhang zwischen rassistischer Diskriminierung und Trauma untersucht. Dabei konnte herausgestellt werden, dass 70 % der Traumasymptome statistisch signifikant mit rassistischer Diskriminierung zusammenhängen. Diese Ergebnisse spiegeln Carters Theorie aus dem Jahr 2007 wider (vgl. Kirkinis et al. 2018). Auch eine aktuelle quantitative Studie aus dem Jahr 2019 von Carter, Kirkinis und Johnson untersuchte den Zusammenhang von Traumasymptomen und »race-based traumatic stress«. Anhand einer Untersuchung mit 421 Teilnehmenden wurde die Verknüpfung von rassistischer Diskriminierung und Traumasymptomen als signifikant nachgewiesen (vgl. Carter et al. 2019).

Einige weitere US-amerikanische, aber auch deutsche Studien machen deutlich, dass sich Rassismuserfahrung auf die psychische Gesundheit auswirken kann. Sie zeigen nicht explizit eine Korrelation zwischen Trauma und Rassismus, weisen aber bei der Beschreibung der psychischen Auswirkungen Parallelen auf und sollen daher hier Benennung finden. Eine deutliche Verschlechterung der Gesundheit und auch die negative Beeinflussung des Selbstwerterlebens werden als Folgen benannt (vgl. Igel et al. 2010; Velho 2011).

Der Einfluss auf die psychische Gesundheit kann hier auch im Zusammenhang mit anderen Faktoren wie zum Beispiel schlechterer medizinischer Versorgung oder einem erschwerten Zugang zum Arbeitsmarkt stehen. Diese Aspekte können aber wiederum auch eng mit tatsächlich stattfindendem Erleben von Ausschluss und Diskriminierung verbunden sein und somit ihren Ursprung auch in rassistischer Diskriminierung haben (vgl. Igel et al. 2010; Velho 2011).

Eine Metaanalyse aus den Ergebnissen von 134 Studien, die von Pascoe und Richman (2009) durchgeführt wurde, zeigt einen deutlichen Zusammenhang zwischen Stress, Bluthochdruck, Depression, Ängstlichkeit, sozialem Rückzug sowie der Erhöhung der psychischen Verletzbarkeit und dem Erleben von wahrgenommener Diskriminierung (vgl. Uslucan 2017, S. 134). In der von Bermejo et al. (2010) durchgeführten Studie wurden die Daten des Moduls »Psychische Störungen« aus dem Bundesgesundheitssurvey von 1998/1999 analysiert. Hierbei zeigte sich, dass bei Menschen, die nicht in Deutschland geboren worden waren, mehr affektive Störungen wie zum Beispiel Depressionen sowie Erschöpfungszustände und Müdigkeit aufgeführt wurden. Dabei ist es wichtig zu betonen, dass nicht nur die Migration an sich für diese Auswirkungen verantwortlich ist, sondern dass sogenannte stressrelevante Lebensumstände die Effekte begünstigen. Zu diesen stressrelevanten Lebensumständen wird das Erleben von Diskriminierung als ausschlaggebender Faktor gezählt (vgl. Bermejo et al. 2010, S. 225 f.).

Insgesamt lässt sich festhalten, dass US-amerikanische Studien, insbesondere die von Carter et al. (2019), einen signifikanten Zusammenhang zwischen rassistischer Diskriminierung und Traumatisierung aufzeigen. Dies lässt sich dahingehend deuten, dass es auch in Deutschland längst notwendig wäre, Studien durchzuführen, die die psychischen Auswirkungen und dabei insbesondere mögliche traumatische Folgen von rassistischen Machtstrukturen in den Blick nehmen.

5.5 Gefahr der Pathologisierung von Betroffenen

Es soll an dieser Stelle betont werden, dass nicht alle Menschen, die durch Rassismus diskriminiert werden, pauschal pathologisiert werden dürfen und keineswegs alle von einem umfassenden Trauma ähnlich einer PTBS betroffen sind. Ganz im Gegenteil ist es auch entscheidend, den Blick auf die hohe Widerstandsfähigkeit und die Selbstermächtigung vieler Personen zu legen, die als Bi_PoC sich mit Rassismus beschäftigen, Menschen auf Rassismus aufmerksam machen, z. B. durch Veranstaltungen, Workshops, Bücher oder Social Media, die Empowerment-Räume organisieren, bewusst Self Care betreiben und dies auch anderen Bi_PoC anbieten oder sich an Stellen wie die Antidiskriminierungsbüros wenden.

Zudem bleibt auch trotz der dargestellten Studien ein genauer Zusammenhang zwischen individueller Persönlichkeitsstruktur und Rassismuserfahrungen unbekannt. Jedoch kann eine ständige Konfrontation mit Alltagsrassismus und Mikroaggressionen einen stetigen Energieverbrauch und ein hohes Maß an Belastung darstellen, die sich z. B. über Stress, Müdigkeit sowie Unkonzentriertheit ausdrücken können, auch wenn es nicht zu sonstigen Symptomen einer Traumatisierung kommt. Eigenes Empowerment hilft, löst aber die Belastungen nicht zwingend auf. Denn hier spielt auch die Tatsache eine große Rolle, dass, wenn in Familien und Freundeskreis *weiße* Menschen sind, überall die Gefahr einer neuen Konfrontation mit rassistischer Diskriminierung herrscht und es fast keine sicheren Orte gibt (vgl. Yeboah 2017, S. 152 f.).

Die Gefahr der Pathologisierung der Betroffenen liegt auch in der Verschiebung des Fokus weg von den unterdrückenden, hin zu den unterdrückten Personen. So kann eine erneute Fokussierung der betroffenen Personen erfolgen, ohne die eigene Position in diesem Wirkungsgefüge kritisch zu beleuchten und zu reflektieren. Dadurch kann eine »Unsichtbarmachung« der in der Machtstruktur privilegierten und Gewalt in jeglicher Form ausübenden Personen erfolgen (vgl. Velho 2011, S. 13). Demzufolge sollen hier in keinem Fall alle, die Rassismuserfahrung machen, zu traumatisierten Personen erklärt werden. Vielmehr soll die rassistische Machtstruktur thematisiert und eine Sprache für deren mögliche Auswirkungen gefunden werden, statt beides weiter zu verschweigen. In der Benennung des kritischen Umgangs mit pathologisierenden Diagnosen, lässt sich ein Zusammenhang zur Systemischen Beratung ziehen, der hier als anschlussfähig gesehen werden kann. Wie Macht- und Rassismuskritik konkret in die systemische Arbeit integriert werden und somit zu einer Sichtbarmachung von gesellschaftlichen Machtverhältnissen beitragen kann, wird in den folgenden zwei Kapiteln besprochen.

Interview mit Souzan AlSabah

Stellen Sie sich bitte einmal kurz vor und erzählen Sie etwas über Ihre Arbeit.

Mein Name ist Souzan AlSabah. Ich bin Inhaberin der Praxis AlSabah, Praxis für systemische Therapie und intersektionale Gesundheit in Köln. 2012 wurde, basierend auf meiner Arbeit und Initiative, Holla e. V., das Zentrum für intersektionale Gesundheit, in Köln gegründet. Ich gebe Workshops und Fortbildungen in den Bereichen Intersektionalitätsbewusstsein und Rassismussensibilisierung, Empowerment und intersektionale Sexualpädagogik. Meine Hauptexpertise liegt auf der Intersektionalitätsachse Rassismus und Sexismus.

Mein Forschungs- und Arbeitsfeld hat sich immer daran orientiert, was zu dem jeweiligen Zeitpunkt gesellschaftlich besonders notwendig und relevant ist. Dabei spielen in diesem Kontext natürlich auch eigene Erfahrungen eine Rolle. Allerdings wird immer deutlicher, dass sich Erfahrungen im Kontext Rassismus oft ähneln; das liegt daran, dass es sich eben um ein strukturelles Problem handelt. Teil des Problems ist die Personalisierung. Auch ich dachte lange, es ginge nur mir so.

Nach dem Abitur absolvierte ich meine Ausbildung zur Krankenschwester in einer Fachklinik für Psychiatrie. Dass strukturelle Macht und Gewalt eine wesentliche Rolle auch bei psychischen und psychiatrischen Krankheitsverläufen spielen, habe ich bereits damals erkannt, und dies hat sich während meiner langjährigen Arbeit im Bereich der intersektionalen Präventions- und Gesundheitsarbeit bestätigt. Anschließend arbeitete ich als Krankenschwester in einer psychiatrischen Tagesklinik und nahm später mein Psychologiestudium auf.

Ich selbst verfüge seit meiner frühen Kindheit über eine große Bandbreite an Intersektionalitätserfahrungen.

Die Erfahrungen aus arabischen Frauen- und Empowerment-Räumen stellten für mich währenddessen eine Ressource dar. Diese Orte, in denen Solidarität und Empowerment gelebt wurden, waren unterstützend; vielleicht bildeten sie sogar grundlegende Überlebensstrategien und erleichterten den Umgang mit den genannten Erfahrungen.

Damals habe ich zum ersten Mal bewusst erlebt, wie wichtig es ist, den eigenen Körper anzuerkennen und wertzuschätzen, um ihn selbst als Ort für Empowerment erleben und gezielt einsetzen zu können.

Als Kind und Jugendliche empfand ich diese Räume als normal. Erst im Laufe der Jahre habe ich begriffen, dass es in Deutschland so etwas in der Art überhaupt nicht gibt. Dabei ist gerade das Erleben des Richtigseins im eigenen Körper oft notwendig, um Unterdrückung und Intersektionalitätserfahrung zu überleben.

Während meines Studiums wurde ich Mutter; und immer wieder erlebte ich die Notwendigkeit von Selbstwirksamkeit, um einen Umgang mit gesellschaftlicher Marginalisierung zu finden. Daher entschied ich mich, den Weg als Heilpraktikerin für Psychotherapie weiterzugehen. Nach dem Abschluss der Prüfung bildete ich mich in den Bereichen Systemische Therapie, Systemaufstellungen, Familien- und Paartherapie, Transaktionsanalyse weiter und absolvierte zudem eine hypnotherapeutische Ausbildung. All dies führte im Jahr 2012 zu dem Entschluss, meine eigene Praxis für systemische Therapie und intersektionale Gesundheit zu eröffnen. Hier biete ich nicht nur Therapie mit dem Schwerpunkt Intersektionalität und Rassismuserfahrung an, sondern führe auch systemische Aufstellungen in geschlossenen Räumen für Bi_PoC durch.

Die Auswirkungen von individuell familiären wie auch gesamtgesellschaftlichen, strukturellen Zusammenhängen von (psychischer) Gesundheit prägten meine berufliche Entwicklung, gleichzeitig fühlte ich mich in körperlichen/künstlerischen Bereichen wie Schauspiel, Tanz und Gesang wohl und gut; also bildete ich mich auch hier weiter. Dadurch fand ich die Verbindung der systemischen Arbeit und der Körperarbeit für mich und meine Praxis. In der Systemischen Therapie war ich schnell zu Hause, weil sie so viele Aspekte verbindet und einen Weg bietet, komplexe Zusammenhänge zusammen zu denken.

In meinen Arbeitskontexten zeigt sich immer wieder, wie stark körperliche und psychische Gesundheit zusammenhängen, also wie wichtig es ist, im Körper zu Hause zu sein und sich richtig im eigenen Körper zu fühlen. Dies gilt gerade für mehrfachmarginalisierte Menschen.

Empowerment über den Körper und auch durch innere Bilder (also Veränderung der Systeme durch innere Bilder) habe ich schon früh in meine Arbeit einbezogen. Das ist es, was in triggernden Alltagssituationen wirklich unterstützen kann. Jetzt wird immer deutlicher, wie wichtig genau das in Bezug auf Intersektionalität ist; denn Mikroaggressionen können im Alltag permanent vorkommen und retraumatisierend wirken.

Vor zwölf Jahren wurde mir in einem Frauengesundheitszentrum der zweiten Welle, also ohne intersektionalen Ansatz, die Leitung für ein Mädchenprojekt angeboten. Die Zielgruppe wurde als »sozial benachteiligt« und »interkulturell« beschrieben, gemeint war, dass es sich um Jugendliche mit Intersektionalitäts- und Rassismuserfahrungen handeln sollte. An Beispielen wie diesem wird deutlich, wie tief Rassismus auch in linken Strukturen verankert ist. Diese Erfahrungen mache ich immer wieder.

Ich nahm die Projektleitung trotzdem an und hatte dadurch die Möglichkeit, intensiv mit Jugendlichen zu arbeiten. Hierfür entwickelte ich ein intersektionales Sexualpädagogik- und Präventionskonzept, wobei ich mich vor allem an den Bedürfnissen und Bedarfen der Zielgruppe orientierte. Auf diese Bedürfnisse abgestimmt, konzipierte ich passende Materialien und Methoden, mit denen ich bis heute arbeite. Das Projekt war sehr erfolgreich und hatte schnell großen Zulauf. Mein Fokus lag hierbei stets und vor allem auf den Bedarfen und Bedürfnissen der Jugendlichen.

Nach Abschluss des Projekts wurde das Gesundheitsministerium NRW auf meine Arbeit aufmerksam. Bald kam das Angebot, ein NRW-weites Projekt zum Thema Jugendprävention und Jugendgesundheit mit Methoden zur Selbstregulierung und Resilienz durchzuführen.

Es folgten neun Jahre bei pro familia NRW und einige Projekte zu intersektionaler Jugendgesundheit, die durch mich konzipiert und geleitet wurden. Meine Arbeit gestaltete sich dabei autonom und mit eigenem Team.

Parallel dazu wurden meine Praxis sowie Holla e. V. aufgebaut. Leider ist es generell sehr schwierig, Strukturen, die nicht rassismussensibel und intersektionalitätsbewusst arbeiten, zu motivieren, alte, gewaltvolle Strukturen zu ersetzen. Der Widerstand von *Weißen* ist meist besonders groß, wenn die Veränderung von Menschen mit Rassismuserfahrung initiiert wird. Meiner Erfahrung nach gelingt eine Modernisierung hin zu intersektionalitätsbewusster, rassismussensibler Haltung vor allem dann, wenn *weiße*, privilegierte Personen diese Entwicklung anstreben.

Umso froher bin ich, dass ich seit 2019 vor allem in selbst gewählten Strukturen arbeiten kann.

Für Holla e. V. akquirierten wir nach und nach zunehmend Projekte in den Themenfeldern intersektionale Gesundheit und Prävention. Zudem habe ich sehr viele Fortbildungen und Workshops konzipiert und durchgeführt. Die Hauptzielgruppe sind und bleiben MIRE, also Menschen mit Intersektionalitäts- und Rassismuserfahrung.

Im Kontext dieser Arbeit ist eines der Hauptprobleme oft das Geld. Marginalisierung wird dort immer wieder deutlich, und wer marginalisiert um das finanzielle Überleben kämpft, verfügt oft nicht über ausreichende finanzielle Mittel. Deshalb arbeiten wir in der Praxis mit einem solidarischen Bezahlkonzept, um gesellschaftlichen Ungleichheiten Rechnung zu tragen.

Sie haben ein paar Mal den Begriff Empowerment genannt. Wie würden Sie diesen definieren? Ist das für Sie ein zentraler Begriff, eher ein kritischer oder vielleicht beides?

Für mich ist es beides. Ich bin ambivalent bezüglich des Begriffs Empowerment, der das System unterstützt, welches wir eigentlich kritisieren. Auf der anderen Seite hat Empowerment viel mit Überleben oder »gut leben« zu tun. Bei Empowerment geht es oft um die Weitergabe von Überlebensstrategien im Kontext (Re-)Traumatisierung, also, wie gelingt Selbstregulierung bei Triggern bzw. Retraumatisierungen, alltäglichen Mikroaggressionen etc.? Es geht um das Überleben als Person, die permanentem Rassismus ausgesetzt ist und diese Erfahrung evtl. auch bereits transgenerational mitbringt. Das Ziel ist dabei auch, kritisch zu sein und das System langfristig zu verändern. Empowerment muss daher machtkritisch sein und kann nur systemaufdeckend funktionieren. Dies geschieht, indem Machtstrukturen aktiv in der Arbeit benannt und beleuchtet werden. Ich bin bei dem Thema sehr achtsam, denke viel darüber nach und passe meine Arbeitsweise den Gegebenheiten und Bedarfen an.

Können Sie noch einmal ein, zwei Sätze zur Intersektionalität sagen? Viele Menschen wissen vielleicht gar nicht so genau, was damit gemeint ist.

Intersektionalität (nach Kimberlé Crenshaw) beschreibt die Überschneidung und das reziproke Zusammenwirken unterschiedlicher Diskriminierungsformen. Ich beschreibe das gern mit dem Bild der Schnittmenge. Wenn wir zwei Farben mischen, erhalten wir in der Schnittmenge eine Dritte. Diese wird nie genau gleich aussehen. Wenn wir die Farben rot und blau mischen, werden immer unterschiedliche Lilatöne entstehen. So ist es auch mit Diskriminierungsformen. Die Auswirkungen unterschiedlicher Diskriminierungsformen addieren sich nicht nur, sondern können auch zu ganz unterschiedlichen neuen und individuellen Unterdrückungsmomenten werden. Gleichzeitig werden Mikroaggressionen von Personen, die z. B. »nur« innerhalb einer Machtstruktur deprivilegiert sind, eher auszuhalten sein, für Menschen mit Intersektionalitätserfahrung sind sie hingegen weniger aushaltbar. Das liegt an der Fülle der Diskriminierungen, Alltagsaggressionen und der daraus entstehenden höheren Sensibilisierung. Ein Beispiel? Cis-Männer, die durch patriarchale Strukturen und Klassismus privilegiert, aber rassistisch diskriminiert sind, werden eher ein »ist doch nicht so gemeint gewesen« nach rassistischen Äußerungen hervorbringen als Personen, die auch auf den anderen Ebenen deprivilegiert sind.

In diesem Zusammenhang kann auch Traumatisierung betrachtet werden, oder?

Ja. Die verbreitete Annahme, es bräuchte ein großes Ereignis, um traumatisiert zu sein, ist falsch. Viele kleine und alltägliche Verletzungen, das stetige Abgesprochenbekommen eigener Lebensrealitäten, das Ignoriertwerden, das Depersonalisiertwerden kann sich wie jede andere Form von Traumatisierung auswirken. Jede Traumatisierung, jeder Trigger wird als Erstes im Körper wahrgenommen. In einer Panik- oder Triggersituation hat niemand Zugang zu pragmatischer Reflexion, da die Amygdala in diesem Fall die Steuerung des Organismus übernimmt. Es geht in diesen Momenten um das pure Überleben. Der Körper bringt zum Ausdruck, dass eine Bedrohung des Systems vorliegt. Es kann zu verschiedenen Traumasymptomen kommen.

Das ist ein wichtiger Grund, warum ich mit allen sogenannten Empowerment-Strategien sehr körperbezogen und unter Nutzung hypnotherapeutischer Interventionen arbeite. Ich habe dabei Methoden entwickelt, die speziell auf Menschen mit Rassismus- und Intersektionalitätserfahrung abgestimmt sind. Es muss berücksichtigt werden, dass Menschen mit jedem Kontakt / in jeder Alltagssituation der Möglichkeit ausgesetzt sind, retraumatisiert zu werden.

Würden Sie noch mal beschreiben, welche Bilder Sie haben, um Intersektionalität und Trauma zu erklären?

Trauma bedeutet wörtlich Wunde. Wenn wir uns eine körperliche Wunde, eine Verletzung vorstellen, können wir anhand dieses Bildes gut eine psychische Traumatisierung verstehen. Wenn immer wieder in die gleiche Wunde gehackt wird, wird sie nicht heilen. Und wenn sie irgendwann veraltet, eitrig, schorfig und verkrustet ist, wird die Wunde weiterhin nicht heilen. Die Kruste dämmt vielleicht ein wenig den Schmerz. So wird zum Beispiel ein Windstoß, der über eine verkrustete Verletzung weht, aushaltbar, aber heilen wird diese tiefe und eitrige Wunde nicht. Um eine Heilung zu ermöglichen, müssen Eiter und Krusten abgetragen und die Wunde gereinigt werden. Der Windstoß wird dann, wenn die nackte Wunde vor uns liegt, unaushaltbare Schmerzen verursachen. So kann man den Ausspruch »Traumaarbeit verstärkt die Symptome«

verstehen. Es wird fast immer erst schlimmer, bevor es besser wird. So kann auch die Notwendigkeit von *Safer Spaces* (sichereren Räumen) von Nichtbetroffenen leichter verstanden werden. Menschen brauchen sicherere Orte, an denen Verletzungen pausieren, um überhaupt die Möglichkeit zur Heilung zu erhalten.

Wenn Menschen anfangen, sich mit Machtstrukturen zu beschäftigen, dann sind sie aus genau diesem Grund oft viel verletzlicher. Gerade dann sind Schutzräume wichtig und notwendig, um Gesundheit zu erhalten. Je mehr Unterdrückungsformen jemand ausgesetzt ist, desto kleiner wird die Möglichkeit, überhaupt einen Schutzraum zu finden und desto notwendiger wird es, diesen Schutzraum im eigenen Körper zu finden. Also ist die Möglichkeit, sich im Körper zu Hause zu fühlen, irgendwann nicht mehr einfach nur »ganz schön«, sondern überlebensnotwendig.

Möchten Sie etwas zu den Methoden sagen, mit denen Sie arbeiten?

Meine Methoden sind durch Systemische Therapie, Hypnotherapie, Körperarbeit, Transaktionsanalyse und Resilienzforschung inspiriert. Vieles ist auf schnelle Wirksamkeit ausgelegt. Ein wirksames Bild ist zum Beispiel angelehnt an einen Satz aus der Resilienzforschung: »You need someone who is crazy about you.« Dieser Satz stammt von Urie Bronfenbrenner aus den 1960er-Jahren. Bei der Methode, die ich hierzu entwickelt habe, arbeiten wir ganz konkret mit Triggersituationen, die allerdings selbst in Stärke und Ausprägung regulierbar sind.

Dabei nutzen wir das Wissen darüber, dass Personen, die »crazy about« jemandem sind, dieser Person den Rücken stärken. Diese Übung legt den Fokus auf das Erlernen von Selbstregulierung.

Während meiner Zeit als Projektleitung bei pro familia habe ich zwei Jahre Projekte für junge Erwachsene geleitet, bei denen ich mit stark traumatisierten Menschen gearbeitet habe. Dabei wurde immer wieder deutlich, wie schwierig es ist, wenn bestimmte Dinge erwartet werden, man diese Erwartungen jedoch nicht erfüllen will. Denn alle Menschen haben die Tendenz, brav zu sein und Erwartungen erfüllen zu wollen. Wenn zum Beispiel permanent erwartet wird, dass man kriminell ist und »unbeherrscht«, »triebhaft« – also all die Zuschreibungen, die gerade sehr stark durch Medien und politische Akteur*innen verbreitet werden – ist es sehr schwierig, trotzdem den richtigen und eigenen Weg zu gehen.

Eine meiner Methoden – sie heißt »Ich-Stimmen« – wurde aus der systemischen Arbeit und der Transaktionsanalyse entwickelt und ermöglicht die Arbeit mit eigenen inneren Anteilen. Sie kann hervorragend als Entscheidungshilfe verwendet werden. Alle »Stimmen« sind entlang der Körperachse verortet, damit durch die Körperanker – in Verbindung mit der Atmung und unterschiedlichen inneren Bildern – immer wieder in diese Achse zurückgefunden werden kann. Es gibt den Kopf als Teil der Pragmatik und des Verstandes, das Herz, das für Liebe und Mitgefühl steht (immer auch im Hinblick auf sich selbst), das Bauchgefühl, das die Intuition beschreibt und schließlich das Becken. Das Becken ist der Teil des Körpers, über den niemand mit Jugendlichen oder überhaupt mit Menschen spricht. Das Besondere an dieser Übung ist, dass das Becken eine Stimme bekommt, die gehört und einbezogen wird. Das Becken steht für den Teil von uns, zu welchem wir, wenn wir traumatisiert oder getriggert werden, sofort Zugang haben. Zu dem Impuls wegzulaufen, um uns, unsere Kinder und/oder Liebsten zu schützen oder in den Angriff zu gehen. Die Handlungen und Entscheidungen sind nicht unbedingt vernünftig, sondern eher instinktiv. So ist es möglich, das Becken als eine positive Ressource und Kraftquelle kennenzulernen. Das ist gerade für Kinder, Jugendliche und Erwachsene mit Intersektionalitäts- und Rassismuserfahrung sehr relevant, da sexualisierende Zuschreibungen, wie zum Beispiel »triebhaft« oder »unbeherrscht«, stark wirken können und häufig als abwertende Projektion funktionieren.

Zu erleben, dass unser Zugang zu Instinkt und zum Becken etwas sehr Wertvolles ist, etwas, das Überleben sichert, das uns Zugang zu unseren Grenzen gibt, zu unseren eigenen Regeln, ja zu unserem Stolz und zu unserer Ehre, das ist sehr wichtig und hat meines Erachtens viel mit Würde zu tun.

Ich finde es großartig, wenn Stolz und Ehre, die ja eher negativ konnotiert sind, *reclaimed,* also neu definiert werden. Denn es ist doch etwas Würdevolles, was mit der eigenen Definition gefüllt, anstatt durch eine fremde abgewertet werden sollte.

Ich habe bei dieser Arbeit viele eindrucksvolle und sehr bedeutsame Erfahrungen gemacht. Häufig hatten wir für zwei Tage eine Projektgruppe, die aus Jugendlichen bestand, mit denen die Lehrkräfte komplett überfordert waren. In den Projekten waren viele stark traumatisierte Jugendliche, die oft allein geflohen sind vor Krieg und Gewalt, einfach um eine Chance zu haben, am Leben zu bleiben. Oft haben Familien alles verkauft und alle Gelder zusammengekratzt, um einer einzigen Person die Flucht und somit die Hoffnung auf ein Leben in Würde zu ermöglichen. Natürlich kann das den Erwartungsdruck auf diese bestimmte Person immens erhöhen.

Wenn ihr dann hier mit Misstrauen begegnet wird, kann es sehr schwierig sein, einen souveränen Umgang zu finden.

Wir haben zum Beispiel im Rahmen einer Selbstregulierungsübung mithilfe der Ich-Stimmen folgende Situation nachgespielt: Der Kunde wird fälschlicherweise als Dieb beschuldigt. Die Situation wurde gespielt und eingefroren, um dann zu schauen, wie anhand pragmatischer Kopfanteile, liebevoller Herzanteile, mithilfe von Bauchgefühl und auch Instinkt sinnvoll und konstruktiv mit der Situation umgegangen werden kann. Es gab viele Ergebnisse. Was mich aber wiederkehrend erschreckt hat, war, dass alle, ohne Ausnahme, diese Situation – fälschlicherweise des Diebstahls beschuldigt zu werden – als normale Lebensrealität kannten. Das zeigt eine krasse Absurdität in diesem Land auf und spiegelt leider die Realität wider.

Würden Sie das unter den Begriff Alltagsrassismus fassen oder ist der Begriff hier nicht passend?

Ja, der Begriff ist passend. Ich würde es so ausdrücken: Wir leben in einer rassistischen Gesellschaft, Rassismus ist ein strukturelles Problem. Es gibt Leute, die haben sich schon mit der Struktur beschäftigt und wissen, dass sie selbst Alltagsrassismus reproduzieren. Der Grund, warum ich das Wort »Alltagsrassismus« verwende, ist, dass es so viele Menschen gibt, die denken, dass nur Nazis oder Menschen, die intentional und aktiv etwas gegen andere tun und sagen, rassistisch sein können. Es ist aber wichtig zu verstehen, dass eben auch Alltagsrassismus Rassismus ist und nicht nur von Nazis oder aktiv Rechten ausgeübt wird. Ich habe schon oft erlebt, dass Rassismus, der in linken Strukturen und auch in therapeutischen Kontexten reproduziert wird, besonderen Schaden anrichten kann, weil eine Sicherheit vermutet, ja vorausgesetzt, aber nicht gewährt wird; die Verletzung kann dadurch noch tiefer gehen.

Was sind vor diesem Hintergrund für Sie die wichtigsten Aspekte von Macht- und Rassismuskritik, vielleicht auch und gerade im Zusammenhang mit Ihrer Arbeit?

Es ist wichtig, dass Menschen Verantwortung übernehmen, die privilegiert sind und gelernt haben, permanent Gewalt zu reproduzieren – im Kontext Rassismus sind das *weiße* Menschen. Natürlich ist es theoretisch sinnvoll, dass sich auch Menschen mit Rassismuserfahrung aktiv mit Machtstrukturen beschäftigen. Da würde ich aber sagen, dass das irgendwann passiert, eben wenn es dran ist. Wenn mir betroffene Menschen sagen: »Nee, damit kann ich mich nicht beschäftigen«, verstehe ich das als Überlebensstrategie. Es ist wichtig, Menschen eigene Strategien zuzugestehen und nicht zu glauben, dass man ihr Leben besser leben könnte als sie selbst. Damit ist gemeint, dass man allen die Expertise für das eigene Leben zuerkennt.

Es ist überfällig, dass *weiße* Strukturen, Institutionen, Vereine etc. ebenfalls Verantwortung übernehmen und dass eben auch Einzelpersonen zuständig für das Thema sind. Das Schlimme ist ja, dass immer wieder so getan wird, als könnte man Rassismuserfahrung mit irgendetwas vergleichen, was zum Beispiel in Therapien aufzuarbeiten wäre. Von *Weißen* gibt es immer wieder Äußerungen, wie: »Ach ja, sei nicht so empfindlich, so war das doch nicht gemeint«, oder Ähnliches – anstatt selbst die Verantwortung zu übernehmen, was ermöglichen würde, dass rassistisches Verhalten immer seltener vorkommt. Rassismus, der tagtäglich in unserer Gesellschaft passiert, kann nicht einfach in Therapie oder Beratung »aufgearbeitet« werden, weil dieser eben immer und immer wieder aufs Neue erlebt wird.

Während meiner Tätigkeit als Vorstand des Bundesverbands der Frauengesundheitszentren nahm ich zum Beispiel am »Fachgespräch Frauengesundheit des Bundesgesundheitsministeriums« und an anderen bundesweiten Frauengesundheitsnetzwerken teil. In all diesen Netzwerken gab es keine Bi_PoC-Kolleg*innen. So war ich die Einzige, die Rassismus als relevantes Problem für die Gesundheit benannte und somit als ein gesamtgesellschaftliches Gesundheitsproblem aufgezeigt hat.

Anfangs habe ich geglaubt, es könne möglich sein, in diesen Kreisen etwas zu bewegen. Jedoch wurden meine Hinweise immer wieder belächelt und unter den Tisch gekehrt. Also entschied ich, den Posten zu kündigen, um dort etwas zu bewegen, wo Bewegung erwünscht ist. Wäre es anders gewesen, hätten sich *weiße* Personen kritisch mit sich selbst auseinandersetzen müssen. Dies geschah nicht.

Dabei ist es unbedingt notwendig, dass die Auswirkungen auf die Gesundheit endlich anerkannt werden – und zwar flächendeckend. Es müsste viel mehr Aufklärung und Forschung geben. Das Ziel sollte sein, dass dieses Thema aus der Tabu-Ecke herauskommt. (Diese Tabuisierung ist ein immenses Problem und hat übrigens viel mit Nichtverarbeitetem des Zweiten Weltkrieges zu tun. Das kann man zum Beispiel daran erkennen, dass *weiße* Menschen nach rassistischen Übergriffen oft in eine Handlungsunfähigkeit geraten. Diese wird häufig wie eine Starre erlebt oder auch als vernebelter Zustand beschrieben. In der Therapie werden die epigenetischen Zusammenhänge dann schnell deutlich.)

*Das ist das, was wir mit diesem Buch versuchen, quasi als Vision, damit etwas aufzurütteln. Was wäre Ihrer Meinung nach das Wichtigste, was Systemische Berater*innen in Bezug auf das Thema wissen sollten?*

Mich hat es immer gewundert, dass in keiner Ausbildung, keiner Fortbildung, keinem Netzwerk, welches mir für Berater*innen oder Therapeut*innen bekannt ist, strukturelle Macht betrachtet wird. Im ersten Schritt geht es dabei noch nicht einmal um Machtkritik; es geht hier zunächst um das Anerkennen und Sichtbarmachen bestehender Strukturen. Ich habe jedoch noch nie erlebt, dass das getan wird. Wir sprechen über Familiensysteme und ab und an kommen Abwertungen und Aufwertungen dazu. Dabei wird die Bedeutung und die Auswirkungen struktureller Macht und Gewalt jedoch nach wie vor meist ignoriert. Das ist nachvollziehbar, da zum Beispiel *weiße* Cis-Männer oft federführend Beteiligte sind und gleichzeitig durch die Aufrechterhaltung von Machtstrukturen profitieren. Tatsächlich macht dies aus ganzheitlicher Perspektive jedoch absolut keinen Sinn; es ist vielmehr wichtig, dass das aktiv geändert wird.

Ebenfalls sollten Rassismus und die vielfältigen Auswirkungen und Verhaltensweisen innerhalb von Familien auch im Kontext von Epigenetik betrachtet werden. In der Therapie ist angekommen, dass es in den Kontexten des Zweiten Weltkriegs und sexualisierter Gewalt notwendig ist, sich auch Epigenetik anzuschauen und transgenerational zu arbeiten. Im Kontext Rassismus, Kolonialisierung, Sklaverei wird das immer wieder ignoriert, obwohl es ein wesentlicher Aspekt ist, dass Rassismuserfahrungen sich nicht auswachsen, wie zum Beispiel der »Migrationshintergrund«. Ich habe mit sehr vielen Jugendlichen gearbeitet, die laut Definition keinen Migrationshintergrund haben, weil sie zum Beispiel in dritter Generation in Deutschland leben. Trotzdem machen diese Jugendlichen täglich Rassismuserfahrungen. Zudem gibt es viele Bi_PoC, in deren Familien Migration überhaupt nie stattgefunden hat, rassistische Ausgrenzung hingegen sehr wohl. Diese Auswirkungen von Rassismus, die es schon über Generationen hinweg gibt, können sehr stark wirken und führen oft zu einem Bedürfnis nach klarer Positionierung und Identitätsfindung. Das Bewusstsein davon, wie stark solche Aspekte wirken, vermisse ich gesamtgesellschaftlich.

Natürlich kommt Rassismus auch in Therapie und Beratung und in allen medizinischen Bereichen vor. Menschen, die darauf angewiesen sind, müssen dann wieder die Reproduktion von Rassismus aushalten, um Therapie und Beratung überhaupt erhalten zu können. Ich habe viele Anfragen von Menschen, die durch *weiße* Therapeut*innen (re)traumatisiert wurden, da diese ihre rassistischen Vorstellungen permanent reproduzieren und so in die Therapie einfließen lassen. Das ist erschreckend.

Menschen mit Rassismus- und Intersektionalitätserfahrung teilen oft die Erfahrung, sich in Beziehungen (aller Art) entscheiden zu müssen. Nämlich zwischen Selbstmarginalisierung, was eine Teilnahme an der Beziehung(sgestaltung) unmöglich macht, und dem grundsätzlichen Risiko des Beziehungsabbruchs durch die privilegierte Person. Gerade *weiße* Menschen scheinen die Lebensrealität von Menschen, die durch Rassismus marginalisiert und diskriminiert werden, eher nicht gut auszuhalten. Dieses Dilemma darf nicht Voraussetzung für medizinische Versorgung oder Therapie sein, ist es aber leider viel zu oft. Die Folge ist: Menschen nehmen Angebote nicht wahr, um keine Schmerzen durch weitere Rassismen erleben zu müssen.

Dabei wäre auch im therapeutischen, wie im pädagogischen Kontext, ein einfaches »Entschuldigung« angemessen: Schauen wie groß der Schaden ist, der angerichtete wurde, und Verantwortung übernehmen, auch für den Fortbestand des Kontaktes.

Können Sie da ein Beispiel nennen?

Es werden zum Beispiel Dinge unterstellt, die nicht wahr sind. Es wird keine Möglichkeit gegeben, bei null anzufangen, selbst zu erzählen, selbst die Definitionsmacht über das eigene Leben, über die eigene Wahrnehmung zu erhalten. Stattdessen wird die eigene Wahrnehmung und Lebensrealität abgesprochen.

Ich habe erlebt, wie zum Beispiel diagnostiziert wurde, dass eine Person durch die traumatischen Erfahrungen ihrer Eltern bei der Flucht keine Möglichkeit habe, zu heilen. Sie sei hochtraumatisiert und eine ambulante Therapie reiche bei ihr nicht aus. Es wäre notwendig, dass sie sich stationäre Hilfe suchen würde. Daraufhin kam sie zu mir, sie war weder selbst- noch fremdgefährdend, und es ging im Wesentlichen um Ablösung und Erwachsenwerden. Ich habe dann drei Sitzungen mit ihr gearbeitet und seitdem geht es ihr gut.

Es passieren in Therapien oft extreme Zuschreibungen – zum Beispiel in Form von *Othering*.

Als kleine Merkhilfe zum Thema Reproduktion struktureller Gewalt habe ich das S.U.M.M.D.-Konzept entwickelt. Das Konzept dient als Tool, um in konkreten Situationen zu überprüfen, ob Werkzeuge struktureller Gewalt genutzt werden. So kann auf diskriminierter Seite überprüft werden, ob strukturelle Gewalt angewendet wird; in privilegierter

Position kann es zum Selbst-Check verwendet werden. Reproduktion struktureller und rassistischer Gewalt kann durch alltägliche Mikroaggressionen stattfinden. Durch Unterdrückung und Rassismus ist noch nie jemand wirklich gewachsen, durch Verantwortungsübernahme und das Beenden der Gewalt, die man anderen zufügt, hingegen sehr wohl. Die Buchstaben sind Kürzel für S = Strukturelle Gewaltwerkzeuge: U = Unsichtbar machen, M = Marginalisieren, M = Monster produzieren, D = Definitionsmacht beanspruchen. Mit diesen vier Positionen lassen sich also strukturell eingesetzte Mikroaggressionen erkennen und zunehmend vermeiden.

*Noch mal eine Frage im Kontext von Systemischer Beratung, gerade in Bezug auf die weiße Berater*innenszene. Denken Sie, dass es überhaupt möglich wäre, dass Beratung auf Augenhöhe durchgeführt wird?*

Zunächst ist es wichtig, dass Erfahrung durch strukturelle Diskriminierung als Expertise anerkannt und zugesprochen wird. Sie darf nicht dazu führen, dass man dadurch lediglich als selbst betroffen und deswegen emotional wahrgenommen und aus diesem Grund nicht ernst genommen wird. *Weiße* Menschen müssen sich fortbilden lassen – entweder von anderen *Weißen,* die sich mit dem Thema auseinandergesetzt haben, oder von Bi_PoC, die mit *weißen* Menschen in den Prozess gehen.

Ich denke, dass es möglich ist, von einer *weißen* Person Therapien anzunehmen. Die *weiße* Person müsste jedoch der Person, die beraten wird, die Definitionsmacht und Expertise bei diesem Thema zugestehen. Relevant ist, dass an diesem Punkt quasi ein Rollenwechsel in der Expertise stattfindet. Dies müsste in der Therapie offen kommuniziert werden. Das bedeutet, dass sich die *weiße* Person eingesteht, dass sie vernebelte Flecken hat und dass sie Fehler macht, und sich also auch authentisch in ihrer Unwissenheit zeigt. Das wäre eine Grundposition, die Aussicht auf Erfolg hätte.

Zudem wäre es gut, wenn Rassismus erst einmal als Problem für die Gesundheit, und eben auch für die psychische Gesundheit, anerkannt wird – als eine Form von Traumatisierung. Erst dann könnte es auch Spezialist*innen geben, die für diesen Bereich eine Anerkennung bekommen. Zum Beispiel mache ich meine Arbeit häufig ohne öffentliche Aufmerksamkeit, weil eben die Menschen, mit denen ich arbeite, oft sehr marginalisiert werden und keine Institution darüber Bescheid weiß, was es für einen hohen Bedarf gibt. Wir müssen den Geldern und Förderungen deswegen leider hinterherlaufen. Und es gibt noch viel mehr Menschen, die noch viel unsichtbarer sind.

Es ist relevant, dass die vorhandenen Strukturen dadurch Verantwortung übernehmen, dass sie zum Beispiel Menschen mit Intersektionalitäts- und Rassismuserfahrung Raum und Bühne geben, wie z. B. in diesem Buch. Dies müssten jedoch auch Netzwerke und Verbände, wie beispielsweise die DGSF, tun. Ich bin Mitglied und finde zwar dieses oder jenes ganz interessant, frage mich aber häufig, warum sie wen zu bestimmten Themen einladen? Da kommt immer die Frage auf: Warum ladet ihr nicht mal Expert*innen mit Rassismuserfahrung ein? Denn es gibt sie und es sind viele. Das ist ein generelles Problem in vielen *weißen* Strukturen. *Weiße* Personen spielen sich in gewachsenen Strukturen die Bälle zu. Dabei gibt es schon genug *weiße* Cis-Männer auf Podien. Jeder *weiße* Cis-Mann müsste es als die eigene Verantwortung sehen, FINTA[36] mit Rassismuserfahrung zu supporten und Bühnen abzugeben; das bedeutet auch, eigene Möglichkeiten weiterzuleiten; nicht als Gefallen, sondern aus einem Versuch Richtung Gerechtigkeit. Diese *weißen* Strukturen müssten damit beginnen, alte Krusten von innen aufzubrechen und für Sichtbarkeit von MIRE zu sorgen.

Zum Abschluss haben wir noch die Wunderfrage: Was wäre morgen anders, wenn heute Nacht ein Wunder passieren würde? Wer würde was merken? Und woran?

Wenn ich die Wunderfrage wirklich beantworten würde, würden Menschen in Kollektiven zusammenleben; gegenseitige Fürsorge und Verantwortungsübernahme sowie eigenverantwortliches Handeln und Raum für Selbstfürsorge wären Grundlagen.

Niemand würde Energie darauf verschwenden, darüber zu diskutieren, ob Gewalt gewaltvoll gemeint war, stattdessen würden wir alle Verantwortung für eigene Gewaltreproduktion übernehmen und Energie ins Lernen, Handeln und Da-Sein stecken.

Wenn wir kleinschrittiger vorgehen, habe ich vieles schon gesagt: Expertisen würden endlich anerkannt, das Thema wäre offen auf dem Tisch, und Rassismus würde als gesamtgesellschaftliches Problem wahrgenommen werden, indem diejenigen, die Gewalt ausüben, auch die Verantwortung übernehmen, diese zu beenden. Es sollte Pflichtprogramm sein, strukturelle Machtsysteme zu betrachten. Zudem würden Privilegierte ihre Privilegien teilen – sowohl in Strukturen als auch persönlich. Es wäre gesellschaftlich klarer und akzeptierter, dass es Schutzräume und spezielle Angebote für Menschen mit Rassismuserfahrung

36 Frauen, Inter Menschen, Nichtbinäre Menschen, Trans Menschen und Agender Menschen (vgl. Queer Lexikon e. V. 2020)

gibt, wie zum Beispiel systemische Aufstellungen ausschließlich für Menschen mit Rassismuserfahrung, so wie ich es jetzt schon anbiete. Zudem würden Therapeut*innen und Berater*innen aufhören so zu tun, als wären sie nicht rassistisch, und stattdessen Verantwortung für das eigene Reproduzieren struktureller Gewalt übernehmen.

Ich persönlich würde die Veränderung daran merken, dass ich viel öfter eingeladen und dafür eine angemessene Bezahlung erhalten würde. Wir engagieren uns alle sehr, zum Beispiel bei Holla e. V., und erhalten trotzdem keine Finanzierung. Bei uns werden marginalisierte Personen beraten und erhalten Schutzräume. *Weiße* Personen setzen sich kritisch mit ihren Privilegien auseinander. So kann einem Kontakt auf Augenhöhe nähergetreten werden. Wir passen auf, dass die Definitionsmacht bei denen bleibt, die strukturell benachteiligt werden. Wir haben diese Vision, dass wir tatsächlich zusammenarbeiten, also Bi_PoC und *Weiße*. So etwas gibt es bisher nicht.

Mein Wunsch ist es, dass es solche Strukturen, wie bei Holla e. V., flächendeckend gibt, in Städten und Kommunen.

Die Verantwortung für Rassismus würde sich verschieben, wenn es offiziell anerkannt werden würde. Sie wäre angemessen gewichtet. Wir (MIRE) würden merken, dass uns unsere Würde zurückgegeben wird, indem unsere Kompetenzen anerkannt und uns unsere Ressourcen nicht mehr aberkannt werden. Es geht dann um eine gesamtgesellschaftliche Würde, sodass nicht jeder erste Kontakt mit *Weißen* damit verbracht werden muss, dafür zu kämpfen, dass auch die eigene Lebensrealität und das eigene Wissen relevant für den Kontakt sind. Diese Überzeugungsarbeit leiste ich übrigens freiwillig immer seltener.

Aber ich rede und arbeite sehr gern mit und für Menschen, die die Verantwortung für ihr Handeln übernehmen, die zuhören und Dinge verändern wollen. Von diesen Menschen scheint es immer mehr zu geben.

6 Macht- und rassismuskritische Anforderungen an die Systemische Beratung

»Wer für sich beansprucht, ›keine Unterschiede zwischen den Menschen zu sehen‹, verleugnet dieses ungleiche Machtverhältnis und verschleiert damit Rassismus. Mit einer solchen […] Haltung ist der rassistische Status Quo nicht veränderbar – vielmehr wird er bestätigt.«

Josephine Apraku (2019)

Die bis hierhin dargestellten Erkenntnisse zeigen, dass Rassismus sowie Diskriminierung allgemein und entsprechende Machtverhältnisse Teil von Gesellschaft sind, Normalität bilden und für Menschen zum Alltag gehören. Systemische Beratung, im Sinne einer Disziplin *und* Community bewegt sich in dieser Gesellschaft und wirkt dort. Somit ist sie als Idee – sowie auch ihre Vertreter*innen – verstrickt in rassistische Machtverhältnisse. An dieser Stelle sollte klar sein, dass es dabei nicht primär um die eigene, bewusste und aktive Ausübung von Diskriminierung gehen muss, sondern vielmehr um unbewusste Reproduktionen und um das Profitieren von jenen Verhältnissen. Bevor genauer auf rassismuskritische Anforderungen an die Systemische Beratung eingegangen wird, ist es zunächst notwendig, Rassismuskritik zu definieren und diese von Antirassismus abzugrenzen. Im Grunde genommen folgen viele antirassistische Ansätze einem ideologiekritischen Rassismusverständnis, das Rassismus als falsches Bewusstsein in Individuen verortet (siehe Kap. 4). Antirassismus tritt häufig moralisierend auf, indem Personen eines falschen Denkens beschuldigt werden. Neben den in diesem Rahmen oft mehr widerständigen als konstruktiven Auseinandersetzungen liegt die Hauptproblematik darin, dass Antirassismus als ein sich ausschließender Gegensatz zu Rassismus konstruiert wird und dadurch die Betrachtung eigener Verstricktheit in rassistische Strukturen und Machtverhältnisse verborgen bleibt (vgl. Brunner u. Ivanova 2015, S. 56 f.). Es handelt sich hier also um einen Kampf der vermeintlich Guten gegen die Bösen. An dieser Stelle setzt die Rassismuskritik an, indem sie die Kritik nach innen richtet und damit versucht, die eigene Positioniertheit und das eigene Handeln innerhalb rassistischer Machtverhältnisse zu hinterfragen:[37]

> »Rassismuskritik setzt auf die konstante Reflexion des eigenen Handelns im Hinblick auf die bestehenden Dominanzstrukturen. Eine rassismuskritische Praxis untersucht, wie, unter welchen Bedingungen und mit welchen Konsequenzen Denk- und Handlungsweisen von Individuen, Gruppen, Institutionen und Strukturen rassistische Verhältnisse reproduzieren bzw. stärken« (ebd., S. 57).

In Anlehnung an Foucaults Verständnis von Kritik beschreiben Scharathow, Melter, Leiprecht und Mecheril (2011, S. 10) in ihrem Band »Rassismuskritik« eben jene als

> »kunstvolle, kreative, notwendig reflexive, beständig zu entwickelnde und unabschließbare, gleichwohl entschiedene Praxis, die von der Überzeugung getragen wird, dass es sinnvoll ist, sich nicht ›dermaßen‹ von rassistischen Handlungs-, Erfahrungs- und Denkformen regieren zu lassen.«

Sowohl im Vorwort zum vorliegenden Buch als auch in seinem Vorwort für das *Lehrbuch der systemischen Therapie und Beratung I* (von Schlippe u. Schweitzer 2013, S. 19) weist Asen als »britischer« Vertreter in Bezug auf die deutschsprachige systemische Beratungscommunity darauf hin, dass hier »vieles des Beschriebenen eigentlich recht kulturspezifisch ist« und dass im Vergleich dazu im angelsächsischen Raum die kritische Auseinandersetzung mit (der eigenen) »Kultur« »einen zentraleren Platz in der systemischen Theorie und Praxis einnimmt«. Auch benennt er in diesem Zusammenhang institutionellen Rassismus als für die Systemische Beratung relevantes Phänomen und sieht Lücken in der deutschsprachigen systemischen Szene, sich damit auseinanderzusetzen. Auch im Jahr 2021 steht die Systemische Beratung im deutschsprachigen Raum noch am Beginn einer dezidiert rassismuskritischen Auseinandersetzung mit den eigenen Strukturen sowie Denk- und Handlungsweisen. Mittlerweile existieren zwar verschiedene Ansätze, die hier bewusst verkürzt als »interkulturelle« Ansätze beschrieben und zusammengefasst werden. Durch die Fokussierung auf »Kultur« bringen diese aber Probleme mit sich, indem sie zum Teil selbst Bilder und Zuschreibungen verfestigen oder Rassismus und entsprechende Machtverhältnisse

---

37 Trotz der hier gezogenen Unterscheidung, ist es im politischen Raum durchaus sinnvoll, dezidiert antirassistische Forderungen zu stellen und sich damit bspw. gegen völkisch-nationalistische Politiken und Akteur*innen zu positionieren. Die Selbstreflexion und Kritik nach innen darf dabei natürlich nicht ausbleiben.

nicht, beziehungsweise wenn, dann nur marginal thematisieren (siehe Kap. 6.2).

Zeitgleich bietet Systemische Beratung in ihren Theorien und Grundlagen Gemeinsamkeiten mit und Anknüpfungsmöglichkeiten für Rassismuskritik. Zentral ist hier die konstruktivistische Perspektive, dass soziale Beziehungen und entsprechend auch Gesellschaft veränderbare und sich verändernde Systeme sind und dass auch die Wahrnehmung von Individuen auf Konstruktionen von Wirklichkeit(en) basieren.

Im Folgenden werden nun exemplarisch rassismuskritische Anforderungen an verschiedene Aspekte Systemischer Beratung formuliert und ausgesprochen. Damit soll die Systemische Beratung ermutigt werden, ihre Ansätze, Theorien und Praxen unter macht- und rassismuskritischen Perspektiven zu reflektieren und zu überprüfen, um darüber die Möglichkeiten der Anwendung und Verschränkung mit systemischen Perspektiven sichtbar zu machen.

6.1 Eine Frage der Haltung?!

In der Welt der Systemischen Beratung zählen Haltungsdiskurse zu jenen, die – je nach Rahmen – sehr unterschiedlich geführt werden und manchmal einen höheren, manchmal einen geringeren Stellenwert zugesprochen bekommen. Wenn über Haltungen, oder genauer, über die systemische Haltung diskutiert wird, betrifft dies ein Feld, welches weniger gut greifbar oder gar unsichtbar ist, vor allem im Vergleich zu systemischen Methoden und Interventionen, also dem »Werkzeugkasten« bzw. den »Tools«. Gleichzeitig wird die »systemische Haltung« als Grundlage der »persönlichen Beratungskompetenz« (Barthelmess 2016, S. 9) gesehen oder die »innere Haltung« zum »Dreh- und Angelpunkt für Handlungswirksamkeit und berufliche Identität« (Erpenbeck 2018, S. 8) erklärt. Selten wird über *die* systemische Haltung gesprochen. Häufig sind es einzelne (Grund-) Haltungen oder Haltungsfragmente, die in ihrem Zusammenschluss oder in ihrer Gesamtheit dann als systemische Haltung verstanden werden. Dabei ist die Bandbreite an Aspekten groß, wodurch es an dieser Stelle unmöglich wäre einen Anspruch an Vollständigkeit zu suggerieren, der sich zudem auch kontraproduktiv zur notwendigen Offenheit von Haltungsdiskursen zeigen würde. Für den hier behandelten Kontext ist es wichtig, jene Haltungen zu betrachten, die entweder anschlussfähig für macht- und rassismuskritische Perspektiven erscheinen oder in dieser Hinsicht besonders reflektiert werden müssen.

6.1.1 Eingebundenheit, Beziehung, Kooperation

Barthelmess (2016, S. 118) beschreibt als eine Grundhaltung die »des Eingebundenseins«. Berater*innen sind im Beratungsprozess Teil des Systems und stehen in einem Wechselwirkungsverhältnis mit den Beratungsnehmenden. Das Bewusstsein und das Akzeptieren des Eingebundenseins der eigenen Person wird hier als Haltung verstanden. Diese Überlegungen haben ihren Ursprung in der *konstruktivistischen Wende,* welche den Übergang von der Kybernetik erster Ordnung zur Kybernetik zweiter Ordnung beschreibt. Diese Entwicklung geschah zeitgleich an verschiedenen Orten und ist maßgeblich für das heutige Verständnis Systemischer Beratung (vgl. von Schlippe u. Schweitzer 2013, S. 54). Im Sinne der Kybernetik erster Ordnung ging es vor allem darum, Systeme von außen zu betrachten und deren »Subsysteme, Grenzen, Regeln und Beziehungsmuster« (ebd., S. 101) zu erkennen und zu verstehen. Mit der Kybernetik zweiter Ordnung rückten die Berater*innen »und ihre Rolle als Miterzeugerin jener Realitäten [...], die sie vormals nur von außen zu beobachten meinten« (ebd., S. 53), in den Mittelpunkt. Diese heute beinahe selbstverständliche Sichtweise führte zu einer Vielzahl von Veränderungen in der systemischen Beratungspraxis.[38] In diesem Zuge wurde auch die Auseinandersetzung mit Macht innerhalb der Beratungssettings als relevant erachtet. Bis dahin angewandte Methoden und Strategien erschienen so als »Machttaktiken, die als Instrument zur Veränderung problematischer Beziehungsmuster eingesetzt [wurden]« (Levold 2016, S. 111).

Aus rassismuskritischer Perspektive ist der Einbezug von Machtfragen sehr sinnvoll und bietet Anschlussmöglichkeiten. Auch wenn gesellschaftliche Machtverhältnisse vielleicht implizit mitgedacht werden, fokussieren die Überlegungen zu Macht entweder die konkrete Kommunikations- bzw. Interaktionssituation innerhalb von Beratungsprozessen (vgl. ebd., S. 110 ff.) oder aber die Systeme, in denen sich die Beratungsnehmenden bewegen, wie beispielsweise Familie(n) oder Organisation(en) (vgl. Erpenbeck 2018, S. 35 ff.). Bei Letzterem wird vor allem auf Macht im sozialen Raum bzw. auf die

38 Für eine ausführlichere Darstellung siehe von Schlippe u. Schweitzer (2013, S. 53 ff.) oder Levold u. Wirsching (2016, S. 45 ff.).

gruppendynamischen Prozesse verwiesen (ebd., S. 36). Dadurch entsteht der Eindruck, dass hier alle Menschen gleichsam das Potenzial, Möglichkeiten und Chancen in sich tragen, Macht auszuüben bzw. von ihr unterworfen zu werden. Dies blendet gesellschaftlich konstruierte Über- und Unterordnungsverhältnisse aus, und es bedarf hier in beiden Fokussierungen einer expliziten Erweiterung um rassismus- und diskriminierungskritische Perspektiven auf Machtverhältnisse, da sonst Gefahr gelaufen wird, deren Bedeutung für und deren Einfluss auf die Beratungssituation zu unterschätzen. Ein Bewusstsein der Eingebundenheit bedeutet also auch ein kritisches Bewusstsein der eigenen Verstrickungen innerhalb gesellschaftlicher Machtverhältnisse zu entwickeln und deren Bedeutung für die Berater*innen-Beratungsnehmenden-Beziehung zu reflektieren. Eine Sensibilität diesbezüglich ist auch ausschlaggebend für eine gelingende Kooperation im Sinne einer »gemeinsamen Suche nach guten Beschreibungen [...], die auf einem möglichst genauen Verstehen der Wünsche und Bedürfnisse der Ratsuchenden aufbaut« (von Schlippe u. Schweitzer 2013, S. 200). Findet jedoch Diskriminierung innerhalb des Beratungssettings statt, kann diese den Aufbau einer vertrauensvollen Beziehung verhindern. Ohne eine macht- und rassismuskritische Haltung würde sich dies dann auch außerhalb der Wahrnehmung der Berater*innen abspielen und ein dadurch entstandenes Misslingen im schlimmsten, aber nicht unwahrscheinlichsten Fall im individuellen Verantwortungsbereich der Beratungsnehmenden verortet werden.

6.1.2 Neutralität und Allparteilichkeit

Neutralität bzw. das Bemühen um eine neutrale bzw. allparteiliche Haltung ist für viele Berater*innen wichtiger Bestandteil ihrer systemischen Arbeit. Aus macht- und rassismuskritischer Perspektive ist diese Haltung jedoch sehr kritisch zu betrachten.

Die Deutsche Gesellschaft für Systemische Therapie, Beratung und Familientherapie formuliert in ihren Ethik-Richtlinien unter anderem, dass die

> »Achtung, [der] Respekt und [die] Wertschätzung gegenüber einzelnen Personen und Systemen [auch] [...] die Allparteilichkeit gegenüber den zum System gehörenden Personen, unabhängig von deren Alter, Geschlecht, ethnischer Herkunft, Kultur, Status, sexueller Orientierung, Weltanschauung und Religion [beinhalte]« (DGSF 2016, S. 1).

Weiter wird unter der Überschrift »Verbot von Diskriminierung, Ausbeutung und Ausnutzung« von ihren Mitgliedern Offenheit und Interesse für Beratungsnehmende, »unabhängig von deren Alter, Geschlecht, ethnischer Herkunft, Kultur, Status, sexueller Orientierung, Lebensorientierung und Religion« gefordert (ebd., S. 3). Aus diesen zwei Postulaten wird deutlich, dass hier die Perspektive auf den einzelnen Berater*innen liegt, von denen keine Diskriminierung ausgehen und eine allparteiliche Haltung erwartet werden darf. Was bedeutet dies jedoch, wenn innerhalb der Systeme rassistische und diskriminierende Sicht- und Verhaltensweisen sowie Verhältnisse sichtbar werden, was aus gesamtgesellschaftlicher Perspektive – wie bereits ausführlich dargestellt – als wahrscheinlich gilt? Sollen sich Berater*innen im Sinne der Allparteilichkeit für beispielsweise geäußerte rassistische oder sexistische Positionen in Gruppen- oder Paarberatungen parteilich zeigen oder sich dazu »neutral« verhalten, insbesondere in der Anwesenheit von potenziell Betroffenen? Die Systemische Gesellschaft geht in ihren Ethik-Richtlinien diesbezüglich einen Schritt weiter, indem sie schreibt: »Die grundlegende Haltung der Allparteilichkeit findet ihre Grenze, wo Menschenwürde und Menschenrechte durch Handeln und Verhalten infrage gestellt werden […]« (SG 2017, S. 1). Anschließend erfolgt eine deutliche Positionierung:

> »Vor diesem Hintergrund werden Unterschiede wie Alter, Geschlecht, ethnische Herkunft, Kultur, Status, sexuelle Orientierung, Weltanschauung und Religion als mögliche Themen im professionellen Handeln wahrgenommen und als potentieller Anlass für Benachteiligung in sozialen Zusammenhängen reflektiert. Solche Benachteiligungen sind für die Systemische Gesellschaft nicht akzeptabel« (ebd., S. 1).

Die Neutralität, welche als Konzept spätestens seit dem »Mailänder Modell« eine wichtige Rolle in systemischen Beratungsprozessen einnimmt, fassen von Schlippe und Schweitzer (2013, S. 205) nicht als Absicht auf, sondern wollen sie dem Konzept nach von der Wirkung her verstanden wissen:

> »Wenn den Teilnehmern einer systemischen Beratung hinterher unklar ist, auf wessen Seite der Berater mehr gestanden hat, welche vertretenen Ideen er favorisiert und wie er zum Problem steht – dann war der Berater ›neutral‹.«

An dieser Stelle wird deutlich, dass die beraterische Haltung der Neutralität einer macht- und rassismuskritischen entgegensteht.

Hier ist die Frage, welche Wirkung priorisiert und vor allem wer dabei berücksichtigt wird. Wessen Ideen oder Problembeschreibungen erhalten mehr oder weniger Raum? Es scheint so, dass von einer sehr idealtypischen Gesprächssituation ausgegangen wird, an der sich die Anwesenden alle gleichermaßen beteiligen können und die Berater*innen völlig unabhängig von eigener Person und gesellschaftlicher Positioniertheit diese steuern können. Elementarer Bestandteil von gesellschaftlichen Machtverhältnissen sind (bewusste und unbewusste) diskriminierende Routinen, die sich beispielsweise darin zeigen können, wer wann wen unterbricht und wann wer von wem unterbrochen wird. Auch wenn dabei persönliche Dispositionen eine Rolle spielen, werden hier Dominanzverhältnisse und Normierungen deutlich. Werden diese Routinen nicht bemerkt und durchbrochen und wird diskriminierenden Aussagen und Handlungen nicht widersprochen, so ist dies nicht neutral, sondern Teil von gesellschaftlichen Machtverhältnissen, auch und gerade in Beratungssituationen. In diesem Zusammenhang wirkt eine vermeintliche Neutralität stabilisierend für jene Verhältnisse, vor allem wenn diese von einer privilegierten gesellschaftlichen Positioniertheit aus als Haltung eingenommen wird. So wird der Begriff der Neutralität auch häufig dafür benutzt, Rassismus zu legitimieren, etwa um das Tragen des Hijabs zu verweigern oder muslimische Feste in Einrichtungen zu verbieten, während christliche Feiertage weiterhin unhinterfragt zelebriert werden.

Von Schlippe und Schweitzer (2013) weisen darauf hin, dass es in Bezug auf Neutralität oft zu Missverständnissen komme. »Neutral« bedeute nicht, als Berater*in keine eigene Meinung zu haben. Es gehe vielmehr darum, diese nicht in einer »doktrinären Form« (ebd., S. 205) in den Beratungsprozess einzubringen. Aber wer beurteilt hier, ob eine Meinung doktrinär eingebracht wird oder nicht? Zunächst handelt es sich bei der Benennung von Rassismus nicht um eine Meinungsäußerung. Stattdessen stellt aus unserer Sicht die Anerkennung von gesellschaftlichen Machtverhältnissen eine Grundlage von Beratungsprofessionalität dar (siehe Kap. 7.4.1). Der Hinweis auf Rassismus und Diskriminierung und eine entsprechend kritische Haltung kann für manche Menschen als Ausdruck übersteigerter »politischer Korrektheit« und damit als doktrinär verstanden werden. Für Menschen mit eigenen Diskriminierungserfahrungen kann dies hingegen als sehr unterstützend und auch grundlegend für den Aufbau von Beziehung im Beratungssetting wirken. Wem obliegt hier die Deutungshoheit?

Barthelmess (2016, S. 118) schreibt, dass es mitunter schwierig sein kann, bei bestimmten Äußerungen als Berater*in »neutral« zu bleiben. Als Beispiel nennt er eine sexistische Aussage eines Klienten innerhalb einer Beratungssituation. Auch hier wird für Neutralität plädiert, da diese wichtig sei »für das Aufrechterhalten der prozessberaterischen Rolle« (ebd., S. 118). Ob das die von Sexismus betroffene Person auch so sieht? Vielleicht werden hier ja gerade sexistische Haltungen als Kernproblematik nicht ernst genommen und wirken somit weiter fort.

Schlussendlich verdrängt das Postulat einer vermeintlichen Neutralität kritische Perspektiven auf gesellschaftliche Machtverhältnisse und verschleiert somit deren Einfluss in Beratungsprozessen. Daran ändert auch das Ersetzen von Neutralität durch Allparteilichkeit[39] nichts. Beide erhöhen eher die Wahrscheinlichkeit der Reproduktion von Diskriminierung als diese in Beratungssituationen zu verringern. Darüber hinaus stehen sie aus macht- und rassismuskritischer Perspektive anderen wichtigen systemischen Haltungen entgegen, mit denen sich in diesem Kapitel auseinandergesetzt wird.

6.1.3 Vergrößerung des Handlungs- und Möglichkeitsraumes

Von Schlippe und Schweitzer (2013, S. 200) beschreiben es als grundlegende Haltung, sich als Systemische*r Berater*in an dem zu orientieren, was »Möglichkeitsräume erschließen oder erweitern« lässt. Begriffe, Ideen und Haltungen wie Ressourcen- und Lösungsorientierung schließen daran an und zählen zu den Grundlagen Systemischer Beratung. Es geht also darum, Menschen hinaus aus einer »Problemtrance« zu begleiten und gemeinsam einen Fokus auf die Ressourcen der Beratungsnehmenden und die daraus resultierenden Lösungen zu legen. Im Sinne von Handlungsfähigkeit und dem Empfinden von Selbstwirksamkeit ist es das Ziel, Perspektiven und Anlässe zu kreieren, mit bzw. in denen Menschen aus der Passivität in die Aktivität treten können. Aus macht- und rassismuskritischer Perspektive ist dies aus mindestens zwei Gründen wichtig: Zum einen beschränken rassistische Machtverhältnisse die Handlungs- und Möglichkeitsräume der Menschen, die mit den daraus folgen-

39 Zur Begriffsproblematisierung von Neutralität und Allparteilichkeit außerhalb einer macht- und rassismuskritischen Perspektive siehe Erpenbeck (2018, S. 106 ff.).

den negativen Auswirkungen konfrontiert sind, was hier auch im Sinne von geringerer gesellschaftlicher Teilhabe und Partizipation verstanden werden will. Zum anderen kann Othering zur Übernahme von Fremdzuschreibungen führen, welche dann durch Internalisierungsprozesse zu wirkmächtigen Wirklichkeitskonstruktionen werden und so das Selbstbild bestimmen. Auch die stattfindende Festschreibung von Menschen auf bestimmte Rollen stellt eine entsprechende Einschränkung dar. An dieser Stelle bedarf es aufseiten der Berater*innen ein Wissen um Othering und Internalisierungsprozesse im Zusammenhang mit gesamtgesellschaftlichem Rassismus, da sonst im Beratungsprozess Potenziale hinsichtlich der Vergrößerung von Handlungs- und Möglichkeitsräumen verborgen bzw. ungenutzt bleiben. Dies kann beispielsweise dann passieren, wenn auf Rassismus/Othering basierende Selbstattribuierungen der Beratungsnehmenden nicht als solche erkannt und thematisiert werden, da sie womöglich in die eigene Landkarte »kultureller Zuschreibungen« der Berater*innen passen und als vermeintliche Objektivitäten wahrgenommen werden. Eine Dekonstruktion eben dieser Selbstattribuierungen und Zuschreibungen kann als Chance betrachtet werden, im Beratungsprozess neue und eigene Bilder über sich selbst zu erarbeiten, aus denen Kraft geschöpft werden kann. Dabei ist jedoch im Sinne »einer systemischen Arbeit mit dem Inneren Team« (Rohr 2016, S. 67) ein respektvoller Umgang mit den schützenden Anteilen bedeutsam, auch wenn diese selbst Produkte von Othering sind.

Bezogen auf den Kontext Rassismus und Trauma spielen auch hier diejenigen Faktoren eine Rolle, die als Ressourcen gesehen werden und somit als Schutzfaktoren dienen können. Demnach kann auch im Zusammenhang von Rassismus von Ressourcen gesprochen werden, die den Stressoren, denen eine Person ausgesetzt ist, gegenüberstehen. Aus dieser Perspektive ist es besonders relevant, nicht nur die Verletzlichkeit einer Person in den Blick zu nehmen, sondern auch deren Widerstandsfähigkeit und stärkende Anteile zu sehen. Dies ist aus systemischer Perspektive anschlussfähig und wichtig zur Vergrößerung des Handlungs- und Möglichkeitsraumes. Etwas breiter gedacht, schreibt Velho (2011, S. 31) dazu:

> »Neben individuellen Ressourcen, die beispielsweise Selbstwirksamkeitsüberzeugung und Handlungsfähigkeit fördern, ist ein gesellschaftliches Klima wesentlich, das sich gegen Rassismus positioniert, Partizipation und Inklusion praktiziert und Unterstützung anbietet.«

Für den Aufbau und die Stärkung von Ressourcen ist es demzufolge auch förderlich, dass sich *weiße* Personen – in unserem Fall *weiße* Berater*innen – ihrer Positioniertheit und der damit einhergehenden Macht, der Privilegien und der vielschichtigen Gewalt, die sie ausüben, bewusst werden, sich also ein Wissen über die rassistische Machtstruktur aneignen und sich mit ihr auseinandersetzen. Auch für durch die Machtstruktur diskriminierte Personen kann das diesbezügliche Wissen an sich als Ressource dienen. Denn auf diese Weise kann der Blick auf individuelle Erfahrungen durch ein Bewusstsein bezüglich der gesamtgesellschaftlichen Machtstruktur ergänzt werden. Dies kann wiederum das Erleben, selbst etwas »falsch« gemacht zu haben, verringern (vgl. ebd., S. 34).

Im Kontext von Ressourcenorientierung und der Vergrößerung von Handlungs- und Möglichkeitsräumen ist an dieser Stelle auch die Bedeutung von Empowerment und geschützteren Räumen für Menschen mit Rassismuserfahrungen zu nennen. Viele beschreiben diese als Orte, an denen sie sich sicherer fühlen, durch den Erfahrungsaustausch Kraft schöpfen können und durch die sie spürbare Solidarität erleben (Yeboah 2017, S. 157 f.). Auf eine weitere Ausführung der Wirkmechanismen von sogenannten Schutzräumen und anderen Empowerment-Strategien wird an dieser Stelle bewusst verzichtet, da hier nicht aus einer *weißen* Perspektive über diesen Aspekt berichtet werden soll.[40] Warum dies hier trotzdem Erwähnung findet, beruht auf der Einschätzung, dass *weiße* Person und konkret *weiße* Berater*innen um die Wichtigkeit solcher Räume wissen müssen, um sie zu respektieren, dabei die eigene »Nicht-Eingebundenheit« zu akzeptieren sowie bei Bedarf im Beratungsprozess auf entsprechende Räume zu verweisen. Auch ist es wichtig sich im Sinne von Powersharing dafür einzusetzen, dass Bi_PoC sich entsprechende Räume (safer spaces) schaffen können.

6.1.4 Haltung des Nicht-Wissens

Bei der Auseinandersetzung mit der Haltung des Nicht-Wissens begegnen wir einem Paradoxon: »Insofern handelt es sich beim [anzustrebenden, Anm. d. Verf.] Nichtwissen nicht um weniger, sondern um mehr Wissen: Wissen, das Wissensrelativierung mit einschließt« (Barthelmess 2016, S. 24).

40 Weitere Ausführungen zu Empowerment finden sich in den Interviews in diesem Buch.

Für uns stellt sich an dieser Stelle die Frage, ob es für Berater*innen überhaupt erstrebenswert ist, in den oft erwünschten »intuitiven Modus« (Kriz 2013) zu gelangen, denn insbesondere für die Prozessberatung – im Gegensatz zu Fach-, Expert*innen- oder Wissensberatung – scheint es zunächst kontraproduktiv zu sein, den Expert*innenstatus zu erreichen. Hier gilt die Maxime, die Klient*innen als Expert*innen für ihre eigenen Wissensstrukturen, ihre eigene Wirklichkeitskonstruktion sowie ihr eigenes Problemlösen anzuerkennen. Dabei sollen eigene Wissensangebote und Lösungsvorschläge verweigert werden, da Berater*innen nicht die »besser wissenden« Expert*innen sein können. Wenn überhaupt sinnvoll von »Beratungsexpertise« gesprochen werden kann, so könnte man meinen, dann paradoxerweise ex negativo als Expertise des Nicht-Wissens. Wir möchten daher zunächst prüfen, worin möglicherweise die Expertise von Berater*innen besteht, welches Wissen hieran geknüpft ist und inwiefern ein bewusster Umgang mit der beschriebenen Paradoxie für Beratungsprozesse wichtig ist.

Das systemische Denken und Handeln geht von einer konstitutiven Undurchsichtigkeit innerer Landkarten, der Anerkennung der Selbstorganisation und Eigenlogik von Systemen sowie der daraus resultierenden prinzipiellen Unmöglichkeit, nicht triviale Maschinen (von Foerster 1998) instruieren zu können, aus. Berater*innen und Klient*innen bleiben zwangsläufig füreinander nicht »verstehbar«. Wenn Menschen ihre Wirklichkeit aufgrund ihrer subjektiven Sinn- und Erfahrungswelt konstruieren, dann erscheint es wenig hilfreich, in der Beratung Ratschläge zu erteilen oder Lösungsvorschläge zu unterbreiten. Berater*innen können nicht über objektive Wissensbestände, aus denen sich in immer gleicher Weise Antworten für die Problemlagen von Klient*innen ableiten ließen, verfügen. Es liegt also nahe, Klient*innen als »Kundige« (Hargens 2016) für ihre eigene Lebenswelt anzuerkennen und darauf zu vertrauen, dass sie für sich und ihre Kontexte passende Lösungen selbst generieren.

Die systemische Perspektive trägt dementsprechend der Einzigartigkeit und Komplexität jeglicher sozialer Interaktion Rechnung und erkennt an, dass Beratungsprozesse keinem Manual folgen, sondern »jedes Mal anders« (Neumann-Wirsig 2011) sind, dass Berater*innen-Klient*innen-Systeme gefordert sind, »gleichsam immer wieder ganz von vorne« (Hargens 2011, S. 11) zu beginnen. Aus dieser Einsicht heraus hat sich als eine Grundhaltung von Berater*innen die Haltung des Nicht-Wissens entwickelt. Aus dieser Haltung entspringt eine professionelle Neugierde und Offenheit für die Geschichten, Erzählungen und Erklärungsmodelle von Klient*innen, für das, was sie erleben und wie sie es erleben, sowie für das, was sich zukünftig verändern soll. Statt vorschnell zu wissen, welcher Weg für Klient*innen der »richtige« ist – und noch viel grundlegender: ob die Beschreibungen und Deutungen die »richtigen« sind –, gilt es, sich durch eine Offenheit in der Begegnung immer wieder auf Neues einzulassen, sich überraschen zu lassen, wach und aufmerksam zu bleiben.

Berater*innen wären in dieser Hinsicht keine Wissensexpert*innen, sondern reine Expert*innen für die Prozessgestaltung, indem sie Spielräume kreieren, in denen auch schwierige und ernste Themen gemeinsam kreativ bearbeitet werden, sodass Neues und Veränderung entstehen können. Wesentlich ist dabei, sowohl die eigenen Wirklichkeitskonstruktionen als auch die der Klient*innen als kontingent zu beobachten und beständig zu hinterfragen; nur so kann ein kreatives Miteinander im Sinne von »Play«, im Gegensatz zu »Game«, bei dem es um gewinnen und verlieren bzw. um richtig und falsch geht, entstehen (vgl. von Schlippe 2008, S. 463).

Es wäre jedoch vermessen zu behaupten, dass die Prozessberatung ohne jegliches Wissen auskommt. Und hier geht es uns in diesem Buch um das Wissen von Macht, Rassismus und entsprechenden Diskriminierungen und Privilegien:

> »So kann man Arbeitsfelder der systemischen Einzel-, Paar- und Familientherapie ebenso wie das Setting der Supervision als prozessberaterische ›Spielfelder‹ in Reinform betrachten. […] Allerdings dürfen wir daraus natürlich nicht schließen, dass ein guter systemischer Therapeut oder Supervisor gleichsam ohne Wissen auskommt – im Gegenteil. Er benötigt eine Menge an psychologischem, kommunikationstheoretischem, therapeutischem Wissen, das seinem Prozesshandeln zugrunde liegt. Seine anregungsreichen Fragen, die Auswahl von Methodik sowie die jeweils eingeschlagenen Fokussierungen im Beratungsprozess basieren auf einer Hypothesenbildung, die sich innerhalb des psychischen Systems des Beraters ›im Stillen‹ vollzieht. Damit gründet sich systemische Prozessexpertise letztlich auch auf fachlichem Wissens-Know-how sowie auf einem breiten Erfahrungswissen« (Barthelmess 2016, S. 30).

Als Erweiterung zu den psychologischen, kommunikationstheoretischen und therapeutischen Wissenskomplexen zählen wir unbedingt das Wissen um gesellschaftliche Machtverhältnisse als Teil gesellschaftlicher Rahmenbedingungen, in denen Beratung stattfindet.

Gerade im Hinblick auf eine prozessberaterische Expertise geht es dabei nicht nur um das inhaltliche Wissen, sondern explizit um das Wissen, dass und auch wie gesellschaftliche Machtverhältnisse Prozesse beeinflussen. Dies schließt an erster Stelle auch das Wissen um die eigene Positioniertheit in diesen Machtverhältnissen mit ein, zum Beispiel in Form einer kritischen Auseinandersetzung mit den eigenen Privilegien und der Betrachtung eigener rassistisch sozialisierter Anteile (siehe Kap. 7.1).

Die angesprochene Wissensrelativierung sollte sich im Kontext rassistischer Machtverhältnisse vor allem auf die bewusste und selbstkritische Relativierung »*weißer* Wissensbestände« beziehen, die häufig mit dem Prädikat »objektiv« versehen werden, wenn es um Be- und Zuschreibungen vermeintlicher Herkünfte oder »kultureller« Zugehörigkeiten geht. Gerade hier läuft das häufig beschworene Erfahrungswissen und der »intuitive« Modus Gefahr, sich selbst unkritisch zu reproduzieren und einer Reflexion zu entziehen. Gleichzeitig besteht in der beständigen Relativierung von Wissenskonstruktionen der Klient*innen im Kontext von Rassismus und Diskriminierung ein hohes Reproduktionsrisiko, da beispielsweise die Feststellung oder Benennung eigener Rassismuserfahrungen relativiert und abgesprochen wird.

Nehmen wir die Haltung des Nicht-Wissens wörtlich, muss akzeptiert werden, dass *weiße* Berater*innen im Zusammenhang mit Rassismus kein Erfahrungswissen über die eigene negative Betroffenheit von Rassismus haben können und ihnen gegenüber Klient*innen mit Rassismuserfahrungen nicht die Deutungshoheit obliegt, ob nun beispielsweise etwas rassistisch sei oder nicht. Vielmehr ist es grundlegend für eine macht- und rassismuskritische Auseinandersetzung, dass das Wissen um gesellschaftliche Machtstrukturen und deren Auswirkungen – sowohl auf die eigenen Wissensbestände als auch auf den Beratungsprozess – nicht dem Bereich des angestrebten Nicht-Wissens zugeordnet, sondern explizit als Teil der Beratungsexpertise definiert wird.

6.2 Interkulturelle Ansätze unter rassismuskritischer Perspektive

Vor dem Hintergrund der Realitäten in einer heterogenen Gesellschaft entwickelten sich auch im deutschsprachigen Raum sogenannte »interkulturelle« Ideen, Herangehensweisen und Ansätze bezüglich Systemischer Beratung (z. B. Hegemann u. Oestereich 2009; Abdul-Hussain u. Baig 2009; Pirmoradi 2012; Nazarkiewicz u. Krämer 2013). Diese sollen dabei helfen, in Beratungssituationen mit Menschen arbeiten zu können, die von den Berater*innen als kulturell *Andere* wahrgenommen werden. Dabei spielen häufig unterschiedliche Faktoren eine Rolle: zum Beispiel ob Menschen eher kollektivistisch oder individualistisch sozialisiert worden sind, wie sie zu Gleichberechtigung und sexueller bzw. geschlechtlicher Vielfalt stehen sowie ob sie religiös sind oder nicht.

Rassismus, Diskriminierung und entsprechende Machtverhältnisse finden in diesen Ansätzen unterschiedlich Erwähnung. Für die einen scheinen sie nur marginal von Bedeutung zu sein, für andere nehmen sie eine wichtigere Rolle ein. So sprechen beispielsweise Nazarkiewicz und Krämer (2013, S. 25) von einem »transkulturellen Vorgehen«. In diesem Sinne »[reflektiert] transkulturelles Arbeiten [...] Machtverhältnisse, ihren Einfluss auf die Identitätsentwicklung und soziale Positionierung der Individuen« (ebd., S. 25). Nazarkiewicz (2016) schlägt vor, den Begriff der »Interkulturalität« durch den der »Kulturreflexivität« zu ersetzen. Auch Pirmoradi (2012, S. 51 ff.) verweist in seinem Buch zu »interkultureller« Familientherapie und -beratung auf postkoloniale Ansätze.

Generell scheint es jedoch so, dass »Kultur« als Dreh- und Angelpunkt verstanden wird, entsprechende Klient*innen dabei häufig primär durch einen »Kulturfilter« betrachtet und weniger als eigenständige Individuen wahrgenommen werden und dass mit der Verwendung des Begriffes »interkulturell« eine Zurückhaltung einhergeht, Rassismus- und Diskriminierungsverhältnisse klar zu benennen bzw. sich mit deren Einfluss auf Beratungskontexte entsprechend auseinanderzusetzen. Im Fokus stehen die vermeintlich in sich homogenen »Kulturen«, die (scheinbar gleichberechtigt) aufeinandertreffen und zwischen denen es zu vermitteln gilt. Ein Beispiel für die Dethematisierung von Machtverhältnissen ist auch der Veranstaltungsflyer[41] des DGSF-Fachtages »Flucht, Migration und Demokratie. Chancen und Herausforderungen aus systemischer Perspektive«, der im Mai 2019 in Chemnitz stattgefunden hat und unter anderem von der DGSF-Fachgruppe »Interkulturelle Systemi-

41 Abzurufen unter https://www.dgsf.org/aktuell/termine/termine/flucht-migration-und-demokratie [25.08.2019]

sche Therapie und Beratung« ausgerichtet wurde. Ungeachtet dessen, was auf der Veranstaltung besprochen wurde, werden hier in der Ankündigung weder die Begriffe Rassismus oder Diskriminierung verwendet noch auf entsprechende gesellschaftliche Machtverhältnisse hingewiesen. Dies wäre aus rassismuskritischer Perspektive gerade bei dieser Themensetzung wünschenswert und zu erwarten.

Die Verengung auf »Kultur« in »interkulturellen« Ansätzen, die damit einhergehende Konstruktion von und Beschäftigung mit als *Andere* konstruierten Menschen sowie die mangelnde Beachtung gesellschaftlicher Machtverhältnisse wurden bereits an verschiedener Stelle reflektiert und kritisiert, so vor allem im Bereich von Pädagogik und Bildungsarbeit (Mecheril 2010; Foitzik 2010; Brunner u. Ivanova 2015). Ein Stichwort ist die »interkulturelle Kompetenz [...], wobei diese – entsprechend dem gängigen Diskurs über Migration und Interkulturalität – häufig als Fähigkeit [...] gedeutet wird« (Brunner u. Ivanova 2015, S. 21). Das Erlangen dieser Fähigkeit soll dazu führen, mit »kulturell« als *anders* markierten Personen produktiv zu arbeiten und »erfolgreich zu agieren« (ebd.). Hier geht es vor allem um »das Wissen über kulturelle Unterschiede und Gemeinsamkeiten, das sich Professionelle [...] aneignen sollen« (ebd.). So könnten Missverständnisse und Konflikte, die – so wird suggeriert – »kulturell« begründet sind, vermieden oder für alle zufriedenstellend (auf) gelöst werden. Auch Mecheril (2010) kritisiert diese Perspektive, indem er auf drei Dinge verweist: Erstens werden bei Angeboten zu »interkultureller« Kompetenz vor allem Angehörige der Dominanzgesellschaft adressiert. Damit wird die Beschreibung von ihnen als handelnde Personen (Subjekt) und das Bild von Marginalisierten als nicht-handelnde bzw. passiven Personen (Objekt) reproduziert (ebd., S. 16 ff.). Zweitens wird – trotz theoretischen Beteuerungen eines offenen und nicht-statischen Kulturbegriffes – in der Praxis mit kulturalistisch vereindeutigenden Konzepten gearbeitet, die Kultur direkt mit Ethnizität oder Nationalität verknüpfen (ebd., S. 19 ff.; Brunner u. Ivanova 2015, S. 21 f.), dadurch Bilder und Zuschreibungen reproduzieren und von einer machtvollen Position aus Zugehörigkeiten bestimmen. Drittens kritisiert Mecheril (2010, S. 25) eine »technologische Verwertungstendenz«, die sich darin zeigt, dass »erworbene ›Kompetenzen‹ [...] als Garanten erfolgreichen Handelns in interkulturellen Situationen [gelten]« (Brunner u. Ivanova 2015, S. 22). Dabei kommen jedoch andere Faktoren, wie beispielsweise Situationskontexte oder nicht-kulturelle Aspekte, zu kurz.

»Interkulturelle« Ansätze laufen also Gefahr, mit einer Überformung durch »Kultur« andere Perspektiven und Begründungszusammenhänge aus den Augen zu verlieren und daraus folgend Zuschreibungen und Machtverhältnisse zu reproduzieren. Dies gilt es gerade auch für den Kontext der Systemischen Beratung zu beachten, was bislang aber nicht ausreichend der Fall zu sein scheint. Wie gezeigt werden konnte, stehen eben jene Reproduktionen, mit denen durch *weiß* sozialisierte Menschen Othering vorgenommen wird, dem Aufbau von Kooperation, Beratungsbeziehung und dem Anspruch, Handlungs- und Möglichkeitsräume zu vergrößern, entgegen. Kunze (2018, S. 45 ff.) schlägt für Beratungskontexte drei »Verständnisfolien« vor. Neben dem »psychologischen Bedeutungskontext« (ebd., S. 48) als erster Verständnisfolie unterscheidet er explizit den »kulturellen Bedeutungskontext« (ebd., S. 50) von einem »gesellschaftlichen Bedeutungskontext« (ebd., S. 54) als zweite und dritte Verständnisfolie. Damit bestimmt er auch auf Theorie- bzw. Modellebene einen Ort, an dem die Auseinandersetzung mit gesellschaftlichen Machtverhältnissen stattfinden soll. Gleichzeitig darf das Arbeiten mit der Verständnisfolie »kultureller Bedeutungskontexte« nicht dazu führen, dass Beratung mit dieser weiterhin – nun theoretisch und qua Modell legitimiert – Othering-Prozesse nicht reflektiert und Klient*innen machtvoll als *Andere* herstellt (vgl. Oberzaucher-Tölke 2014, S. 99), weil dies auch »leichter« und anschlussfähiger ist als die Auseinandersetzung mit beispielsweise eigenen Rassismen auf Ebene der Verständnisfolie »gesellschaftlicher Bedeutungskontexte« und Letztere somit Gefahr läuft, als pseudoreflexives Feigenblatt zu fungieren. Gerade im Kontext »Kultur« und im Zuge »interkultureller« Ansätze bedarf es eines grundsätzlichen Hinterfragens eben selbiger und einer »kontinuierliche[n] Selbstreflexion der Berater_innen und Therapeut_innen hinsichtlich ihrer persönlichen und professionellen Prägungen sowie ihrer gesellschaftlichen Positionierungen, welche nicht voneinander zu trennen sind« (ebd. 2018, S. 663). Die Selbstreflexion der Berater*innen sehen wir als eine grundlegende Komponente für eine macht- und rassismuskritische Systemische Beratung (siehe Kap. 7.1).

Interview mit Amma Yeboah

Stellen Sie sich bitte erst einmal vor und erzählen Sie etwas über Ihre Arbeit – vielleicht möchten Sie auch mit Erfahrungen aus Ihren Aus- und Weiterbildungen beginnen …

Ich heiße Amma Yeboah und habe in Berlin Humanmedizin studiert. Im Studium ist mir relativ früh aufgefallen, bereits in der Vorklinik, zum Beispiel im Kursus der Anatomie, dass nur bestimmte Menschenkörper als wichtig erachtet werden und vorkommen. Wissenswert waren stets Details über den männlichen Körper. Ich wurde ausführlich über die Anatomie und Funktionsweise der männlichen Genitalien geprüft, obwohl ich im Kurs am weiblichen Körper präpariert habe. Bei Vorstellungen von Studienergebnissen war ebenfalls auffällig, dass fast ausschließlich männliche Probanden untersucht wurden. Mir wurde also bewusst, dass das vermittelte Wissen möglicherweise nicht für alle Menschen gilt. Ich beschäftigte mich oft mit den Fragen: Was wird geprüft? Was gilt als Wissen? Was gilt als wichtig zu erachten? Und was ist mir wichtig? Ich habe aber auch früh gelernt, meine Beobachtungen und Fragen für mich zu behalten, denn meine Fragen und Kommentare hatten sehr negative Folgen für mich gehabt. Und dann war eine andere Sache, dass ich nicht zur Vorlesung mochte; denn dann fühlten sich Professor*innen und Dozierende genötigt, irgendwas über Afrika zu sagen. Ich schien ein Trigger zu sein für bestimmte Assoziationen. Denn ihr Afrika kannte ich nicht. Ich habe sehr lange gebraucht, um zu verstehen, dass dieses Afrika eine deutsche, vielleicht eine europäische Fantasie war. Und ich fing an, mich mit Kolonialismus und europäischem Imperialismus auseinanderzusetzen, weil ich die Dozierenden, aber auch Mitstudierenden verstehen wollte. Das war für mich ein erster Schritt, um meine Erfahrungen zu verstehen, aber auch mich selbst. Denn ich hatte damals noch keine Sprache für meine Wahrnehmung, dass das Studium nicht neutral ist, dass das Wissen nicht neutral ist und dass das Wissen tatsächlich teilweise an Identitäten und Historizität geknüpft ist, und zwar so, dass mein Wissen, meine Beobachtungen und meine Erfahrungen nicht zählen. Und ich war zu Studienbeginn sehr jung, 19 Jahre, das war eine Katastrophe. Ich wurde misstrauisch, ob ich mit dem Studium der Humanmedizin Ärztin werden würde. Ich fing parallel zum Studium eine Ausbildung zu Rassismuskritik an. Das heißt also, ich habe angefangen, was ganz anderes zu lernen, als das, was Humanmediziner*innen lernen sollten. Ich habe letztendlich nebenher Medizin studiert.

Ich war meistens dann mit Politikwissenschaftler*innen, Erziehungswissenschaftler*innen, Sozialwissenschaftler*innen im Diskurs. Und ich sprach oft mit Psycholog*innen, mit Schwarzen Intellektuellen. Zur Neuropsychiatrie bin ich mit der Frage gekommen, wie kann ich das Wissen aus der rassismuskritischen Ausbildung – ich war mittlerweile Trainerin für Critical Whiteness und Empowerment – mit der Medizin verbinden? Wie verstehe ich die *weiße* Psyche? Was ist eigentlich mit *weißen* Menschen passiert?

Ich habe mich intensiv mit der Geschichte der Psychiatrie auseinandergesetzt, aber auch mit Feminismus und Frau-Sein im deutschen Kontext. Mein beruflicher Werdegang, vor allem als Medizinerin, ist insofern ungewöhnlich, als dass er von gesellschaftspolitischen Themen gelenkt wird. Mir ist wichtig, mich immer wieder von dem zu distanzieren, was Mediziner*innen sind und darstellen.

Was sind Herausforderungen in Ihrer täglichen Arbeit heute, in dem, was Sie tun?

Da sind verschiedene Ebenen zu reflektieren, zum Beispiel als Fachärztin mit einer Patientin, einer Person mit Depression. Hier ist eine von Anfang an gegebene Hierarchie, die in Bezug auf meine Berufsgruppe eine Selbstverständlichkeit ist, die aber nicht verbalisiert wird und als neutral gilt. Und dann haben wir die Klassifikationen der Krankheiten und psychischen Störungen, die die politischen Dimensionen des Leids nicht wiedergeben. Für mich ist es eine große Herausforderung, diese Dimensionen der Erkrankung sichtbar zu machen, ohne die Patient*innen zu überfordern. Und gleichzeitig ist es für mich wichtig, diese Dinge sichtbar zu machen, damit ihr Leid eine soziale Dimension bekommt, dass sie nicht als Individuen ganz alleine alle Lösungen finden müssen. Aber auch, um sie zu empowern, um zu sagen: Ja ich habe Mitspracherecht, ob ich ein Medikament einnehme oder nicht. Das zu integrieren in die ärztliche Praxis, das ist eine ganz, ganz große Herausforderung.

Als Dozentin ist es mir viel wichtiger, dass die Studierenden Fragen stellen und entwickeln, als dass sie Antworten bekommen. Die Lehre, das Lernen, die Praxis und die Forschung möchte ich stets verbunden sehen. Auch das ist eine große Herausforderung.

Ich leiste Empowerment-Arbeit, häufig nach dem Bottom-up-Prinzip, aber ich denke, das reicht nicht. Empowerment-Arbeit nutzt wenig, wenn sich die Machtstrukturen nicht ändern. Und solange *weiß* sozialisierte männliche Personen in Machtposition niemals ihre Position infrage stellen müssen, ist Empowerment-Arbeit meines Erachtens wenig nützlich. Empowerment muss gezielt Menschen in Führungspositionen involvieren, damit diese machtkritisch agieren können. Auch das ist eine große Herausforderung.

*Was halten Sie überhaupt davon, dass wir aus einer weißen Position und aus einer Professionssicht heraus, als Systemische Berater*innen, dass wir uns mit diesem Thema überhaupt auseinandersetzen?*

Ich halte das für sehr wichtig. Wenn sich irgendeine Person mit Rassismuskritik auseinandersetzen sollte, dann zuallererst der *weiße* Mann. Schließlich waren es *weiße* Männer, die mit ihrer Philosophie und Wissensproduktion Rassismus als Wissenschaft und gesellschaftspolitisches Instrument etabliert haben. Sie haben am meisten vom Rassismus profitiert und sollten sich mit dem Aufgewühlt-Sein und dem Nicht-Verstanden-Sein auseinandersetzen. Auch weil sie nämlich diejenigen sind, die heute noch am meisten privilegiert sind – also wenn sie christlich sozialisiert, hetero-normativ, CIS-männlich, *able bodied*, gebildet ... und wenn sie noch einen Lohn für ihre Beschäftigung erhalten – es kommen ja noch die anderen Machtdimensionen hinzu. Ich denke, wenn nicht sie, wer dann sonst? Sie sitzen nämlich in den Schlüsselpositionen – vor allen Dingen auf der edukativen Seite. Ich finde, *weiß*-männliche Personen unterschätzen auch ihre Wirksamkeit. Sie sind wirkungsmächtig. Warum? Weil sie als Autoritätsfiguren gelten. Nicht nur, dass sie die rassismuskritische Arbeit leisten sollten, sozusagen als Politik, als Community-Work für die Gesellschaft. Sie sind aber auch genau die Personen, die sich Gehör verschaffen können. Und ich denke, *weiß* sozialisierte männliche Personen verpassen gerade diese Chance, unsere Gesellschaft positiv zu verändern, wenn sie schweigen.

Es geht ja erst mal überhaupt um das eigene Wissen, um die eigene Positionierung innerhalb der Gesellschaft, um so etwas wie eine Selbstreflexivität einerseits, aber andererseits – und das ist für mich tatsächlich wichtiger – auch zu schauen, wie wir mehr Gerechtigkeit herbeiführen können. Wir sehen, dass Wissen dort akkumuliert, wo es produziert wird, dass dieses Wissen nicht verteilt wird. Auch das Wissen ist Kapital. Und da denke ich, dass gerade Menschen wie Sie dann auch diese Arbeit leisten sollen im Sinne der Bildungsarbeit. Weil eben genau Ihre Position Ihnen diese Privilegien verschafft, diese Mehrperspektivität. Und Sie sind als *weiße* Männer effektiver und wirksamer in Ihrer Bildungsarbeit. Und wenn Sie dabei – und das ist auch wichtig – Allianzen schaffen, in

Solidaritäten gehen, gerade mit den Stimmen und die Positionen, die in der Gesellschaft keine Wirkmächtigkeit haben, hat die Idee der Gerechtigkeit mehr Chancen.

Das beschreibt ja auch so ein bisschen die Idee von Powersharing?

Genau. Und das heißt, wie Toni Morrison zum Beispiel sagt, dass wenn ich in Akademia sitze und ich tatsächlich Gehör in der Gesellschaft habe, sollte ich mich auch fragen, wie nutze ich meine Position als Tool, um diese Mauer der gesellschaftlichen Dominanzverhältnisse zu durchbrechen? Und ich glaube, das ist ein ganz, ganz kritischer Punkt bei *weißen* Menschen, dass dann irgendwann dieser Ruhm und diese Machtposition sehr verführerisch werden. Sie glauben dann, sie hätten sich das Ganze verdient, erarbeitet, ganz alleine. Und dann ist keine Motivation da, diese Macht zu teilen oder gar zu benennen. Sie tun so, als wäre die Machtposition eine individuelle Leistung. Sie könnten sich aber fragen: Von wem habe ich diese Position, was sind meine Bezugspunkte, von wem habe ich eigentlich dieses Wissen? Das wird oft verschwiegen, und gerade Frauen, insbesondere Schwarze Frauen, ärgern sich darüber, dass ihre Wissensproduktion ihnen keine gesellschaftliche Autorität verleiht. Und dann ist die Frage: Inwieweit sind Sie bereit, das Risiko einzugehen, über ihre Dominanzposition zu sprechen? Damit gerieten Sie in ein Gefecht mit anderen *weißen*, männlichen Personen, die dann Sie nicht nur als Superstar, sondern ...

... als Mahner oder als kritische Perspektive, als selbstreflexive ...

Genau, denn wenn ich als Schwarze Frau mit *weißen* Männern kooperiere, bekomme ich Backlash – von *Weißen* sowieso, aber auch von Schwarzen. Denn Schwarze Räume sind für mich in diesem Kontext Energie-Quellen, die ich unbedingt erhalten möchte. Aber wenn es gerade d o r t brennt, dann ist das sehr schwer. Die Frage ist, sind Sie als *Weiße* bereit, durch rassismuskritische Arbeit Ihre *weißen* Räume zu riskieren?

Wenn Sie meinen Forschungsbereich betrachten – ich beschäftige mich mit Geschlechter-Medizin, Rassismus in der Medizin und den psychischen Folgen für die Gesundheit sowie intersektionaler Medizin. Das Forschungsfeld ist in Deutschland noch nicht angekommen. Was bedeutet das? Es bedeutet zusätzliche Bildungsarbeit, um mir Wissen anzueignen, das für meine Praxis wichtig ist, in der medizinischen Ausbildungs- und Weiterbildungsordnung jedoch nicht vorkommt. Einerseits um in dem Gesundheitssystem bestehen zu können, als Schwarze

Frau, und andererseits um Tools zu entwickeln, als Fachärztin, um das Versorgungssystem zu analysieren. Und dann die dritte Ebene: um die Systeme zu durchschauen und Strategien zu entwickeln, Barrieren abzubauen. Und das ist die Extraarbeit, die Schwarze Frauen leisten müssen. Und *weiße* Männer machen Interviews und schreiben darüber.

Es ist ein Privileg von weißen Männern, sich selber aussuchen zu dürfen, ob ich mich mit Sexismus und Rassismus auseinandersetzen möchte.

Und jetzt spricht die Psychiaterin: Diese Sache mit Privilegien kann so oder so gesehen werden. Ich sehe das ein klein bisschen anders. Also, ich stimme Ihnen zu, das ist der Inhalt der Definition von *weißen* Privilegien, Eske Wollrad zum Beispiel sagt: »Eine weiße Person – also per Definitionem – ist eine Person, die sich nicht mit Rassismus auseinandersetzen muss.« Ich finde es wichtig, *weiße* feministische Beiträge aus dem deutschen Kontext zu analysieren, weil sie eine ganz einmalige Sichtweise auf Rassismus haben. Das ist sozusagen d a s *weiße* Privileg schlechthin. Ich bin mir nicht sicher. Aus psychiatrischer Sicht glaube ich, dass dieser Diskurs in dem Kontext, wenn es um Privilegien geht, ein bisschen zu einseitig geführt wird. Denn *weiße* Personen zahlen neben den zahlreichen Privilegien sehr wohl enorme Kosten für den Rassismus, den sie genießen. Diese sind nur häufig unsichtbar. Wenn Sie in der Psychiatrie gearbeitet hätten, dann würden Sie verstehen, welche Kosten *weiße* Personen aufbringen müssen, um den Rassismus aufrechtzuerhalten. Sie zahlen sehr viel. Sie zahlen zum Beispiel für dieses kategoriale Instrumentarium der Pathologie. Was gilt als normal?

Denn die *weiß* sozialisierte Person wurde ja nicht *weiß* geboren, sie muss sich erst das *Weißsein* aneignen. Und dieses *Weißsein* muss sie trainieren. Durch ihre Sozialisation hindurch gibt es Wissensbestände, die sie sich aneignen muss, ob sie es will oder nicht, und es gibt Performance-Druck, dem sie unterliegt, ob sie es will oder nicht, um eben in der *weißen* Position sitzen zu können und zu dürfen. Und das heißt, es gibt Impulse, die sie unterdrücken muss, und das ist auch ein Preis, den sie zahlt. Es gibt Beziehungen, die sie vernachlässigen oder erst gar nicht eingehen darf. Das ist auch ein Preis. Und es gibt viele Wissensbestände in unserer Gesellschaft, die sie ablehnen muss, um eben dazuzugehören, zu funktionieren. Das sind enorme Kosten, gerade wenn wir überlegen, wie die Wirtschaftskrise zustande kam: Was machen diese *weißen* Männer da?

Wenn Patient*innen vor mir sitzen und sagen: »Ich bin gar nicht verrückt, ich weigere mich morgens um 6 Uhr aufzustehen und den ganzen Tag zu ackern, um am Ende des Monats 1200 Euro auf dem Konto zu haben, ich bin doch nicht bescheuert.« Das ist eine Aussage. Und das heißt die Ablehnung des Systems wird pathologisiert, die Person gilt als verrückt.

Es gibt eine ganz interessante Analyse von Thandeka; das Buch heißt »Learning to be white«; ich glaube, es ist ins Deutsche übersetzt worden. Dieses Buch ist für meine psychiatrische Tätigkeit sehr wichtig. Wenn Menschen erstmalig erfahren, dass sie psychisch krank sind – das waren auch Momente, in denen sie nicht das machen, was von ihnen verlangt wird, in denen sie einen anderen Weg gehen wollen. Die Pathologisierung von Verhalten ist ein ganz wichtiger Aspekt von *Weißsein*, und sie wird antrainiert. Aber dieses Training zum *Weißsein* wird als Normalität gekennzeichnet. Und diese Normalität, die ein Bewusstsein von einer Norm ergibt, die mich unfähig macht, mich selbst im Bezug zu sogenannten anderen zu betrachten, mich in globalen Zusammenhängen zu sehen ... Ich finde nicht, dass das ein Privileg ist.

Sie haben ja auch schon in Ihren Veröffentlichungen die psychischen Auswirkungen thematisiert. Welche möchten Sie hier noch einmal fokussieren?

Also ich bleibe bei einer *weiß* konstruierten Psyche, die sich als Norm versteht. Das heißt, es ist nicht so, dass die *weiß* sozialisierte Psyche lernt: Ich bin *weiß*, sondern die Botschaft ist: Ich bin normal. Dieser Prozess der *weißen* Konstruktion erfolgt durch alltägliche klitzekleine Informationsbestandteile, die aber am Ende des Tages – nach 18 Jahren auf jeden Fall – eine enorme Festigkeit haben. Das ist die eine Ebene. Eine andere Ebene ist, dass die *weiße* Psyche grundsätzlich auch konstruiert ist, um ein guter Mensch zu sein. Das heißt: »Ich lehne keine Menschen ab, ich bin höflich, ich bin freundlich, ich bin nett.« Und wenn diese Psyche nun lernen soll, in einem System wie unserem: »Es gibt Sexismus, es gibt Klassismus, es gibt Rassismus, es gibt Transphobie, es gibt Kapitalismus ... Es gibt so viele Unterdrückungsverhältnisse«, dann ist die Botschaft der Psyche mit der gesellschaftlichen Realität nicht vereinbar. Die *weiße* Psyche muss sich schützen, indem sie sagt: »Ich bin aber ein guter Mensch, und als guter Mensch kann ich gar nicht rassistisch sein, ich kann nicht sexistisch sein, ich kann nicht ›böse‹ sein.« Es ist sehr schwierig, die eigenen Anteile im *Weißsein* als Unterdrücker zu sehen. Martin Luther King Jr. wird oft mit dem Satz zitiert: »In the end we will remember not the words of our enemies, but the silence of our friends.« Denn es ist das Schweigen der Mehrheit, das die Aggressivität und den Terror in der Gesellschaft legitimiert. Diejenigen, die schweigen, glauben, dass, wenn sie schweigen, dass sie neutral sind, und das ist die Krux. Zu schweigen oder passiv zu sein, ist das Beste, was Rassismus passieren kann, um fortzubestehen. Die schwierigste Arbeit ist tatsächlich, der *weiß* sozialisierten Person zu vermitteln: Du bist nicht normal, du bist *weiß*. Das ist schwer und da fließen die meisten Tränen.

Ist diese Perspektive auf weiß sozialisierte Menschen so etwas wie das Gegenteil oder das Gegenüber von Othering-Prozessen?

Für die Schwarz sozialisierte Psyche ist es nicht verständlich, dass eine Person, die als intelligent, als universell, als Wissensproduktionszentrum gilt, nicht wissen kann, dass sie Rassismus mit ihrem Tun und Dasein unterstützt, weil das für die Schwarz sozialisierte Psyche so o f f e n s i c h t l i c h ist. Weil die Schwarze Sozialisation komplexer abläuft. Die Schwarze Psyche weiß um das *Weißsein*, und weiß gleichzeitig um das Schwarzsein und muss sich mit diesen Parallelprozessen behaupten. Das ist eine Komplexität an Wissen, zunächst an nonverbalem Wissen. Die Schwarz sozialisierte Psyche muss eine Theory of Mind besitzen über die *weiße* Person und muss im Voraus denken, mehrere Schritte im Voraus planen, allein um zu überleben. Wenn Ressourcen knapp sind, führen diese Prozesse zur chronischen Erschöpfung und gelegentlich zur Ohnmacht. Bei ausreichenden Ressourcen entwickelt die Schwarze Psyche enorme Kompetenzen. Schwierig wird es dann bei Interaktionen mit der *weißen* Person, denn aufgrund der Komplexität der eigenen Wahrnehmung wird es schwierig anzuerkennen, dass die *weiße* Psyche eben nicht so tickt, dass sie in Normen und universellen Gedanken verhaftet ist. Dieser Umstand der unterschiedlichen Wahrheiten ist die Basis für die Argumente über Rassismus.

Müssten eben diese Auseinandersetzungen dann nicht Kriterium der Professionalität sein?

Nun, die *weiße* Psyche sieht von sich aus keine Notwendigkeit der Auseinandersetzung mit *Weißsein*, denn sie versteht sich ja als normal. Und für die Schwarze Psyche ist das Fehlen eben dieser Auseinandersetzung ein wichtiges Ausschlusskriterium für die Begegnung; wie soll da ein Dialog und eine Verbindung entstehen? Und das ist ja das, gerade in der Psychotherapie, was Schwarze Klient*innen dazu bewegt, die therapeutische Begleitung abzulehnen und die Therapie abzubrechen. Sie sagen: »Wir gehen nicht dahin, wir wollen Schwarze Therapeut*innen.« Es gab diesbezüglich in den letzten drei bis fünf Jahren viel Aktivismus in Deutschland. Ich glaube, dass es für die *weiße* Professionelle ein

Schmerzpunkt ist, als unreflektiert wahrgenommen zu werden, das ist eine tiefe Verletzung der *weißen* Person, denn sie gilt ja als universell professionell, kann sie doch j e d e r P e r s o n professionell begegnen. Diese *weiße* Mauer ist nicht ganz starr und dicht, sondern porös. Es kommen immer wieder Elemente an Informationen durch, die irgendwie vermitteln, gerade in der Begegnung mit Schwarzen, dass irgendwas nicht ganz stimmen kann. Und dann ist die Sache mit der Geschichte. Da haben *weiße* Vorfahren viel Scheiße gebaut, Verbrechen an der Menschlichkeit, systematische Entmenschlichung, Genozide. Die Vorfahren haben sich so krass verhalten, wer will sich mit ihnen identifizieren? Aber gerade sitze ich in einer so bequemen Position, dass ich es gar nicht machen muss. Verdammt noch mal, warum muss ich mir diesen Stress machen? Drei Elemente, die auf jeden Fall sehr hinderlich sind, sich mit dem eigenen *Weißsein* auseinanderzusetzen. Das bedeutet, *weiß* sozialisierte Berater*innen brauchen Begleitung, um eben durch diesen Schmerz durchzugehen. Wir können nicht so tun, als könnten sie das irgendwie reflektieren, und dann ist alles gut. Die Fundamente unserer Wissenschaft basieren eben auf Kolonialismus. Und bis *weiße* Personen gelernt haben, genau hinzugucken und miteinander zu sprechen und sich zu fragen: Was haben wir eigentlich davon? Oder: Was haben wir geerbt? Welche Bedeutung hat das für uns, nicht nur politisch, sondern auch für unsere Psyche? Schwierig. Also wir können solche Fragestellungen nicht nur auf akademische Art betrachten.

Und auch hier geht es wieder um Macht und Deutungshoheit ...

Es ist sehr leicht, das Wort Macht in den Mund zu nehmen. Ich denke eher Entscheidungsmomente, wenn ich diesen Begriff verwende. Ich stelle zum Beispiel die Frage: Welche Motivation hat eine *weiße* Psyche, diesen Weg zu gehen? Und ich führe solche Interviews, wie zum Beispiel jetzt mit Ihnen. Das meiste, was ich schreibe, publiziere ich nicht, denn für mich ist das Schreiben ein Bedürfnis, meine Welt zu verstehen. Und ich habe viele solche Gespräche geführt, unter anderem mit meinen *weißen* Co-Trainer*innen, die sich ja auch genau auf diesen Weg begeben haben, ihr *Weißsein* zu dekonstruieren, Bildungsarbeit zu leisten, politisch antirassistisch zu handeln. Ich habe die konkrete Frage gestellt, gerade wenn sie Prototypen sind – ich muss das erklären: »Prototyp« ist für mich die Person an der Spitze der Privilegien. *Weiß*, männlich, heteronormativ, cis-Gender, christlich, hellhäutig, großer männlicher Körper, able bodied, also ohne körperliche Behinderung, hohe Bildung, meritokratisch zertifiziert, sportlich, gut aussehend, mehrsprachig ... Das

Privileg-System ist für die Prototypen geschaffen. Es gibt sehr wenige Prototypen, aber entscheidend ist tatsächlich, dass alle danach streben, Prototypen zu werden oder aber an seine Privilegien zu gelangen. Die Frage ist: Wie kann ich meine Psyche motivieren, sich für Solidarität zu entscheiden, anstatt den Prototypen nachzueifern? Wie können Prototypen Solidarität entwickeln?

Es könnte den Vorwurf geben, sich wieder mit den weiß sozialisierten Männern auseinanderzusetzen und eben nicht mit den Menschen, die entweder Teil dieser verschiedenen Diskriminierungssysteme sind oder wie auch immer Betroffene sind. Man könnte also wieder eine Reproduktion vorwerfen ...

Für mich gibt es im System Rassismus und in all den anderen Unterdrückungssystemen keine »die Betroffenen« und »die Nicht-Betroffenen«. Wir sind alle betroffen. Und zwar aus einem ganz einfachen Grund: Rassismus macht etwas mit meiner Psyche und etwas mit Ihrer Psyche. Und so sind wir alle involviert. Wir sind anders involviert, wir sind unterschiedlich involviert, aber wir sind alle involviert. Und das, was wir Privileg nennen, besteht schlicht und einfach darin, dass Sie vielleicht die Möglichkeit haben – es muss nicht sein, aber Sie haben die Möglichkeit – gelegentlich zu entscheiden, dass Sie heute mal wegschauen und so tun, als wären Sie normal und hätten nichts mit der Ausbeutung und dem Terrorismus in unserer Gesellschaft zu tun. Das ist für mich der Kern des *weißen* Privilegs.

Nicht in der Lage zu sein, Zusammenhänge zu erkennen. Nicht in der Lage zu sein, trotz massivem Reichtum, die Gesellschaft so zu gestalten, dass alle in Frieden miteinander leben. Welches Land hat so viel Reichtum wie Deutschland? Und wir schaffen es nicht, mit all den tollen *weißen* Männern. Wie kann es sein? Das ist kein Privileg, absolut nicht.

Wenn wir nicht an diesen Kernpunkt gehen, dass wir alle im System Rassismus involviert sind, werden wir Rassismus immer wieder reproduzieren. Und das muss nicht so sein. Dieser Blick nach rechts ist aus meiner Perspektive nicht notwendig. Schauen Sie sich die Prototypen an, die schönen *weißen* Männer, mit ihren Ressourcen, ihrer Energie. Sie basteln Plakate und gehen auf die Straßen, sie demonstrieren für eine gesunde Umweltpolitik, sie wollen das N-Wort nicht hören. Sollen ausgerechnet sie keine Verantwortung für den Abbau von Rassismus übernehmen? Ich habe die Hoffnung, dass sie es besser machen als ihre Vorfahren, dass sie sich für mehr Menschlichkeit einsetzen. Für sie lohnt es sich, dass wir dieses Gespräch führen.

Und als letzte Frage, und das passt eigentlich vom Verlauf her zu dieser Hoffnung, diesen optimistischen Aspekten. Wir haben uns gedacht als systemische Frage die Wunderfrage zu stellen: Was wäre morgen anders, wenn heute Nacht ein Wunder passiert?

Wenn wir es schaffen könnten, uns authentisch als Menschen zu begegnen mit all den Facetten, die wir haben, bzgl. unserer Geschichte, unserer verschiedenen Realitäten, Wahrnehmungen. Wenn wir es schaffen, uns zu begegnen, uns gegenseitig darauf hinzuweisen: unsere Wahrnehmungen sind unterschiedlich, wir sind vielfältig unterschiedlich, wir sind vielfältig unterschiedlich verwundert. Und gleichzeitig die Empathie-Fähigkeit bewahren, dass wir in der Lage sind, die Katastrophen der Geschichte, unserer gemeinsamen Geschichte zu überwinden. Dass Sie so sein können wie Sie sind und ich auch. Dass wir die Ressourcen teilen können. Ohne dass wir uns gegenseitig vernichten müssen. Dass wir auf das Überleben unserer Umwelt achten können ... Das wäre ein Wunder.

7 Komponenten einer systemischen macht- und rassismuskritischen Praxis

»Erstens: Vergiss, dass ich Schwarz bin.
Zweitens: Vergiss nie, dass ich Schwarz bin.«[42]

Pat Parker (1978)

Vor dem Hintergrund der bis hierhin angestellten Überlegungen werden Vorschläge und Ideen für eine systemische, macht- und rassismuskritische Praxis skizziert. Dabei wird explizit von einzelnen Komponenten gesprochen, um an dieser Stelle keine Abgeschlossenheit zu suggerieren und die notwendige Offenheit für weitere Überlegungen, Ergänzungen, Reflexionen und Kritik zu verdeutlichen. Im Folgenden legen wir den Fokus auf die nachfolgenden Komponenten:

1) Selbstreflexion der Berater*innen und Überprüfung eigener Haltung/Perspektiven
2) Reaktionen, um auf von Beratungsnehmenden geschilderte Rassismus- und Diskriminierungserfahrungen einzugehen
3) Sichtbarmachen von Rassismus und möglichen Diskriminierungshintergründen
4) Auseinandersetzung mit Macht- und Rassismuskritik als Bestandteil des Professionalisierungsprozesses.

7.1 Selbstreflexion der Berater*innen und Überprüfung eigener Haltung/Perspektiven mithilfe des Inneren Teams

Als grundlegende Komponente einer systemischen, macht- und rassismuskritischen Praxis sind die Selbstreflexion der Berater*innen und die ständige Überprüfung eigener Perspektiven und Haltungen maßgeblich. Dazu bedarf es zunächst explizites Wissen über Rassismus und Diskriminierung im Sinne gesellschaftlicher Machtverhältnisse, über die möglichen Auswirkungen auf davon negativ betroffene Menschen und über die eigene Positioniert- und Verstricktheit

42 Im englischen Original: Parker (1978), hier zitiert in der deutschen Übersetzung aus Foitzik (2008, S. 10).

innerhalb dieser Verhältnisse. Eine erste Frage könnte hier also sein: Habe ich mich bisher damit auseinandergesetzt, und über welches Wissen verfüge ich diesbezüglich? Auch wenn beispielsweise die DGSF (2016) und die SG (2017) in ihren Ethik-Richtlinien diese Themen benennen (siehe Kap. 6.1.2), kann nicht davon ausgegangen werden, dass dieses Wissen und entsprechend kritische Perspektiven grundsätzlich vorhanden sind.

Um als Berater*innen in einen entsprechenden Reflexionsprozess einzusteigen, sehen wir es als grundlegend, dass sich *weiße* Personen mit ihren Privilegien innerhalb rassistischer Machtverhältnisse auseinandersetzen. Dies kann zum Beispiel in selbstorganisierten Critical Whiteness-Gruppen geschehen, in denen sich mit anderen *weißen* Menschen zu diesem Thema auseinandergesetzt wird, ohne dass Personen mit Rassismuserfahrungen durch diesen Prozess erneut Gewalt erfahren. Für Personen, die Machtstrukturen als solche anerkennen und intensiver in die Auseinandersetzung mit sich selbst und der eigenen Positioniertheit einsteigen wollen, sehen wir in der und Arbeit mit dem Inneren Team eine gute Möglichkeit.

Innere Dialoge repräsentieren sich widersprechende Bedürfnisse in einer Person. Die Arbeit mit dem Inneren Team ist eine Möglichkeit, diese zu erkennen und anzuerkennen. In einer macht- und rassismuskritischen Reflexion geht es darum, das bis dato unhinterfragt Sozialisierte näher zu durchleuchten und im Sinne des Inneres Teams die dahinterliegenden Bedürfnisse – nun als bewusste Teammitglieder – zu erkennen. In der Regel sind es nämlich versteckte Bedürfnisse, die uns in schwierigen Situationen »leiten«, die unsere Entscheidungen beeinflussen – Innere Stimmen, die sich im Inneren Dialog nicht zu Wort melden, sondern die sich hinter anderen »Wortführenden« verstecken. Oft sind es Bedürfnisse, von denen wir erschrocken sind, wenn wir sie im Laufe einer Arbeit mit dem Inneren Team wahrnehmen: vielleicht ein eigener Machtwunsch, ein »Beherrschen-Wollen«, ein »Genießen-Wollen« von Privilegien, ein »Nicht-Hinterfragen-Wollen« oder auch das Bedürfnis moralisch »gut« zu sein. Diese Bedürfnisse werden als Innere Stimmen wahrgenommen. Sie sind »Ich-Zustände«, die phänomenologisch nicht mehr als ein kohärentes System gelten, sondern als unteilbar postuliert werden. Sie sind das psychologische Atom. Innerhalb der Analyse Innerer Dialoge (als einem Konzept Innerer Multiloge) geht es nun darum, diese Atome ausfindig zu machen und ihre Energie für die

Gesamtpersönlichkeit zu verstehen. Es geht also um die Beziehung und Wertung dieser grundlegenden, existenziellen Bedürfnisse.

Diese Bedürfnisse können sich in Gefühlen, in unterschiedlichen und sich widersprechenden Gedanken, in Ahnungen, psychosomatischen Krankheiten, Stimmungen, Süchten, heimlichen Wünschen (zum Beispiel anderen zu gefallen oder anderen zu genügen), spontanen Impulsen und in vielen anderen Gesichtern ausdrücken. Diese alle werden innerhalb der Analysen Innerer Dialoge als Persönlichkeitsaspekte oder synonym hierzu als Teile, Seiten oder Anteile der Persönlichkeit angesehen. In der Arbeit mit dem Inneren Team werden alle beteiligten Persönlichkeitsteile eines jeweils spezifischen Inneren Machtkampfes bzw. Inneren Dialoges ausfindig gemacht und in ihrer Bedeutung und Funktion für die Innere Gruppendynamik gesehen. Hierbei gelten die grundlegenden Annahmen und Haltungen sowohl der Humanistischen als auch der Systemischen Beratung (Rohr 2016) – und eben auch die in den vorherigen Kapiteln beschriebenen macht- und rassismuskritischen Perspektiven.

So werden zum Beispiel in Anlehnung an eine systemische Grundhaltung alle Persönlichkeitsanteile mit ihrem grundlegenden Bedürfnis anerkannt. Erlebe ich mich selbst und andere in manchen Situationen als destruktiv, liegt die Kunst der Analysen Innerer Dialoge eben darin, diese grundlegenden Bedürfnisse *hinter* dem destruktiven Verhalten zu erkennen.

Die Arbeit mit dem Inneren Team ist in diesem Sinne kein wertendes Konzept. Wir haben ungewollte, unliebsame Anteile in uns, die nicht zu unserem »ideal self« (Rogers 2020) passen – eben zum Beispiel rassistisch sozialisierte Anteile oder abwehrende Anteile, die an gesellschaftlichen Machtverhältnissen und an den eigenen Privilegien festhalten wollen. Nun gilt es eben auch diese Anteile anzuerkennen, um dann mit ihnen kritisch zu arbeiten, Stereotype, Vorurteile, Reproduktionen, Ungerechtigkeiten zu erkennen und nun bewusster das Innere Team neu aufzustellen. Auch wenn hier die Anerkennung von diesen Anteilen zunächst paradox erscheinen mag, ist sie für uns wichtig, um eben nicht in Schuld und Scham ob dieser zu verfallen, sondern um explizit Verantwortung dafür zu übernehmen.

An dieser Stelle möchten wir darauf hinweisen, dass in der Arbeit mit dem Inneren Team – und auch grundsätzlich in macht- und rassismuskritischen Auseinandersetzungen – die Emotionen nicht unterschätzt werden dürfen. Teil(-nehmende) der Inneren Dialoge sind direkt oder indirekt die unterschiedlichsten Gefühle. Doch auch Emotionen sind im Sinne der Arbeit mit dem Inneren Team letztlich Repräsentant*innen verschiedener Bedürfnisse beziehungsweise Konsequenz der Befriedigung (wie z. B. Freude) oder Nicht-Befriedigung (wie z. B. Ärger, Angst) von Bedürfnissen unterschiedlicher Innerer Dialogteilnehmender. Aber: Die Macht über »unsere Gefühle und Leidenschaften ist viel schwächer als die über unsere Vorstellungen, und selbst letztere ist in sehr enge Grenzen beschlossen« (Hume 1982, S. 92). Aus diesem Grunde ist es sinnvoll, die Bedürfnisse *hinter* den Emotionen zu analysieren.

Innerhalb der Emotionsforschung unterscheiden Friedlmeier und Holodynski drei Emotionsparadigmata: Das strukturalistische Emotionsparadigma, in dem Emotion als spezifischer psychischer Zustand gesehen wird, das funktionalistische Emotionsparadigma, in dem Emotionen eine spezifische psychische Funktion haben, und das kontextualistische Paradigma, in dem die Emotion eine kokonstruierte psychische Funktion mit gesellschaftlicher Prägung hat (vgl. Friedlmeier u. Holodynski 1999, S. 5 ff.). Gerade letztgenannte Funktion ist mit dem Fokus auf macht- und rassismuskritische Aspekte relevant.

Im Sinne der Analyse Innerer Dialoge ist eine Emotion ein psychischer Zustand: Sie ist der Ausdruck einer Inneren Stimme, eines befriedigten oder nicht befriedigten Bedürfnisses. Eine Emotion hat aber gleichzeitig eine Funktion, und zwar eine doppelte: Sie macht auf das »dahinterliegende« Bedürfnis aufmerksam und wie es befriedigt oder aber nicht-befriedigt, ignoriert, im Inneren Team übergangen wurde bzw. werden kann.

> »Emotionen haben die allgemeine Funktion, die Handlungen des Individuums unter dem Fokus der Motivbefriedigung zu regulieren. [...] Man kann sagen, die Regulation erfolgt intrapsychisch« (Friedlmeier u. Holodynski 1999, S. 21).

Im Konzept der Arbeit mit dem Inneren Team werden die Wechselwirkungen zwischen Gedanken und Gefühlen – zwischen den unterschiedlichen Inneren Stimmen – erkannt und anerkannt. Gedanken sind demnach auch immer Bewertungsprozesse der Emotionen – vice versa.

> »Die Beobachtung, dass die Bewältigungshandlung auch auf die Emotion selbst Einfluss nehmen kann, indem sie eine Modifizierung der

> Bewertungsprozesse einleitet, – Lazarus und Folkman (1984) sprechen von reappraisals – bedeutet, dass Emotionen nicht nur die Handlung des Individuums regulieren, sondern auch umgekehrt Emotionen durch die Handlungen des Individuums reguliert werden« (Friedlmeier u. Holodynski 1999, S. 14).

Fast alle Psycholog*innen und Therapeut*innen scheinen sich einig, dass der Innere Dialog ein Wesensmerkmal des Menschen ist. Viele von ihnen haben versucht, einzelne Entitäten zu differenzieren und zu benennen. Sie ließen ihre Klient*innen in diese Persönlichkeitsteile »schlüpfen« und traten in einen Dialog mit ihnen, Perls (vgl. 1976, 1978) zum Beispiel mit seiner Methode des Leeren Stuhls und des Topdogs und Underdogs sowie Bandler und Grinder mit ihrem Neurolinguistischen Programmieren (vgl. 1982). Die Wenigsten aber beachteten die Tatsache, dass diese Persönlichkeitsteile nicht isoliert, sozusagen in einem »leeren Raum« auftreten – genauso wie Rassismus nie in einem »leeren Raum« auftritt, sondern als gesellschaftliche Machtstruktur Räume prägt und bestimmt.

Es gibt immer Persönlichkeitsanteile, die eben auf andere reagieren. So ergibt sich ein Innerer Dialog, zu dem es mindestens zwei Innerer Dialogteilnehmender bedarf. In einer Analyse Innerer Dialoge gilt es, die Kommunikation zwischen diesen Inneren Dialogteilnehmer*innen zu untersuchen und eben nicht einzelne Innere Teilpersönlichkeiten individualisiert zu »behandeln«. Wir sollten sie systemisch – d. h. hier vor allem in ihren Wechselwirkungen – betrachten.

Am ausführlichsten und am prägnantesten hat sich Schulz von Thun (1998) dieser Thematik gewidmet. Er schlägt für eine innere Konfliktbearbeitung in Analogie zu einer äußeren fünf Phasen vor. »In einer Hinsicht allerdings haben es die Klärungshelfer realer Teams leichter: Die am Konflikt Beteiligten sitzen bereits leibhaftig vor ihm[43]« (ebd., S. 147). Im Inneren Team eines Menschen sind sie zunächst oft schwer zu identifizieren, weil sie in der Vielzahl der »inneren Regungen, Gefühle, Gedanken und Körperempfindungen« existieren.

Die fünf Phasen (vgl. Schulz von Thun 1998, S. 147 ff.) im Einzelnen:

43 So der Originalwortlaut.

1) Identifikation der Kontrahent*innen: Wer ist am Inneren Dialog beteiligt? In der ersten Phase wird das Problem, der »ursprüngliche Klumpatsch« aufgelöst und in »antagonistische Energieträger« differenziert.
2) Monologische Selbstoffenbarung der Gegenspieler*innen: Was haben sie zu sagen, wofür stehen sie? In der zweiten Phase wird – am besten auf mehreren Stühlen – sich jeweils in die Kontrahent*innen »hineinversetzt« und sich alles aus eben deren Perspektive »von der Seele geredet«. Nun sollen Protagonist*innen und Antagonist*innen Namen gegeben werden.
3) Dialog: Sich auseinandersetzen und aneinandergeraten. Nun treten die Kontrahent*innen in ein Zwiegespräch. Durch diesen Dialog wird häufig erst ein negativ besetztes Image von einzelnen Inneren Teammitgliedern bewusst. Hier gilt es nach dem Preis, aber auch nach dem Gewinn – wie zum Beispiel Privilegien – genau dieser Anteile zu fragen.
4) Versöhnung und teilweise Anerkennung: Nach der Polarisierung in der dritten Phase ist die vierte Phase geprägt durch eine dialogische »Depolarisierung«. Ziel ist es, von beiden Kontrahent*innen die Botschaft zu erhalten: »Ich bin o. k. – Du bist o. k.« (vgl. Harris 2002). So zum Beispiel:

   > »Nachdem die beiden, die Zielstrebige und die Gelassene, sich deutlich ›auseinandergesetzt‹ haben und dabei auch heftig ›aneinander geraten‹ sind, ist irgendwann vielleicht/hoffentlich der Zeitpunkt gekommen, wo sie die gegenseitige Verachtung und Erbitterung überwinden können und einander als wichtige und vollwertige Ergänzungspartner anerkennen können« (Schulz von Thun 1998, S. 151).

5) Teambildung: Das Selbst leitet nun die Teamkonferenz und macht mit den nun kooperativen Teammitgliedern Vereinbarungen zur konstruktiven Lösung des Problems aus.

Gerade für eine macht- und rassismuskritische Selbstreflexion ist die erste Phase, also die Identifikation der Anteile, sehr bedeutsam, da eine rassistische Sozialisation die Nicht-Beachtung entsprechend sozialisierter Anteile impliziert. Aus einer *weißen* Position heraus werden durch die Machtstruktur zugestandene Privilegien unhinterfragt als Normalität angenommen. Dazu zählt auch das Privileg, sich nicht mit Rassismus befassen zu müssen – im Gegensatz zu Menschen, die von Rassismus diskriminiert werden. Die das »moralisch gute« Selbstbild gefährdenden Anteile werden verdrängt, und an ihre Stelle treten in diesem thematischen Zusammenhang Gefühle der Abwehr und des Widerstands, wie sie auch im Kontext von *weißer* Zerbrechlichkeit beschrieben werden (vgl. u.a. DiAngelo 2018; Amjahid 2021). Diese können sich dann beispielsweise in Reaktionen wie der Verleugnung und De-Thematisierung von Rassismus und rassistischen Strukturen, in der Bagatellisierung und Relativierung rassistischer Erfahrungen oder in der Pathologisierung von Betroffenen zeigen.

Im Kontext unseres Buches sind in der Arbeit mit dem Inneren Team folgende Fragen hilfreich:

- Was sind meine »inneren Machtkämpfe«?
- Welche Anteile in meinem Inneren Team werden nicht gesehen oder nicht gehört?
- Welche Anteile will ich nicht sehen, weil sie mir unangenehm sind?
- Welche Anteile rufen Schuldgefühle und/oder Widerstände hervor und entziehen sich deswegen einer Auseinandersetzung?
- Welche Anteile untergraben meinen Anspruch an moralische Integrität und verweigern sich dadurch einer macht- und rassismuskritischen Reflexion?

Bei jeder individuellen Arbeit mit Inneren Teams ist es – ganz im Sinne der vorherigen Kapitel dieses Buches – wichtig, dabei nie das Strukturelle zu vergessen.

7.2 Auf geschilderte Rassismus- und Diskriminierungserfahrungen reagieren

Geschilderte Rassismus- und Diskriminierungserfahrungen von Beratungsnehmenden eröffnen die Frage nach dem Umgang mit jenen Erfahrungen unter Rücksichtnahme auf Achtungszeichen hinsichtlich »üblicher« systemischer Herangehensweisen. Ein Beispiel hierfür ist das *Reframing*, welches dazu benutzt wird, Wirklichkeitsbeschreibungen zu hinterfragen, um so neue Perspektiven zu erlangen. Im Kontext von Rassismus und Diskriminierung wäre ein

Reframing kontraproduktiv, da es die Deutungshoheit der betroffenen Person infrage stellt und damit eine Reproduktion eben jener Machtverhältnisse bedeutet. Im Sinne der mehrheitsgesellschaftlichen Distanzierungsmuster (vgl. Messerschmidt 2010) würde dann in der Beratungssituation das passieren, womit Betroffene auch im Alltagserleben konfrontiert sind: Es wird zumindest der Anschein erweckt (Intention vs. Wirkung), dass Diskriminierungserfahrungen abgetan oder nicht ernst genommen und damit einer Trivialisierung und Bagatellisierung unterzogen werden (sekundäre Viktimisierung – siehe Kap 4.3). Auch würde hier eine wichtige Ressource der Beratungsnehmenden nicht erkannt werden, nämlich das Wissen um und die Benennung von Rassismus- und Diskriminierungsverhältnissen, die beispielsweise vor »ungesunden« Selbstattribuierungen schützen können. Vielmehr liegt es an den Berater*innen Position zu beziehen, indem sie zeigen, dass sie um rassistische Machtverhältnisse wissen und sich – je nach gesellschaftlicher Positioniertheit – selbstkritisch im Sinne der Eingebundenheit darin verorten (siehe Kap.6.1.1). Aus rassismuskritischer Perspektive würde dies in einem Mehrpersonensetting auch bedeuten, Position für die davon berichtende Person zu beziehen und damit explizit nicht neutral aufzutreten oder sich allparteilich zu allen Beteiligten zu verhalten. An dieser Stelle ist es geboten, sich als Berater*in für die Parteilichkeit und bewusst gegen die vermeintliche Neutralität zu entscheiden, weil jene im Kontext von gesellschaftlichen Machtverhältnissen Rassismus und Diskriminierung gewähren ließe und Berater*innen diese damit in der Beratungssituation stützen würden.

Wie können aber geschilderte Rassismus- und Diskriminierungserfahrungen systemisch und gleichzeitig rassismuskritisch bearbeitet werden? Zunächst erscheint es sinnvoll eine erneute Auftragsklärung anzubieten, um Klarheit darüber zu schaffen, ob entsprechende Erfahrungen und der Umgang damit Gegenstand der weiteren Beratungsarbeit sein sollen. Dies ist deshalb wichtig, um die Beratungsnehmenden dabei zu unterstützen, sich selbstbestimmt und aktiv für oder gegen eine Auseinandersetzung zu entscheiden. Andernfalls wird in der Beratungssituation ein wesentliches Merkmal von Machtverhältnissen reproduziert, nämlich die Einschränkung von (autonomen) Entscheidungsmöglichkeiten. Bei einer gewünschten Bearbeitung können folgende Fragen hilfreich sein, die sich vor allem auf konkrete Situationen beziehen: Wie haben Sie sich in der geschilderten Situation gefühlt? Wie würden Sie sich besser/stärker fühlen? Wie haben Sie in der geschilderten Situation reagiert? Was waren Ihre bisherigen Strategien in solchen Situationen? Wie würden Sie gerne in zukünftigen Situationen reagieren? Und was würde Ihnen dabei helfen? Welche Handlungsoptionen kennen Sie von anderen Personen? Was hätten Sie sich von den Anwesenden in der Situation gewünscht? An diesen Fragen wird deutlich, dass durch ein Ernstnehmen der Diskriminierungserfahrungen die Ressourcen der Beratungsnehmenden fokussiert und wertgeschätzt werden. So können Handlungsmöglichkeiten erweitert und Möglichkeitsräume vergrößert werden.

Es können aber auch Fragen allgemein zu Auswirkungen von rassistischen und diskriminierenden Machtverhältnissen gestellt werden. Hierzu könnte zunächst nach Wissen über Zusammenhänge von Othering und Internalisierung/Selbstzuschreibungen gefragt (um nicht fehlendes Wissen zu unterstellen) bzw. auf diese verwiesen werden. Hieran anschließen könnte: Welche Bilder haben Sie über sich und ggf. Ihre Eltern etc. gelernt? Gibt es Zuschreibungen, die Sie für sich übernommen haben und die etwas mit Othering zu tun haben könnten? Haben Sie sich mit diesen schon auseinandergesetzt? Was hat Ihnen dabei geholfen, Sie dabei gestärkt? Gibt es Räume, in denen Sie all das thematisieren können und dabei ernst genommen werden?

Je nach gesellschaftlicher Positioniertheit der Berater*innen sollte diese auch thematisiert werden, gerade wenn aus einer privilegierten Position heraus gesprochen wird: Was macht das für Sie und Ihren Blick auf die Beratungssituation, dass ich nicht von den negativen Auswirkungen (Rassismus, Sexismus etc.) betroffen bin? Empfinden Sie mich in diesem Zusammenhang als geeignete*n Berater*in? Welche Vorerfahrungen haben Sie in Bezug auf Gespräche mit *weißen* Berater*innen? Haben Sie diesbezüglich bestimmte Befürchtungen, die Sie teilen wollen?

Zudem sollte erwähnt werden, dass es ok ist, wenn der*die Klient*in aufgrund dessen nicht mit dem*der Berater*in zusammenarbeiten möchte. Hierauf sollte nicht mit Abwehr reagiert werden. Durch diese Fragen wird die eigene Eingebundenheit der Berater*innen sowohl gegenüber den Beratungsnehmenden verdeutlicht, aber auch im Sinne einer kontinuierlichen Selbstreflexion (siehe Kap. 7.1). Auch sollte gemeinsam erarbeitet werden, wie damit umgegangen werden kann, wenn in der Beratungssituation Diskriminierung reproduziert wird.

7.3 Rassismus und mögliche Diskriminierungshintergründe sichtbar machen

Wie aber damit umgehen, wenn in Beratungssituationen, beispielsweise in den Erzählungen von Beratungsnehmenden, Rassismus- und Diskriminierungshintergründe durchscheinen, diese aber nicht als solche benannt werden?

Fereidooni (2016, S. 293 ff.) zeigt in einer qualitativen Untersuchung, dass auch Menschen mit eigenen Rassismuserfahrungen die von Messerschmidt (2010) benannten mehrheitsgesellschaftlichen Distanzierungsmuster internalisieren und anwenden, um so Rassismus- und Diskriminierungshintergründe ausblenden bzw. andere Erklärungen für entsprechende Situationen finden zu können. Zusammen mit der Möglichkeit eines mangelnden Wissens über gesellschaftliche Rassismus- und Diskriminierungsverhältnisse hält Fereidooni (2016, S. 254) in Bezug auf einen Interviewpartner (IP) fest:

> »Nicht zu wissen, ob etwas Diskriminierungs- bzw. Rassismusrelevantes erfahren wurde und die mangelnde Möglichkeit, dies zu artikulieren, weil gesellschaftliche Distanzierungsmuster und gesellschaftliche Tabus die Beweisführung erschweren bzw. verunmöglichen, führt zu einer ausweglosen Situation, in der der IP das Gefühl hat, auf sich alleine gestellt zu sein.«

In diesem Zusammenhang spricht Velho (2016, S. 202, Hervorh. im Orig.) von einer Mentalisierungsfähigkeit, derer es im Sinne einer Kompetenz bedarf, um zu erkennen, »dass die Ursache der alltäglichen Erfahrungen in rassistischen Ungerechtigkeiten und Machtungleichheiten zu suchen ist« und dementsprechend nicht in der »eigenen *Andersheit*«. Eine Herstellung und Stärkung von »*Metakognitionen*, die die gesellschaftspolitischen oder sozialen Dimensionen des Problems begreifbar machen«, wird hier als förderlich für »die Entwicklung kritischer Handlungsfähigkeit, Solidarisierung und Widerständigkeit« beschrieben (ebd., S. 202, Hervorh. im Orig.). Dies führt jedoch (nicht nur) in Beratungssituationen zu einem Dilemma: Zum einen kann durch die Benennung gesellschaftlicher Machtverhältnisse ein Raum geöffnet werden, in dem beschriebene Mentalisierungsfähigkeiten und Metakognitionen mit dem Ziel der Dekonstruktion von auf Rassismus basierenden Selbstattribuierungen und einer Vergrößerung von Handlungs- und Möglichkeitsräumen ausgearbeitet werden können. Zum anderen besteht hierin jedoch die Gefahr einer Reproduktion von Othering, wenn Berater*innen ihre Beratungsnehmenden aufgrund bestimmter Merkmale als Betroffene von Rassismus und Diskriminierung wahrnehmen, ohne dass diese selbst Erklärungen vor entsprechenden Hintergründen formulieren. Dieses Dilemma lässt sich wahrscheinlich nicht gänzlich auflösen. Dennoch kann über Fragen, von denen manche sicherlich eines suggestiven Charakters verdächtigt werden können, ein Herantasten initiiert und letztendlich eine Benennung von Rassismus und/oder Diskriminierung durch die Beratungsnehmenden selbst erreicht werden: Von wem oder woher stammt diese Zuschreibung über Sie selbst? Wer war an diesem Bild von Ihnen beteiligt? Kennen Sie andere Personen, über die das Gleiche gesagt wird? Hinsichtlich konkreter Situationen: Was glauben Sie, warum Person X so gehandelt hat? Hätte Person X auch so gehandelt, wenn Sie jemand anderes gewesen wären? Gibt oder gab es ähnliche Situationen in Ihrem Leben? Glauben Sie, eine andere Person hätte sich anders gegenüber Ihnen verhalten? Werden daraufhin Begriffe wie Rassismus oder Diskriminierung benannt, bedarf es der weiteren Schritte (Auftragsklärung, eigene Positioniertheit kenntlich machen etc.) wie in Kapitel 7.2 beschrieben, um sich daran anschließend in der Thematik bewegen zu können. Dieser Schritte bedarf es auch zwingend, wenn sich Berater*innen trotz der Reproduktionsgefahr dazu entscheiden, die Themen Rassismus und Diskriminierung von sich selbst aus anzusprechen. Hier ist jedoch sehr wichtig zu wissen, dass die Konfrontation mit strukturellem Rassismus und die Erkenntnis darüber unangenehm bis sehr schmerzvoll sein können. Eine Verdrängung kann hier eine starke Überlebensstrategie sein. Ein besonders achtsamer Umgang ist dabei notwendig, und es gilt zu akzeptieren, wenn eine Person nicht darüber sprechen will.

7.4 Auseinandersetzung mit Macht- und Rassismuskritik als Bestandteil des Professionalisierungsprozesses

»Gelingende professionelle Identität entsteht dort, wo Theorie, Praxis und Biografie in einen Sinnzusammenhang gestellt werden können.«

Harmsen (2014, S. 15)

Seit den 1980er-Jahren wird der systemische »Ansatz« als eigenständiger Ansatz verhandelt. Flankiert wurde dieser (nicht abgeschlossene) Prozess einer professionellen Konturierung, dessen Ursprünge weit früher zu verorten sind, von einer »lebhafte[n] theoretische[n], methodischen[n] und institutionelle[n] Entwicklung« (Levold u. Wirsching 2016, S. 9). Sichtet man die einschlägige Literatur im beraterischen Feld, so stößt man auf eine nahezu unerschöpfliche Anzahl von Versuchen, Begriffe wie »Expertise« oder »Professionalität« zu »fassen«. Im Kontext dieses Buches scheint es wichtig, zwischen kollektiven und individuellen Aspekten des Professionalisierungsprozesses zu differenzieren. Nittel und Seltrecht zeichnen die Geschichte der (soziologischen) Professionsforschung in diesem Sinne von einer »eindeutigen« Ausgangsposition aus nach: Mit dem Begriff der Professionalisierung wurden zunächst ausschließlich kollektive Phänomene beschrieben. Einer populären, öffentlichen Auffassung nach bezeichnet Professionalisierung zunächst »ein berufliches Aufstiegsprojekt, dessen Gelingen nie genau prognostizierbar ist« (Nittel u. Seltrecht 2008, S. 129 f.).

7.4.1 Professionsforschung

Mit der Zeit sei die moderne Professionsforschung durch prominente Vertreter*innen – hier seien u.a. Stichweh, Oevermann und vor allem Schütze genannt – geradezu »stillschweigend« um eine weitere Komponente erweitert worden: So sei mit dem Begriff der Professionalisierung mittlerweile in besonderem Maße auch der individuelle Prozess eines einzelnen Subjektes verbunden, der es von einem Noviz*innenstatus zu einem Expert*innenstatus in einem bestimmten Feld befördere.[44] Wenngleich sich bislang kein expliziter Diskursstrang identifizieren ließe, der kollektive und individuelle

44 Zur Vertiefung: Rohr, D. u. R. Baum (2019).

Professionalisierungsprozesse gleichermaßen in den Blick nehme, halten Nittel und Seltrecht fest:

> »So ist die Ausdifferenzierung einer professionellen Identität nicht künstlich zu erzeugen oder von außen zu beeinflussen, sondern strikt an die Selbstständigkeit des Subjekts und die autonomen Entscheidungen des Professionsnovizen gebunden.«

Dieser Entwicklungspfad bestehe hierbei aus der Konstitution einer berufsspezifischen Qualifikationsstruktur sowie

> »der Aktivierung biographischer Ressourcen bzw. Basisdispositionen, was zur Herstellung eines inneren Commitments und einer biographischen Identifikation mit der jeweiligen Berufsidee beiträgt« (ebd., S. 141).

Höcker et al. (2017, S. 279) identifizieren solche »Selektionsprozesse« auch im Feld der Beratung »über Standardisierung, Formalisierung und Normierung von Qualitätskriterien und Ausbildungsformaten«. Auf den Punkt gebracht lässt sich Professionalisierung zunächst also in mindestens zweierlei Prozessen denken: einerseits als einen Verlauf der »Etablierung von Professionen«, andererseits als einen jeweils professionsspezifischen, individuellen Prozess der »Einsozialisation« (Völter 2017, S. 474). Mit diesem Buch möchten wir in beiden Prozessen die Diskussion um den Einbezug von Macht- und Rassismuskritik ergänzen. Und gleichzeitig möchten wir das zitierte »Commitment« bzw. die »biographische Identifikation mit der jeweiligen Berufsidee« hier als einen maßgeblichen Aspekt sehen und den individuellen »Gehalt« dieses Professionalisierungsprozesses um die Komponente des »Wissens« um Macht und Rassismus erweitern. Neuweg argumentiert hinsichtlich eines persönlichen Wissensbestandes mit Dreyfus und Dreyfus, wenn er den Weg von Noviz*innen zu Expert*innen, also letztendlich den Weg einer persönlichen Professionalisierung, wie folgt charakterisiert:

> »Experten haben nicht bloß deshalb Schwierigkeiten, ihr Wissen zu artikulieren, weil ihre Denkprozesse sich über weite Strecken unbewusst vollziehen; vielmehr ist Expertenwissen qualitativ anders organisiert als explizites Regelwissen und mit größter Wahrscheinlichkeit überhaupt nicht formalisierbar« (Neuweg 2004, S. 297).

Wollen wir also den »Wissenskanon« von Systemiker*innen um Macht- und Rassismuskritik erweitern, werden wir höchstwahrscheinlich an der Macht der Expert*innen bzw. der »großen Lehrmeister« scheitern.[45]

Erfahrung scheint gerade für die Ausübung der Beratungsprofession ein zweischneidiges Schwert zu sein. Wenn es für gelingende Beratungsprozesse sinnvoll ist, jeden Beratungsprozess in seiner Einzigartigkeit anzunehmen, um im kreativen Zusammenspiel mit Klient*innen Neues zu generieren, dann erweist sich Erfahrung möglicherweise als hinderlich, da Erfahrung sich durch einen konservativen Charakter auszeichnet, d. h. nach Bewährung und Bestätigung im bereits Bekannten und Gewohnten sucht. Hier spielt gewiss neben einer langjährigen Praxiserfahrung auch ein Rückgriff auf umfangreiche Theoriefolien, die im Rahmen des Qualifizierungs- und Fortbildungsprozesses »erworben« wurden, eine Rolle. Aber: Wie und warum Berater*innen was genau beschreiben, erklären und auch bewerten? Wie also letztendlich von mir als Berater*in Sinn und Bedeutung konstruiert wird – und damit auch Macht und Rassismus reproduziert wird –, bleibt im Sinne des »impliziten Wissens« eben nicht formalisierbar. In einer Entgegnung auf Neuweg (2004) macht Kaiser (2006) aber einen Vorschlag, der aus dieser vermeintlichen Pattsituation heraushelfen könnte:

> »Zumindest bei einem Teil des impliziten Wissens handelt es sich um Erinnerungen an ganz konkrete, erlebte Situationen. Wird eine Person mit einer neuen Situation konfrontiert, dann wird dieses Wissen wirksam, indem die neue Situation sie an eine oder mehrere alte Situationen erinnert. […] Die Person handelt in der neuen Situation in Analogie zu erlebten, erinnerten Situationen« (Kaiser 2006, S. 2).

Er hält fest, dass das geeignete Format für die Darstellung dieses »situativen Wissens« Geschichten und Erzählungen seien. Wir brauchen also neue Geschichten und Erzählungen von macht-, und rassismuskritischer Beratung. Und diese Geschichten seien wiederum etwas qualitativ anderes als bloße »Fälle«, vielmehr seien sie in ihrer Gesamtheit, verbunden mit Emotionen, Erinnerungen und Eindrücken, zu denken – und zu erzählen (Kaiser 2006, S. 4 f.). Aus unserer Perspektive erscheint es zudem wichtig zu bedenken: Wer erzählt

45 Die Veranstalter der wissenschaftlichen Jahrestagung 2019 der DGSF hatten ein Format initiiert mit Fragen an die »großen Lehrmeister«. Hier wird ein altertümliches Lehrmeister-Paradigma transportiert, das völlig konträr zu einem modernen, systemischen Verständnis von Erwachsenenbildung steht. Das gleiche Paradigma findet sich in den »Richtlinien zur Zertifizierung von Lehrenden (DGSF)« wieder.

und wem wird zugehört? Und weiter: Wie erzählen Sie Ihre eigene Professionalität nun neu?

Vielleicht ist dieses Buch ein Mosaiksteinchen eines neuen, macht- und rassismuskritischen Bildes von Systemischer Beratung und Systemischen Berater*innen: eines individuellen Selbstbildes sowie eines Bildes der deutschsprachigen systemischen Community, welches die eigene Verstricktheit in gesellschaftliche Machtverhältnisse beinhaltet und reflektiert. Weiterführende Literatur, Fortbildungen, Aus- und Weiterbildungen, Selbstreflexion (z. B. die Auseinandersetzung mit eigenen Privilegien), macht- und rassismuskritische Supervisions- und Intervisionsgruppen und ganz grundlegend die Anerkennung und der aktive Einbezug des Wissens von Expert*innen mit Rassismuserfahrung wären weitere Mosaiksteinchen.

Diese Bilder, Geschichten und Erzählungen – so eine prominente Auffassung aus dem Feld der »narrativen Therapie« (vgl. White u. Epston 2020) – dienen uns als Orientierung und Selbstvergewisserung, formen und bedingen die Art und Weise, wie wir Sinn und Bedeutung (von Macht und Rassismus) konstruieren. Hierzu ein kleiner »Rückgriff« auf den Begriff der Identität, konkret in Bezug zur Berater*innen-Identität: Neumann (2005) stellt fest, dass – obwohl der Begriff der Identität laut Bruner (1987) mittlerweile als »Inflationsbegriff Nr. 1« gelten könne – sich die einschlägigen Wissenschaften in der Regel darauf einigen könnten, (individuelle) Identität als einen fortlaufenden, ja »unabschließbaren« Konstruktionsprozess zu verstehen, welcher ferner in besonderem Maße mit den Faktoren »Erinnerung« und »Gedächtnisbildung« zusammenhänge. Sie stellt unter Rückgriff u.a. auf die europäische Philosophiegeschichte fest,

> »dass die aktive Aktualisierung und Aneignung der eigenen Vergangenheit den Ausgangspunkt für individuelle Identitätsentwürfe, für spezifische Realitätsdeutungen sowie für aktuelle Handlungsmotivationen bildet« (Neumann 2005, S. 20).

In diesem Sinne ist es notwendig, dass im Kontext Rassismus *weiße* Berater*innen ihre Vergangenheit bzw. Professionalisierung in Bezug zur Eingebundenheit in gesellschaftliche Machtstrukturen und den sich daraus ergebenden Privilegien und Diskriminierungen kritisch reflektieren, um sich ihrer Bedeutung für die eigene Beratungsarbeit bewusst vor Augen zu führen.

Wenn Neumann mit »Identitätsentwürfen« – absichtsvoll im Plural – arbeitet, wird noch ein weiterer Aspekt deutlich: In post- bzw.

spätmodernen Zeiten sind »festgefügte Rollen, Werte und Normen«, welche eine »unproblematische Identitätsbildung« garantierten, einer fortwährenden Individualisierungstendenz gewichen (Harmsen 201, S. 27). Keupp entwickelt vor diesem Hintergrund den Begriff der »Patchwork-Identitäten« und fasst zusammen: »Die naheliegende Konsequenz für die Identitätsforschung ist die analytische Unterscheidung von Teilidentitäten in einzelnen Lebenswelten« (Keupp et al. 1999, S. 76). Dieses Modell passt wiederum zum systemischen Metamodell der Arbeit mit dem Inneren Team (siehe Kap. 7.1).

In diesem Sinne bietet es sich an, auch im Kontext einer macht- und rassismuskritischen Perspektive den Begriff der »narrativen Identität« zu bemühen. Neumann (2005) stellt fest:

> »Zwar geht die individuelle Identität nicht vollständig in Selbstgeschichten auf, denn es existieren andere, zentrale Formen der Identitätskonstruktion und -präsentation. [...] Allerdings basiert die diachrone Dimension der Identität maßgeblich auf dem Erzählen von Selbstgeschichten. Erst diese sprachliche Praxis ermöglicht die Bearbeitung von temporaler Differenz und damit biographische Kontinuität. Identitätsarbeit, so lautet die Grundannahme narrativ informierter Identitätstheorien, ist daher stets auch Narrationsarbeit« (Neumann 2005, S. 36 f.).

Wir möchten zusammenfassend an dieser Stelle nun den Begriff der »narrativen professionellen Identität« einführen, der maßgebliche, für den Professionalisierungsprozess relevante Aspekte einschließt (vgl. Rohr u. Baum 2019):

- Professionelle Identität, wie sie z. B. für das Feld der Sozialen Arbeit verhandelt wird, zielt auf die Entwicklung einer biografisch fundierten Identifikation und Auseinandersetzung mit dem Berufsfeld, welche mit Levold argumentiert als »personales Wissen« zusammengefasst werden könnte (Levold 2016, S. 19 ff., S. 516).
- Identitätsarbeit ist »stets auch Narrationsarbeit« (Neumann 2005, S. 36 f.).
- Die Entwicklung einer professionellen Identität, hier gedacht als ein »Bild von sich selbst als Professioneller« und die Art und Weise, wie das eigene professionelle Handeln motiviert wird, ist stets ein individueller Prozess.
- Nach Dreyfus und Dreyfus ist gerade »Expert*innenwissen«, das die Expert*innen von den Noviz*innen unterscheidet, im-

plizit und nicht/kaum formalisierbar, kann aber umfassend-erzählerisch – also narrativ – rekapituliert werden.
- Diese Erzählungen sind etwas qualitativ anderes als bloße Berichte und stets mit subjektiven Bedeutungskonstruktionen angereichert.
- Schlussendlich – und hier argumentieren wir mit Denborough, einem bekannten Vertreter der narrativen Therapie: »Wer man ist und wie man handelt, wird geprägt von den Geschichten, die man von sich erzählt« (Denborough 2017, S. 18).

Wenn das Bild einer macht- und rassismuskritischen Praxis nun eine Art Basis für eine neue narrative professionelle Identität ist, dann darf sie nicht nur auf der Ebene von Erzählungen und Selbstbildern bleiben, sondern muss zu konkreten Veränderungen in der Beratungsarbeit führen.

7.4.2 Fort- und Weiterbildung

Die Lehr- und Lernforschung widmet sich der Gestaltung der Lehr-Lern-Prozesse in unterschiedlichen Altersstufen der Lernenden und in unterschiedlichen Settings. Weiterbildung in Beratung kann dem Feld der Erwachsenenbildung zugeordnet werden (vgl. Arnold u. Schön 2017) – aber auch der speziellen Hochschuldidaktik, wenn es sich um einen Studiengang handelt.

Aufgrund unserer persönlichen Erfahrungen in der Hochschullehre (und der Wissenschaft darüber) möchten wir an dieser Stelle ebendiese skizzieren, da sie unserer Meinung nach (positive) Auswirkungen auf die institutionsübergreifende Lehre von Beratung haben kann.

Huber (1995) unterscheidet »Arbeitsansätze« der institutionalisierten Erwachsenenbildung, die sich entweder als Teil der Wissenschaftsforschung, der (Aus- und Weiter-)Bildungsforschung oder sozialwissenschaftlichen, interdisziplinär orientierten Erziehungswissenschaft verstehen und von denen vier für den Kontext »Aus- und Weiterbildung in Beratung« und unseren Fokus auf Macht- und Rassismuskritik relevant sind.

1) *Curricularer oder didaktischer Ansatz:* Ziele und Inhalte von Weiterbildungen müssen gut begründet sein, um nicht zu Orientierungs-, Motivations- und Lernproblemen der Teilnehmenden zu führen. Unser Buch verstehen wir an dieser

Stelle als Teil der Begründung, warum Macht- und Rassismuskritik Inhalt von systemischen Weiterbildungen werden muss.

2) *Beschäftigungsorientierter Ansatz:* Der Berufsbezug der Weiterbildungen wird stärker betont und die Anschlussfähigkeit – die Employability – rückt in den Vordergrund. In den heterogenen Arbeitsfeldern von Berater*innen ist das in diesem Buch beschriebene Wissen und die Kompetenz, macht- und rassismuskritisch zu beraten, unumgänglich – und zwar nicht nur für Employability, sondern für Gesellschaft an sich.
3) *Sozialisationstheoretischer Ansatz:* Hier liegt der Fokus auf der persönlichen Entwicklung von Teilnehmenden und Lehrenden im Rahmen von Weiterbildungen. Wichtige Themen sind Identität und Habitus. Die mit diesem Ansatz einhergehende Selbstreflexion muss vor dem Hintergrund einer macht- und rassismuskritischen Praxis explizit die kritische Auseinandersetzung mit der eigenen Verstricktheit in gesellschaftliche Machtverhältnisse und den eigenen rassistisch sozialisierten Anteilen beinhalten. Darüber hinaus werden in den Interviews mit Amma Yeboah sowie Sandra Karangwa und Berivan Moğultay-Tokuş die Schwierigkeiten und Herausforderungen angesprochen, die für Teilnehmende mit Rassismuserfahrungen existieren, wenn in Weiterbildungsgruppen gesellschaftliche Machtverhältnisse und rassistische Strukturen nicht thematisiert werden.
4) *Wissenschaftstheoretischer und wissenschaftsdidaktischer Ansatz:* Problem der Weiterbildungen ist eine Krise der Wissenschaft selbst, die sich u.a. in der Expansion und Auffächerung von empirischen Einzelwissenschaften ausdrückt. Hier müssen Macht- und Rassismuskritik als interdisziplinäre Querschnittsthemen betrachtet werden, weil gesellschaftliche Machtverhältnisse in den unterschiedlichsten Lebensbereichen und damit auch Wissenschaftsdisziplinen wirken. Macht- und Rassismuskritik spielen dabei nicht nur auf theoretischer Ebene eine wichtige Rolle, sondern es ergeben sich aus entsprechenden Perspektiven konkrete praktische Konsequenzen, die Teil praxisorientierter und professionsspezifischer Weiterbildungen sein müssen.

Im Hinblick auf Weiterbildungsgruppen werden Teilnehmende häufig als »divers« (vgl. Gardenswartz u. Rowe 2010) beschrieben. Wenn wir Diversität bzw. Heterogenität als didaktischen Ausgangspunkt betrachten, und zwar im Sinne einer ganzheitlichen Sichtweise (vgl. Thomas 1996), dann ist sie ein Oberbegriff für Unterschiede und Gemeinsamkeiten, die zwischen Menschen existieren und die konstruktiv genutzt werden. Sogenannte Diversitätskompetenz der oder des Lehrenden bezeichnet dann die Fähigkeit, Weiterbildungsteilnehmer*innen mit selbstkritischem Bewusstsein von eigenen Zuschreibungen als Individuen wahrzunehmen, in der Interaktion und Kommunikation wertschätzend und respektvoll auf sie einzugehen, eine Offenheit gegenüber ihren individuellen Zugängen und Herangehensweisen zum Thema zu entwickeln, diese didaktisch zu gestalten und in der Planung antizipierend zu berücksichtigen. Auch dies führt weg von einer Meister*in-Schüler*in-Beziehung!

Und dennoch reicht der Diversitätsbegriff nicht aus, um gesellschaftliche Machtverhältnisse ausreichend mitzudenken. Für einen bewussten Umgang mit diesen sogenannten Differenzlinien, die wir im Alltag (meist unbewusst) ziehen und die für unser Verhalten handlungsleitend sind, wird es notwendig, sich der eigenen Normalitätsvorstellungen in Bezug auf Teilnehmende bewusst zu werden und diese kritisch zu reflektieren: Wie sehen für mich »Normal-Teilnehmende« aus? Was erwarte ich (sozusagen ungefragt) von »meinen Teilnehmenden«? Von welchen habituellen Mustern gehe ich im Vorhinein aus? Welche Merkmale und Verhaltensweisen sehe ich als »normal« an, welche als »nicht normal« etc.? Wo findet in Weiterbildung Reproduktion von Othering statt?

Dabei ist es wichtig zu berücksichtigen, dass Lernen in Weiterbildungskontexten häufig auch in informellen oder formalisierten Peer-Learning-Prozessen stattfindet (vgl. Deutsch u. Rohr, im Druck), zum Beispiel in Peergroups einer systemischen Weiterbildungsgruppe. Peer Learning kann und soll nicht das Lehren von Expert*innen ersetzen, sondern ist in unserem Verständnis eine sinnvolle Ergänzung. Auch im Rahmen von Peergroups wirken gesellschaftliche Machtstrukturen, die es bei der Arbeit und in Lernprozessen zu reflektieren gilt. Eine hilfreiche Frage könnte hier sein: »Wenn eine Peergroup heterogen ist, inwiefern werden dort deprivilegierte Positionen ›wirklich‹ gehört?«

In Supervisionsgruppen – sowohl innerhalb von Weiterbildungen als auch im Anschluss an Weiterbildungen im Sinne lebenslangen Lernens – ist die Auseinandersetzung mit macht- und rassismuskritischen Perspektiven ebenso unumgänglich. Supervision als Ort der begleiteten Selbstreflexion muss unserer Meinung nach ebendies thematisieren. Wie auch in den Interviews deutlich wird, kann es aber schwierig sein, Supervisor*innen zu finden, die macht- und rassismuskritische Perspektiven einnehmen und über entsprechendes Wissen verfügen.

Vor dem Hintergrund der bisherigen Ausführungen und des Anspruchs einer Professionalisierung von Beratung fordern wir die Aufnahme von Macht- und Rassismuskritik als verpflichtende Bestandteile in die Weiterbildungsinhalte von Beratung, Coaching, Therapie und Supervision – und zwar sowohl in dem Bereich »Theorie und Methodik« als auch im Bereich »Selbsterfahrung«.

Zurzeit gibt es auf bundesweiter, europäischer als auch internationaler Ebene Bestrebungen zu gemeinsamen Zertifizierungen. Dieser Verständigungsprozess zu gemeinsamen Inhalten und Qualitätsstandards findet in den verschiedenen Dachverbänden (z. B. in der Deutschen Gesellschaft für Beratung (DGfB), der European Association for Counselling (EAC), der International Association for Counselling (IAC) und der European Association for Psychotherapy (EAP) intensiv statt – Referenzrahmen sind z. B. der Europäische und der Deutsche Qualifikationsrahmen (EQR/DQR), die Standards der American Counselling Association (ACA) sowie der Paradigmenwechsel von Wissensvermittlung hin zu Kompetenzorientierung.

Dies könnte ein guter Zeitpunkt sein, Macht- und Rassismuskritik in Curricula zu implementieren.

Curricular wäre Macht- und Rassismuskritik zum Beispiel anknüpfbar an Inhalte zu Macht in Beratungssituationen (vgl. Levold 2016, S. 110 ff.), würde dabei aber explizit gesellschaftliche Machtverhältnisse betrachten. Auch kann hier auf die Überlegungen von Nazarkiewicz (2016, S. 28 f.) zu einer »machtsensiblen Praxis« aufgebaut werden, die jedoch im Sinne der »Verständnisfolien« von Kunze (2016) und aufgrund der genannten Aspekte in Kapitel 6.2 eigenständig und losgelöst vom Topos »Kultur« Einzug finden sollten.

Sowohl in Aus- und Weiterbildungskontexten als auch in der Reflexion einzelner Beratungssituationen kann dabei mit verschiedenen Fragen gearbeitet werden: Welche Bilder, Stereotype und Vorurteile sind in meinem Kopf wirkmächtig? Wie beeinflussen sie meine (intuitiven) Reaktionen auf Beratungsnehmende und deren Aussagen? Welche Bilder werden bei mir durch bestimmte Merkmale hervorgerufen und wie beeinflusst das meine Beratung? Welche Bilder habe ich in meiner Herkunftsfamilie oder in Kindergarten/Kita, Schule etc. über die *Anderen* gelernt? Bin ich auch im Kontext von »Migration«, »Kultur«, »Gender« etc. wirklich bereit, eigene Deutungen und »Wahrheiten« infrage zu stellen? Nehme ich die Wahrnehmungen der Beratungsnehmenden ernst? Habe ich den Beratungsnehmenden die Definitionsmacht überlassen (sowohl nach außen als auch für mich selbst)? Von welcher gesellschaftlichen Positioniertheit aus formuliere ich meine Fragen und wähle Interventionen aus? Bin ich mir meiner eigenen Privilegien bewusst, und welche Auswirkungen haben diese auf die Beratungssituation?

Abschließend soll an dieser Stelle darauf hingewiesen werden, dass neben konkret auf Beratung bezogenen Veranstaltungen/Fortbildungen/Workshops in diesem Zusammenhang – je nach gesellschaftlicher Positioniertheit – auch auf Ansätze der *Critical Whiteness* (z. B. Eggers et al. 2017; Tißberger 2017) oder des *Empowerments* (z. B. Hamaz u. Ergün-Hamaz 2013; Can 2013; Doğmuş 2017) zurückgegriffen werden sollte, um damit eine Grundlage für eine macht- und rassismuskritische Auseinandersetzung zu schaffen.

8 Fazit und Ausblick

»Ich wünsche mir für Dich – und mich – dass Du das Wort Schuld durch Verantwortung ersetzen kannst.«

Tupoka Ogette (2019, S. 89)

Wenn ein Blick in die Zukunft und somit auf den weiteren Umgang mit Rassismus in systemischen Kontexten geworfen wird, ist dieser Satz von großer Bedeutung. Wie anhand der Auseinandersetzungen im vorliegenden Buch gezeigt werden konnte, ist die Implikation von macht- und rassismuskritischen Perspektiven sowohl in die Theorie als auch in die Praxis Systemischer Beratung notwendig. Dabei sollten aus einer *weißen* Perspektive nicht die eigenen Schuld- und Schamgefühle im Vordergrund stehen, sondern die Anerkennung von Rassismus als gesellschaftliches Machtverhältnis und die Verantwortungsübernahme für das eigene Handeln darin.

Ein professionelles Handeln, das Rassismus und die eigenen Privilegien kritisch reflektiert, muss sich von einem Wissen *über* Bi_PoC verabschieden. Demnach müssen Systemische Berater*innen in diesem Feld die Bereitschaft haben, sich von der »Illusion der Kompetenz«, eine generelle Kenntnis über die als *Andere* Markierten zu haben, zu lösen (vgl. Mecheril et. al 2011, S. 36). Nur so kann dem Anspruch der zentralen systemischen Haltung, Menschen als die Expert*innen ihrer eigenen Lebensrealität zu begreifen, Rechnung getragen werden. Dafür ist es auch notwendig, das Wissen und die Expertise von Berater*innen und Fachkräften mit Rassismuserfahrungen anzuerkennen und aus *weißer* Position aktiv etwas dafür zu tun, dass deren Sichtbarkeit vergrößert wird. Dies kann nur nachhaltig gelingen, wenn Personen mit entsprechenden Erfahrungen und Perspektiven ernsthaft zugehört wird und die eigenen Privilegien geteilt werden (Powersharing).

In der Auseinandersetzung mit Rassismus im Kontext von psychischer Gesundheit und möglichen Traumaerfahrungen ist gerade aus systemischer Perspektive folgendes Zitat anschlussfähig:

> »Es ist auch wichtig zu verstehen, dass ein Trauma keine Störung oder Krankheit ist. Es ist vielmehr eine normale Reaktion auf eine verrückte Situation« (Fischer 2009).

Diese Perspektive soll nicht den möglichen Leidensdruck der Betroffenen bagatellisieren, sondern viel eher an die Verantwortung der gesamten Gesellschaft – und hier spezifisch der Systemischen Berater*innen – appellieren, sich mit den vorliegenden Machtstrukturen auseinanderzusetzen.

Denn Systemische Beratung bietet wichtige Anschlussmöglichkeiten für rassismuskritisches Denken, wie beispielsweise die Haltung des Eingebundenseins oder die Absicht, Handlungs- und Möglichkeitsräume für Beratungsnehmende zu vergrößern. Wie gezeigt werden konnte, finden sich gleichzeitig aber auch Widersprüche und Fallstricke, zum Beispiel in der Haltung der Neutralität/Allparteilichkeit oder in »systemisch-interkulturellen« Ansätzen, die einer weiteren rassismuskritischen Auseinandersetzung bedürfen.

Die hier dargestellten Ausführungen zu einer rassismuskritischen systemischen Praxis stellen lediglich erste anwendungsorientierte Schritte dar. Aus diesem Grund möchte das vorliegende Buch als Aufforderung dazu verstanden werden, das Feld der Systemischen Beratung für weitere rassismus- und diskriminierungskritische Reflexionen zu öffnen. Auch sollte der Frage nachgegangen werden, welche Rolle Systemische Beratung bei der Stärkung von »Transformationspotentiale[n]« und bei der Unterstützung von »Ermächtigungsprozesse[n]«, wie sie von Velho (2016, S. 205) beschrieben werden, einnehmen kann.

Abschließend soll noch einmal betont werden, dass es für eine macht- und rassismuskritische systemische Praxis wichtig ist, dass Berater*innen sowohl über ein Wissen um gesellschaftliche Rassismus- und Diskriminierungsverhältnisse verfügen als auch die eigene Positioniert- und Verstricktheit innerhalb dieser Machtverhältnisse kritisch reflektieren. Um dieser Notwendigkeit Rechnung zu tragen, wäre der curriculare Einbezug expliziter rassismus- und diskriminierungskritischer Inhalte in systemischen Aus- und Weiterbildungsgängen ein erster wichtiger Schritt in der deutschsprachigen systemischen Community. Systemische Berater*innen, Institute und Verbände könnten so gesamtgesellschaftlich Verantwortung im Kontext Rassismus übernehmen.

Danksagung

Wir danken Bi_PoC für ihre Arbeit, ihre Energie und Anstrengungen, ihr Wissen, ihre Perspektiven und Erfahrungen im Kontext Rassismus über verschiedenste Wege zu teilen. Ohne diese Expertisen wäre die Erstellung des vorliegenden Buches nicht möglich gewesen.

Literatur

Abdul-Hussain, S. u. S. Baig (Hrsg.) (2009): Diversity in Supervision, Coaching und Beratung. Wien (facultas.wuv).

ADB Köln (2017): »Menschen wie DU neigen zu Straftaten« – Rassistische Diskriminierung bei der Polizei. Ursachen, Folgen und Möglichkeiten der Intervention. Köln (ADBs für NRW/Köln). Verfügbar unter https://www.oegg.de/wp-content/uploads/2019/11/Polizeibroschuere_fin_web.pdf [16.08.2021].

Adorno, T. W. (1975): Schuld und Abwehr. (Gesammelte Schriften, Bd. 9/2 (Bd. 2. Auflage). Frankfurt am Main (Suhrkamp).

Agar, V. u. J. Kalarickal: Nach rassistischem Anschlag in Hanau: »Alles Kinder aus Deutschland«. *TAZ*, 22.02.2020.

AlSabah, S. (2020): Intersektionale Pädagogik und ihre Umsetzung. *Junge* Junge – Das Magazin der LAG Jungenarbeit NRW* (01/2020): 20–23.

Alvarez, R. (1979): Institutional discrimination in organizations and their environments. In: R. Alvarez a. K. G. Lutterman (eds.): Discrimination in Organizations. San Francisco (Jossey-Bass), p. 2–49.

Amjahid, M. (2021): Der weiße Fleck. Eine Anleitung zu antirassistischem Denken. München (Piper).

Apraku, J. (2019): Eine Sprachpolizei gibt es nicht – rassistische Sprache aber schon. *Edition F.* Verfügbar unter https://editionf.com/sprachpolizei-rassistische-sprache-josephine-apraku/ [26.09.2020].

Arndt, S. (2004): Kolonialismus, Rassismus und Sprache. Verfügbar unter https://www.bpb.de/gesellschaft/migration/afrikanische-diaspora/59407/afrikaterminologie [10.02.2020].

Arndt, S. (2017): Rassismus. Eine viel zu lange Geschichte. In: K. Fereidooni und M. El (Hrsg.): Rassismuskritik und Widerstandsformen. Wiesbaden (Springer VS), S. 29–46

Arnold, R. und M. Schön (2017): Ermöglichungsdidaktik: Ein Lernbuch. Bern (hep verlag).

Attia, I. (2017): Diskursverschränkungen des antimuslimischen Rassismus. In: K. Fereidooni und M. El (Hrsg.): Rassismuskritik und Widerstandsformen. Wiesbaden (Springer VS), S. 181–192.

Auma, M. M. (2017): Rassismus. Verfügbar unter https://www.bpb.de/gesellschaft/migration/dossier-migration/223738/rassismus [26.01.2020]

Balibar, É. (1990): Gibt es einen »Neo-Rassismus«? In: É. Balibar u. I. Wallenstein (Hrsg.): Rasse, Klasse, Nation. Ambivalente Identitäten. Hamburg (Argument), S. 23–38.

Bandler, R. u. J. Grinder (1982): Kommunikation und Veränderung. Paderborn (Junfermann).

Barthelmess, M. (2016): Die systemische Haltung. Was systemisches Arbeiten im Kern ausmacht. Göttingen (Vandenhoeck & Ruprecht).

Bateson, G. et al. (1984): Schizophrenie in der Familie. Beiträge zu einer neuen Theorie. Frankfurt (Suhrkamp Taschenbuch Wissenschaft).

Bauer, J. (2011): Schmerzgrenze. Vom Ursprung alltäglicher und globaler Gewalt. München (Karl Blessing).

Becker, D. (2002): Flüchtlinge und Trauma. Verfügbar unter https://www.lateinamerika-tage.de/wp-content/uploads/2009/02/0611david-becker_trauma.pdf [28.09.2020].

Becker, F. u. J. Beez (2005): Der Maji-Maji-Krieg in Deutsch-Ostafrika 1905–1907. Berlin (Ch. Links).

Beckmann, A. (2018): Sozialforschung. Wie sich der Rassismus modernisiert hat. Köln (Deutschlandradio). Verfügbar unter https://www.deutschlandfunk.de/sozialforschung-wie-sich-der-rassismus-modernisiert-hat.1148.de.html?dram:article_id=413731 [01.05.2020].

Behr, R. (2017): Diskriminierung durch Polizeibehörden. In: A. Scherr, A. El-Mafaalani u. G. Yüksel (Hrsg.): Handbuch Diskriminierung. Wiesbaden (Springer VS), S. 301–319.

Bermejo, I., E. Mayninger, L. Kriston, u. M. Härter (2010): Psychische Störungen bei Menschen mit Migrationshintergrund im Vergleich zur deutschen Allgemeinbevölkerung. (Psychiatrische Praxis, Bd. 37). Stuttgart (Georg Thieme), S. 225–232.

Biskamp, F. (2017): Rassismus, Kultur und Rationalität. Drei Rassismustheorien in der kritischen Praxis. *Peripherie* 37 (2): 271–296. Verfügbar unter https://doi.org/10.3224/peripherie.v37i2.07 [11.03.2018].

Bonefeld, M. u. O. Dickhäuser (2018): (Biased) Grading of students' performance: Students' names, performance level, and implicit attitudes. *Frontiers in Psychology* (9).

Bonefeld, M., O. Dickhäuser, S. Janke, A.-K. Praetorius u. M. Dresel (2017): Migrationsbedingte Disparitäten in der Notenvergabe nach dem Übergang auf das Gymnasium. *Zeitschrift für Entwicklungspsychologie und pädagogische Psychologie* 49 (1): 11–23.

Bozay, K., B. Aslan, O. Mangitay u. F. Özfirat (2017): Die haben gedacht, wir waren das. MigrantInnen über rechten Terror und Rassismus. Köln (PapyRossa), 2. Aufl.

Bozay, K., S. Güner, O. Mangitay u. F. Göçer (2021): Damit wir atmen können. Migrantische Stimmen zu Rassismus, rassistischer Gewalt und Gegenwehr. Köln (PapyRossa).

BR, Spiegel (2017): Wir müssen draußen bleiben. Warum Hanna zur Besichtigung eingeladen wird und Ismail nicht. Verfügbar unter https://www.hanna-und-ismail.de [21.07.2019].

Brand, U. u. M. Wissen (2017): Imperiale Lebensweise – Zur Ausbeutung von Mensch und Natur im Globalen Kapitalismus. München (Oekom).

Brehl M. (2004): Der Völkermord an den Herero und seine zeitgenössische Legitimation. In: I. Wojak, u. S. Meinl (Hrsg.): Völkermord. Genozid und Kriegsverbrechen in der ersten Hälfte des 20. Jahrhunderts. Frankfurt am Main (Campus), S. 77–97.

Bruner, J. (1987): Life as Narrative. *Social Research* 54 (1): 11–32.

Brunner, M. u. A. Ivanova (2015): Praxishandbuch Interkulturelle LehrerInnenbildung. Impulse – Methoden – Übungen. Berlin (Wochenschau).

Bundesministerium für Familie, S. F. (2009): Gesundheit – Gewalt – Migration. Eine vergleichende Sekundäranalyse zur gesundheitlichen und Gewaltsituation von Frauen mit und ohne Migrationshintergrund in Deutschland. Verfügbar unter https://www.bmfsfj.de/bmfsfj/service/publikationen/gesundheit-gewalt-migration-80598 [06.10.2021].

Burke, M. (2018): Colorblind Racism. Cambridge (Polity Press).

Can, H. (2013): Empowerment aus der People of Color-Perspektive. Reflexionen und Empfehlungen zur Durchführung von Empowerment-Workshops gegen Rassismus. Berlin (Senatsverwaltung für Arbeit, Integration und Frauen).

Carmichael, S. u. C. v. Hamilton (1967): Black power. The politics of liberation in America. New York (Random House).

Carter, R., K. Kirkinis, a. V. Johnson (2019): Relationships between trauma symptoms and race-based tramatic stress. Verfügbar unter http://dx.doi.org/10.1037/trm0000217 [21.02.2020].

Castro Varela, M. d. M. (2019): Rassistische Sprachpraxen – Kontinuitäten und Widerstand. *Überblick* 25 (2): 3–6. Verfügbar unter https://www.ida-nrw.de/fileadmin/user_upload/ueberblick/Ueberblick022019_3.pdf [25.08.2019].

Castro Varela, M. d. M. u. P. Mecheril (2016): Die Dämonisierung der Anderen. Einleitende Bemerkungen. In: M. d. M. Castro Varela u. P. Mecheril (Hrsg.): Die Dämonisierung der Anderen. Rassismuskritik der Gegenwart. Bielefeld (transcript), S. 7–19.

Çiçek, A., A. Heinemann und P. Mecheril (2014): Warum die Rede, die direkt oder indirekt rassistische Unterscheidungen aufruft, verletzen kann. In: G. Hentges, K. Nottbohm, M. M. Jansen und J. Adamou (Hrsg.): Sprache – Macht – Rassismus. Berlin (Metropol), S. 309–326.

Cremer, H. (2017): Racial Profiling: Eine menschenrechtswidrige Praxis am Beispiel anlassloser Personenkontrollen. In: K. Fereidooni und M. El (Hrsg.): Rassismuskritik und Widerstandsformen. Wiesbaden (Springer VS), S. 405–414.

Crenshaw, K. (1989): Demarginalizing the Intersection of race and sex: A black feminist critique of antidiscrimination doctrine, feminist theory and antiracist politics. In: *The University of Chicago Legal Forum* (1): 139–167. Verfügbar unter https://chicagounbound.uchicago.edu/cgi/viewcontent.cgi?article=1052&context=uclf [25.08.2019].

Decker, O. u. E. Brähler (2018): Flucht ins Autoritäre. Rechtsextreme Dynamiken in der Mitte der Gesellschaft. Gießen (Psychosozial).

Della, T. u. T. Kiesel (2014): »Wir befreien weltweit!«. Rassismuskritik und entwicklungs-politische Spendenwerbung. In: Deutsches Zentralinstitut für soziale Fragen (Hrsg.): DZI Spendenalmanach 2014. Berlin, S. 10–24.

Denborough, D. (2017): Geschichten des Lebens neu gestalten. Grundlagen und Praxis der narrativen Therapie. Göttingen (Vandenhoek & Ruprecht).

Dengler, P. u. N. Foroutan (2017): Die Aufarbeitung des NSU als deutscher Stephen-Lawrence-Moment? – Thematisierung von institutionellem Rassismus in Deutschland und Großbritannien. In: K. Fereidooni und M. El (Hrsg.): Rassismuskritik und Widerstandsformen. Wiesbaden (Springer VS), S. 429–446.

Destatis, S. B. (2020). Migration und Integration – Migrationshintergrund. Verfügbar unter vhttps://www.destatis.de/DE/Themen/Gesellschaft-Umwelt/Bevoelkerung/Migration-Integration/Glossar/migrationshintergrund.html [24.02.2020].

Deutsch, C. u. D. Rohr (im Druck): Lehr- und Praxisbuch für Peer Learning – Peer-Projekte. Weinheim (Beltz Juventa).

DGSF e. V. (2016): Ethik-Richtlinien. Köln. Verfügbar unter https://www.dgsf.org/service/download-bereich/dgsf-rili-ethik.END.pdf/at_download/file [26.07.2019].

DiAngelo, R. (2018): White fragility: Why it's so hard for white people to talk about racism. Boston (Beacon Press).

Doğmuş, A. (2017): Empowerment im Lehramtsstudium. In: K. Fereidooni und M. El (Hrsg.): Rassismuskritik und Widerstandsformen. Wiesbaden (Springer VS), S. 771–788.

Dreyfus, H. L. u. S. E. Dreyfus (1986): Künstliche Intelligenz. Von den Grenzen der Denkmaschine und dem Wert der Intuition. Reinbek bei Hamburg (Rowohlt).

Eckert, J. (2016): Trauma verstehen und Heilen. Salzburg (Ecowin).

El-Mafaalani, A., J. Waleciak u. G. Weitzel (2017): Rassistische Diskriminierung aus der Erlebensperspektive: Theoretische Überlegungen zur Integration von sozialer Ungleichheits- und Diskriminierungsforschung. In: K. Fereidooni und M. El (Hrsg.): Rassismuskritik und Widerstandsformen. Wiesbaden (Springer VS), S. 46–56.

El-Tayeb, F. (2017): Vorwort. In: M. M. Eggers, G. Kilomba, P. Piesche, P. und S. Arndt (Hrsg.): Mythen, Masken und Subjekte. Kritische Weißseinsforschung in Deutschland. Münster (Unrast), 3. Aufl., S. 7–10.

Erpenbeck, M. (2018): Wirksam werden im Kontakt. Die systemische Haltung im Coaching. Heidelberg (Carl-Auer).

Fathi, A. u. A. Şirin (2019): Die macht- und rassismuskritische Frage in unserer Gesellschaft. In: S. Seng u. N. Warrach (Hrsg.): Rassismuskritische Öffnung. Herausforderungen und Chancen für die rassismuskritische Öffnung der Jugend(verbands)arbeit und Organisationsentwicklung in der Migrationsgesellschaft. Düsseldorf (IDA e. V.), S. 24–29.

Fereidooni, K. (2016): Diskriminierungs- und Rassismuserfahrungen im Schulwesen. Eine Studie zu Ungleichheitspraktiken im Berufskontext. Wiesbaden (Springer VS).

Fischer, G. (2009): »Eine ganz hinterhältige Art von Trauma«. *Kölnische Rundschau*, 10.03.2009.

Fischer, G. u. P. Riedesser (2009). Lehrbuch der Psychotraumatologie 2009. München/Basel (Reinhardt).

Foitzik, A. (2008): »Vergiss ..., vergiss nie, ...« Jugendhilfe im Einwanderungsland – ein Handbuch. Stuttgart (Diakonisches Werk Württemberg). Verfügbar unter https://docplayer.org/33488895-Vergiss-vergiss-nie-jugendhilfe-im-einwanderungsland-ein-handbuch.html [26.09.2020].

Foitzik, A. (2010): Die Normalität des Rassismus in interkultureller Bildungsarbeit. Reflexionen eigener Praxis. In: A. Broden und P. Mecheril (Hrsg.): Rassismus bildet. Bildungswissenschaftliche Beiträge zu Normalisierung und Subjektivierung in der Migrationsgesellschaft. Bielefeld (transcript), S. 265–285.

Foerster, H. von (1998): Wahrheit ist die Erfindung eines Lügners. Heidelberg (Carl-Auer).

Friedlmeier, W. u. M. Holodynski (Hrsg.) (1999): Emotionale Entwicklung. Heidelberg (Spektrum Akademischer Verlag).

Friedrich, S. (2019): Rasse. In: B. Gießelmann, R. Richterich u. B. Kerst (Hrsg.): Handwörterbuch rechtsextremer Kampfbegriffe. Frankfurt am Main (Wochenschau), 2. Aufl., S. 301–313.

Galtung, J. (1975): Strukturelle Gewalt. Beiträge zur Friedens- und Konfliktforschung. Hamburg (Springer VS).

Gardenswartz, L. u. A. Rowe (2010): Diverse teams at work. Capitalizing on the power of diversity. Chicago (Irwin Professional Publishing).

Gezer, Ö. und T. Neshitov (2021): Die Hanau-Protokolle. Überlebende des Attentats berichten über ihre Entfremdung von Deutschland. Verfügbar unter https://www.spiegel.de/panorama/gesellschaft/die-hanau-protokolle-ueberlebende-des-attentats-berichten-ueber-ihre-entfremdung-von-deutschland-a-00000000-0002-0001-0000-000175304177 [27.03.2021].

Gold, I. (2015): Wohlfahrt offen für alle?! Eine Handreichung zur Auseinandersetzung mit Rassismus, Diskriminierung und der extremen Rechten im Freiwilligendienst. Köln (Info- und Bildungsstelle gegen Rechtsextremismus im NS-Dokumentationszentrum der Stadt Köln).

Gomolla, M. (2010): Fördern und Fordern allein genügt nicht! Mechanismen institutioneller Diskriminierung von Migrantenkindern und -jugendlichen im deutschen Schulsystem. In: G. Auernheimer (Hrsg.): Schieflagen im Bildungssystem. Wiesbaden (Springer VS), S. 87–102.

Gomolla, M. (2017): Direkte und indirekte, institutionelle und strukturelle Diskriminierung. In: A. Scherr, A. El-Mafaalani u. G. Yüksel (Hrsg.): Handbuch Diskriminierung. Wiesbaden (Springer VS), S. 133–155.

Ha, K. N. (2016): People of Color – Koloniale Ambivalenzen und historische Kämpfe. In: K. N. Ha, N. Lauré al-Samarai und S. Mysorekar (Hrsg.): re/visionen. Postkoloniale Perspektiven von Perople of Color auf Rassismus, Kulturpolitik und Widerstand in Deutschland. Münster (Unrast), S. 31–40.

Ha, K. N. (2017): Macht(t)raum(a) Berlin – Deutschland als Kolonialgesellschaft. In: M. M. Eggers, G. Kilomba, P. Piesche, P. und S. Arndt (Hrsg.): Mythen, Masken und Subjekte. Kritische Weißseinsforschung in Deutschland. Münster (Unrast), 3. Aufl., S. 105–117.

Hall, S. (2018a): Ideologie, Identität, Repräsentation. Hamburg (Argument).

Hall, S. (2018b): Rassismus und kulturelle Identität. Hamburg (Argument).

Hamaz, S. u. M. Ergün-Hamaz (Hrsg.) (2013): Empowerment. Berlin (Heinrich-Böll-Stiftung). Verfügbar unter https://heimatkunde.boell.de/sites/default/files/dossier_empowerment.pdf [23.08.2019].

Hanswille, R. (2015): Der Systemische Ansatz. In: G. H. Seidler, H. J. Freyberger u. A. Maercker (Hrsg.): Handbuch der Psychotraumatologie. Stuttgart (Klett-Cotta), S. 697–706.

Hargens, J. (2011): Aller Anfang ist ein Anfang. Gestaltungsmöglichkeiten hilfreicher systemischer Gespräche. Göttingen (Vandenhoeck & Ruprecht), 4. Aufl.

Hargens, J. (2016): Beraten lehren – oder: Wer ist denn kundig? In: D. Rohr, A. Hummelsheim u. M. Höcker (Hrsg.): Beratung lehren. Erfahrungen, Geschichten, Reflexionen aus der Praxis von 30 Lehrenden. Weinheim (Beltz), S. 38–46.

Harmsen, T. (2014): Professionelle Identität im Bachelorstudium Soziale Arbeit. Konstruktionsprinzipien, Aneignungsformen und hochschuldidaktische Herausforderungen. Wiesbaden (Springer VS).

Harris, T. H. (2002): Ich bin o. k. Du bist o. k. Wie wir uns selbst besser verstehen und unsere Einstellung zu anderen verändern können –

Eine Einführung in die Transaktionsanalyse. Reinbek bei Hamburg (Rowohlt).

Hasters, A. (2020): Warum weiße Menschen so gerne gleich sind. Köln (Deutschlandfunk). Verfügbar unter https://www.deutschlandfunk.de/identitaeten-7-7-warum-weisse-menschen-so-gerne-gleich-sind.1184.de.html?dram:article_id=466836 [08.05.2020].

Hegemann, T. u. C. Oestereich (2009): Einführung in die interkulturelle systemische Beratung und Therapie. Heidelberg: (Carl-Auer).

Hinz, T. u. K. Auspurg (2017): Diskriminierung auf dem Wohnungsmarkt. In: A. Scherr, A. El-Mafaalani u. G. Yüksel (Hrsg.): Handbuch Diskriminierung. Wiesbaden (Springer VS), S. 387–406.

Hobuß, S. (2008): »Weiße Bilder« in der Werbung. Zur Stabilisierung und Destabilisierung von Whiteness als unsichtbare Norm. In: U. Wischermann u. T. Thomas (Hrsg.): Medien – Diversität – Ungleichheit. Zur medialen Konstruktion sozialer Differenz. Wiesbaden (Springer VS), S. 203–222.

Höcker, M., A. Hummelsheim u. D. Rohr (2017): »Don't play what's there. Play what's not there.« – Vom Spielen beim Beraten und in der Beratungslehre. *Kontext* 48 (3): 278–291.

Hormel, U. u. A. Scherr (2010): Diskriminierung. Grundlagen und Forschungsergebnisse. Wiesbaden (Springer VS).

Huber, L. (1995): Hochschuldidaktik als Theorie der Bildung und Ausbildung. In: D. Lenzen (Hrsg.): Enzyklopädie Erziehungswissenschaft. Ausbildung und Sozialisation in der Hochschule, Bd. 10. Stuttgart (Klett), S. 114–138.

Hume, D. (1982): Eine Untersuchung über den menschlichen Verstand. Stuttgart (Reclam).

Hummrich, M. (2017): Diskriminierung im Erziehungssystem. In: A. Scherr, A. El-Mafaalani u. G. Yüksel (Hrsg.): Handbuch Diskriminierung. Wiesbaden (Springer VS), S. 337–352.

Hund, W. D., M. Pickering a. A. Ramamurthy (eds.) (2013): Colonial advertising & commodity racism. Wien (LIT).

Hykel, J. (2013): Das Konstrukt »Gruppenbezogene Menschenfeindlichkeit«: Anfragen und Kritik aus einer rassismuskritischen Perspektive. Bielefeld (Universität Bielefeld). Verfügbar unter https://pub.uni-bielefeld.de/record/2580062 [11.01.2019].

IDA-NRW (o.J.): Viktimisierung. Verfügbar unter https://www.ida-nrw.de/glossar-eintraege/glossar-detail/?tx_dpnglossary_glossarydetail%5Baction%5D=show&tx_dpnglossary_glossarydetail%5Bcontroller%5D=Term&tx_dpnglossary_glossarydetail%5Bterm%5D=54&cHash=bd4da439bc0e433b1f94465ec43c74f8 [08.05.2020].

Imdorf, C. (2017): Diskriminierung in der beruflichen Bildung. In: A. Scherr, A. El-Mafaalani u. G. Yüksel (Hrsg.): Handbuch Diskriminierung. Wiesbaden (Springer VS), S. 353–366.

Initiative 19. Februar Hanau (2021): Familien konfrontieren das Hessische Innenministerium. Verfügbar unter https://19feb-hanau.org/2021/03/24/pressemitteilung-familien-konfrontieren-das-hessische-innenministerium/ [27.03.2021].

Jäger, M. (2010): Rassismus und Normalität im Alltagsdiskurs. Anmerkungen zu einem paradoxen Verhältnis. In: A. Broden u. P. Mecheril (Hrsg.): Rassismus bildet. Bildungswissenschaftliche Beiträge zu Normalisierung und Subjektivierung in der Migrationsgesellschaft. Bielefeld (transcript), S. 27–39.

Kaiser, H. (2006): Der Tacit Knowing View. Ein Vorschlag als Antwort auf die von G.H. Neuweg aufgeworfenen Fragen. Verfügbar unter: http://www.hrkll.ch/typo/fileadmin/Texte/ILM/Der_Tactic_Knowing_View_fest.pdf [03.07.2019].

Kattmann, U. (2015): Rassen? Gibt's doch gar nicht! Bonn (Bundeszentrale für politische Bildung). Verfügbar unter http://www.bpb.de/politik/extremismus/rechtsextremismus/213673/rassen-gibt-s-doch-gar-nicht [02.02.2019].

Kelly, N. A. (2021): Rassismus. Strukturelle Probleme brauchen strukturelle Lösungen! Zürich (Atrium).

Keskinkılıç, O. Z. (2021): Hanau ist überall. Ein Jahr nach dem Terroranschlag. Verfügbar unter https://www.zdf.de/nachrichten/panorama/hanau-jahrestag-gastkommentar-keskinkilic-100.html [27.03.2021].

Keupp, H., T. Ahbe, W. Gmür, R. Höfer, B. Mitzscherlich u. W. Kraus (1999): Identitätskonstruktionen: Das Patchwork der Identitäten in der Spätmoderne. Reinbek (Rowohlt).

Khan, M. M. R. (1963): The concept of cumulative trauma. *Psychoanalytic Study of the Child* 18: 286–306.

Kiesel, T. u. D. Bendix (2010): White Charity: Eine postkoloniale, rassismuskritische Analyse der entwicklungspolitischen Plakatwerbung in Deutschland. *Peripherie* 30 (120): 482–495.

Kilomba, G. (2008): Plantation memories. Episodes of everyday racism. Münster (Unrast).

Kirkinis, K., A. Pieterse, C. Martin, A. Agiliga a. A. Brownell (2018): Racism, racial, discrimination and trauma: A systematic review of the social science literature. Ethicity and Health. Verfügbar unter https://www.researchgate.net/publication/327344336_Racism_racial_discrimination_and_trauma_a_systematic_review_of_the_social_science_literature [18.02.2020].

Köttler, F. und I. Gold (2019): Einleitung: Diskriminierung – Was ist das überhaupt? In: Von geschlossenen Schubladen zu offenen Perspektiven. Methoden zur kritischen Auseinandersetzung mit Diskriminierung für den Kontext Freiwilligendienste. Köln (DRK-Kreisverband Köln e. V./Info- und Bildungsstelle gegen Rechtsextremismus im NS-Dokumentationszentrum der Stadt Köln), S. 5–7.

Koopmans, R., S. Veit u. R. Yemane (2018): Ethnische Hierarchien in der Bewerberauswahl: Ein Feldexperiment zu den Ursachen von Arbeitsmarktdiskriminierung. Berlin (Wissenschaftszentrum Berlin für Sozialforschung). Verfügbar unter https://bibliothek.wzb.eu/pdf/2018/vi18-104.pdf [21.07.2019].

Kooroshy, S., P. Mecheril u. S. Shure (2021): Rassismus in der Migrationsgesellschaft. In: K. Fereidooni und S. E. Hößl (Hrsg.): Rassismuskritische Bildungsarbeit. Reflexionen zu Theorie und Praxis. Frankfurt am Main (Wochenschau), S. 15–33.

Kriz, J. (2013): Kreativität und Intuition aus systemischer Sicht. In: H. R. Fischer (Hrsg.): Wie kommt Neues in die Welt? Phantasie, Intuition und der Ursprung von Kreativität. Weilerswist (Vellbrück Wissenschaft), S. 197–208.

Kunze, N. (2018): Kultur- und gesellschaftssensible Beratung von Migrantinnen und Migranten. Konzepte für die psychologische und psychosoziale Praxis. Gießen (Psychosozial).

Kupka, M. I. (2020): Hä, was heißt denn Race? Unser Glossar gegen die Panik vor Wörtern. Diesmal: Race. Missy Magazin. Verfügbar unter https://missy-magazine.de/blog/2020/09/21/hae-was-heisst-denn-race/ [28.03.2021].

Lauré al-Samarai, N. (2015): Schwarze Deutsche. In: S. Arndt u. N. Ofuatey-Alazard (Hrsg.): Wie Rassismus aus Wörtern spricht. (K)Erben des Kolonialismus im Wissensarchiv deutsche Sprache. Münster (Unrast), S. 611–614.

Levold, T. (2016): Macht. In: T. Levold u. M. Wirsching (Hrsg.): Systemische Therapie und Beratung. Das große Lehrbuch. Heidelberg (Carl-Auer), 2. Aufl., S. 110–114.

Levold, T. u. M. Wirsching (Hrsg.) (2016): Systemische Therapie und Beratung. Das große Lehrbuch. Heidelberg (Carl-Auer), 2. Aufl.

Lutz, H., M. T. Herrera Vivar u. L. Supik (2013): Fokus Intersektionalität. Bewegungen und Verortungen eines vielschichtigen Konzeptes. Wiesbaden (Springer VS), 2. Aufl.

Mai, H. H. A. (2020): Pädagog*innen of Color. Professionalität im Kontext rassistischer Normalität. Weinheim/Basel (Beltz Juventa).

Marmer, E. (2013): Rassismus in deutschen Schulbüchern am Beispiel von Afrikabildern. *ZEP: Zeitschrift für internationale Bildungsforschung und Entwicklungspädagogik* 36 (2): 25–31.

Marmer, E. u. P. Sow (Hrsg.) (2015): Wie Rassismus aus Schulbüchern spricht. Kritische Auseinandersetzung mit »Afrika«-Bildern und Schwarz-Weiß-Konstruktionen in der Schule – Ursachen, Auswirkungen und Handlungsansätze für die pädagogische Praxis. Weinheim/Basel (Beltz Juventa).

Marten, E. u. K. Walgenbach (2017): Intersektionale Diskriminierung. In: A. Scherr, A. El-Mafaalani u. G. Yüksel (Hrsg.): Handbuch Diskriminierung. Wiesbaden (Springer VS), S. 157–171.

Mätschke, J. (2017): Rassismus in Kinderbüchern: Lerne welchen Wert deine soziale Positionierung hat! In: K. Fereidooni u. M. El (Hrsg.): Rassismuskritik und Widerstandsformen. Wiesbaden (Springer VS), S. 249–268.

McIntosh, P. (1989): White privilege: Unpacking the invisible knapsack. *Peace and Freedom Magazine*: 10–12.

Mecheril, P. (2010): »Kompetenzlosigkeitskompetenz«. Pädagogisches Handeln unter Einwanderungsbedingungen. In: G. Auernheimer (Hrsg.): Interkulturelle Kompetenz und pädagogische Professionalität. Wiesbaden (Springer), S. 15–34.

Mecheril, P. (2011): Wirklichkeit schaffen: Integration als Dispositiv. *Aus Politik und Zeitgeschichte* 61 (43/2011): 49–54. Verfügbar unter http://www.bpb.de/system/files/pdf/P6W6D1.pdf [19.08.2019].

Mecheril, P. u. K. Scherschel (2011): Rassismus und »Rasse«. In: C. Melter u. P. Mecheril (Hrsg.): Rassismuskritik. Band 1: Rassismustheorie und -forschung. Schwalbach/Ts. (Wochenschau), 2. Aufl., S. 39–58.

Mecheril, P. u. M. van der Hagen-Wulff (2016): Bedroht, angstvoll, wütend. Affektlogik der Migrationsgesellschaft. In: In: M. d. M. Castro Varela u. P. Mecheril (Hrsg.): Die Dämonisierung der Anderen. Rassismuskritik der Gegenwart. Bielefeld (transcript), S. 119–141.

Meiners, M. (2021): Wie bewerten Fußballfans antirassistische Aktionen in der Bundesliga im Jahr 2020? Köln (Seminararbeit).

Melter, C. (2017): Koloniale, nationalsozialistische und aktuelle rassistische Kontinuitäten in Gesetzgebung und der Polizei am Beispiel von Schwarzen Deutschen, Roma und Sinti. In: K. Fereidooni u. M. El (Hrsg.): Rassismuskritik und Widerstandsformen. Wiesbaden (Springer VS), S. 489–612.

Mengis, E. u. A. Drücker (2019): Antidiskriminierung, Rassismuskritik und Diversität. 105 Reflexionskarten für die Praxis. Weinheim (Beltz Juventa).

Messerschmidt, A. (2010): Distanzierungsmuster. Vier Praktiken im Umgang mit Rassismus. In: A. Broden und P. Mecheril (Hrsg.): Rassismus bildet. Bildungswissenschaftliche Beiträge zu Normalisierung und Subjektivierung in der Migrationsgesellschaft. Bielefeld (Transcript), S. 41–57.

Migrationsrat Berlin e. V. (2020): Glossar. BIPoC. Online verfügbar unter http://www.migrationsrat.de/glossar/bipoc/ [28.03.2021].

Miles, R. (1991): Rassismus: Einführung in die Geschichte und Theorie eines Begriffs. Hamburg (Argument).

Moebius, S. u. A. Wetterer (2011): Symbolische Gewalt. *Österreichische Zeitschrift für Soziologie* 36 (4): 1–10.

Muhle, M. (2008): Eine Genealogie der Biopolitik. Zum Begriff des Lebens bei Foucault und Canguilhem. Bielefeld (Transcript).

Nazarkiewcz, K. (2016): Kulturreflexivität statt Interkulturalität. Re-thinking cross-cultural – A culture reflexive approach. *Interculture Journal* 15 (26): 23–31.

Nazarkiewicz, K. u. G. Krämer (2013): Interkulturell, multikulturell, transkulturell: Kultur(en) in Begleitprozessen systematisch berücksichtigen. *Kontext* 44 (1): 22–39.

Neumann, B. (2005): Erinnerung – Identität – Narration. Gattungstypologie und Funktionen kanadischer »Fictions of Memory«. Berlin (De Gruyter).

Neumann-Wirsig, H. (2011): Jedes Mal anders. 50 Supervisionsgeschichten und viele Möglichkeiten. Heidelberg (Carl-Auer).

Neuweg, G. H. (2004): Könnerschaft und implizites Wissen. Zur lehr-lerntheoretischen Bedeutung der Erkenntnis- und Wissenstheorie Michael Polanyis. Münster (Waxmann).

Nguyen, T. Q. (2013): »Es gibt halt sowas wie einen Marionettentäter.« Schulisch-institutionelle Rassismuserfahrungen, kindliche Vulnerabilität und Mikroaggression. *ZEP: Zeitschrift für internationale Bildungsforschung und Entwicklungspädagogik* 36 (2): 20–24.

Nittel, D. u. A. Seltrecht (2008): Der Pfad der »individuellen Professionalisierung«. Ein Beitrag zur kritisch-konstruktiven erziehungswissenschaftlichen Berufsgruppenforschung. *BIOS* 21 (1).

Oberzaucher-Tölke, I. (2014): »Der andere Patient« – die Konstruktion kultureller Differenz in der Psychotherapieaus rassismuskritischer Perspektive. *Psychologie und Gesellschaftskritik* 38 (2): 91–102.

Oberzaucher-Tölke, I. (2018): Beratung und Therapie in der Migrationsgesellschaft. In: B. Blank, S. Gögercin, K. E. Sauer und B. Schramkowski (Hrsg.): Soziale Arbeit in der Migrationsgesellschaft. Grundlagen – Konzepte – Handlungsfelder. Wiesbaden (Springer VS), S. 657–665.

Ogette, T. (2019): Exit Racism, rassismuskritisch denken lernen. Münster (UNRAST).

Omar, S. (2017): Vergesst nicht die Sehnsucht! Verlogenheit der Debatte um den Integrationswillen. *MiGAZIN*. Verfügbar unter https://www.migazin.de/2017/04/18/vergesst-sehnsucht-verlogenheit-debatte-integrationswillen/ [26.09.2020].

Omar, S. (2019): Sprache und Rassismus. *Überblick* 25 (2): 7–9. Verfügbar unter https://www.ida-nrw.de/fileadmin/user_upload/ueberblick/Ueberblick022019_3.pdf [25.08.2019].

Özdemir, K. (2018): (K)ein Recht auf Andersein: Rassismus, Rechtspopulismus und LSBTIQ*. Verfügbar unter https://heimatkunde.boell.de/de/2018/04/16/kein-recht-auf-anderssein-rassismus-rechtspopulismus-und-lsbtiq-wechselbeziehungen [24.02.2020].

Pates, R., D. Schmidt u. S. Karawanskij (Hrsg.) (2010): Antidiskriminierungspädagogik. Konzepte und Methoden für die Bildungsarbeit mit Jugendlichen. Wiesbaden (VS).

Perls, F. S. (1976): Grundlagen der Gestalt-Therapie. München (Pfeiffer).

Perls, F. S. (1978): Das Ich, der Hunger und die Aggression. Stuttgart (Klett-Cotta).

Phillip, C. (2011): »Teilen sagt nichts über Anteile aus« – Die Konstruktion von Weißsein und Schwarzsein auf Plakaten von »Hilfsorganisationen«. In: Interkultureller Rat in Deutschland e. V. (Hrsg.): Materialheft »Internationale Wochen gegen Rassismus 2012«. Darmstadt, S. 20–23.

Queer Lexikon e. V. (2020): FINTA. Verfügbar unter https://queer-lexikon.net/2020/05/30/finta/ [28.03.2021].

Pirmoradi, S. (2012): Interkulturelle Familientherapie und -beratung. Eine systemische Perspektive. Göttingen (Vandenhoeck & Ruprecht).

Planerladen e. V. (2007): Ungleichbehandlung von Migranten auf dem Wohnungsmarkt. Ergebnisse eines »Paired Ethnic Testing« bei Internet-Immobilien-Börsen. Dortmund (Planerladen e. V).

Reddemann, L. u. C. Dehner-Rau (2013): Trauma heilen. Stuttgart (TRIAS / MVS).

Riegel, C. (2016): Bildung – Intersektionalität – Othering. Pädagogisches Handeln in widersprüchlichen Verhältnissen. Bielefeld (Transcript).

Riegel, C. (2018): »Es geht darum, Macht- und Herrschaftsverhältnisse zu hinterfragen.« Interview mit Christine Riegel. Essen (Transfer für Bildung e. V.). Verfügbar unter https://transfer-politische-bildung.de/mitteilung/artikel/es-geht-darum-macht-und-herrschaftsverhaeltnisse-zu-hinterfragen-interview-mit-christine-ri/ [27.07.2019].

Rogers, C. R. (2002): Entwicklung der Persönlichkeit. Stuttgart (Klett-Cotta).

Rohr, D. (2016): Eine kleine Theorie-Einführung in systemische und humanistische Ansätze am Beispiel des inneren Teams. Weinheim/Basel (Beltz Juventa).

Rohr, D. (2017): Über die Arbeit mit Genogrammen. Auswertung von ExpertInneninterviews zur Genogrammerstellung. Heidelberg (Carl-Auer).

Rohr, D. u. R. Baum (2019): Professionalisierung als narratives Identitätsprojekt. Selbsterzählungen als Forschungszugang und Reflexionsinstrument. *Zeitschrift für systemische Therapie und Beratung* 4: 155–164.

Rohr, D., A. Hummelsheim u. M. Höcker (Hrsg.) (2016): Beratung lehren – Erfahrungen, Geschichten, Reflexionen aus der Praxis von 30 Lehrenden. Weinheim (Beltz Juventa).

Roig, E. (2021): why we matter. Das Ende der Unterdrückung. Berlin (Aufbau), 3. Aufl.

Rommelspacher, B. (2011): Was ist eigentlich Rassismus? In: C. Melter u. P. Mecheril (Hrsg.): Rassismuskritik. Bd. 1: Rassismustheorie und -forschung. Schwalbach/Ts. (Wochenschau), 2. Aufl., S. 25–38.

Ruhrmann, G. (2017): Diskriminierung in den Medien. In: A. Scherr, A. El-Mafaalani u. G. Yüksel (Hrsg.): Handbuch Diskriminierung. Wiesbaden (Springer VS), S. 367–385.

Said, E. W. (1978): Orientalism. New York (Pantheon Books).

Scharathow, W. (2017): Jugendliche und Rassismuserfahrungen. Kontexte, Handlungsherausforderungen und Umgangsweisen. In: K. Fereidooni u. M. El (Hrsg.): Rassismuskritik und Widerstandsformen. Wiesbaden (Springer VS), S. 107–127.

Scharathow, W., C. Melter, R. Leiprecht u. P. Mecheril (2011): Rassismuskritik. In: C. Melter u. P. Mecheril (Hrsg.): Rassismuskritik. Bd. 1: Rassismustheorie und -forschung. Schwalbach/Ts. (Wochenschau), 2. Aufl., S. 10–12.

Scherr, A., A. El-Mafaalani u. G. Yüksel (Hrsg.) (2017): Handbuch Diskriminierung. Wiesbaden (Springer VS).

Schiersmann, C. u. P. Weber (Hrsg.) (2013): Beratung in Bildung, Beruf und Beschäftigung. Eckpunkte und Erprobung eines integrierten Qualitätskonzepts. Bielefeld (Bertelsmann).

Schiffer-Nasserie, A. (2012): Migration, Armut und Rassismus – Aporien des Kampfes für Gleichberechtigung (nicht nur) im Bildungswesen. In: K. Fereidooni (Hrsg.): Das interkulturelle Lehrerzimmer. Perspektiven neuer deutscher Lehrkräfte auf den Bildungs- und Integrationsdiskurs. Wiesbaden (VS), S. 39–50.

Schmid, L. E. (2015): Ethnische Diskriminierung bei der Wohnungssuche. Feldexperimente in sechs deutschen Großstädten. Konstanz (Universität Konstanz). Verfügbar unter https://d-nb.info/1098136454/34 [21.07.2019].

Schmidt, B. (2009): Den Anti-Bias-Ansatz zur Diskussion stellen. Beitrag zur Klärung theoretischer Grundlagen in der Anti-Bias-Arbeit. Oldenburg (BIS-Verlag der Carl von Ossietzky Universität). Verfügbar unter http://nbn-resolving.de/urn:nbn:de:gbv:715-oops-11293 [25.08.2019].

Schmidt, B., K. Dietrich u. S. Herdel (2009): Anti-Bias-Arbeit in Theorie und Praxis – kritische Betrachtung eines Antidiskriminierungsansatzes. In: W. Scharathow u. R. Leiprecht (Hrsg.): Rassismuskritische Bildungsarbeit. Schwalbach/Ts. (Wochenschau), S. 154–170.

Schmidt, R. und V. Woltersdorff (Hrsg.) (2008): Symbolische Gewalt. Herrschaftsanalyse nach Pierre Bourdieu. Köln (Herbert von Halem).

Schneider, J., R. Yemane u. M. Weinmann (2014): Diskriminierung am Ausbildungsmarkt. Ausmaß, Ursachen und Handlungsperspektiven. Berlin (Forschungsbereich beim Sachverständigenrat deutscher Stiftungen für Integration und Migration). Verfügbar unter https://www.bosch-stiftung.de/sites/default/files/publications/pdf_import/SVR-FB_Diskriminierung-am-Ausbildungsmarkt.pdf [21.07.2019].

Schubert, F.-C., D. Rohr u. R. Zwicker-Pelzer (2019): Beratung. Grundlagen – Konzepte – Anwendungsfelder. Heidelberg (Springer).

Schulz von Thun, F. (1998): Miteinander Reden 3. Das »Innere Team« und situationsgerechte Kommunikation. Reinbek bei Hamburg (Rowohlt).

Seidler, G. H., H. J. Freyberger u. A. Maercker (2015): Handbuch der Psychotraumatologie. Stuttgart (Klett-Cotta).

Sequeira, D. F. (2015): Gefangen in der Gesellschaft. Alltagsrassismus in Deutschland. Rassismuskritisches Denken und Handeln in der Psychologie. Marburg (Tectum).

SG (2017): Ethik-Richtlinien der Systemischen Gesellschaft. Berlin. Verfügbar unter https://systemische-gesellschaft.de/wp-content/uploads/2017/08/Ethik-Richtlinien_der_Systemischen_Gesellschaft.pdf [26.07.2019].

Shooman, Y. (2011): Keine Frage des Glaubens. Zur Rassifizierung von »Kultur« und »Religion« im antimuslimischen Rassismus. In: S. Friedrich (Hrsg.): Rassismus in der Leistungsgesellschaft. Analysen und kritische Perspektiven zu den rassistischen Normalisierungsprozessen der »Sarrazindebatte«. Münster (Ed. Assemblage), S. 59–79.

Shooman, Y. (2012): Das Zusammenspiel von Kultur, Religion, Ethnizität und Geschlecht im antimuslimischen Rassismus. *Aus Politik und Zeitgeschichte* 16-17: 53–57.

Sow, N. (2009): Deutschland Schwarz Weiß – der alltägliche Rassismus. München (Wilhelm Goldmann), 5. Aufl.

Spivak, G. C. (1985): The Rani of Sirmur: An essay in reading the archives. *History and Theory* 24 (3): 247–272.

Stahlschmidt, S. (2018): Trauma – Was im Gehirn dabei passiert. Verfügbar unter von http://posttraumatische-belastungsstoerung.com/trauma-was-im-gehirn-passiert [12.02.2020].

Terkessidis, M. (2010): Interkultur. Berlin (Suhrkamp).

Thomas, R. R. (1996): A diversity framework. In: M. C. Chemers, S. Oskamp a. M. A. Constanz (Hrsg.): Diversity in organisations. New perspectives for a workplace. Thousand Oaks (Sae), pp. 245–263.

Tißberger, M. (2017): Critical Whiteness. Zur Psychologie hegemonialer Selbstreflexion an der Intersektion von Rassismus und Gender. Wiesbaden (Springer VS).

Troyna, B. u. J. Williams (1986): Racism, education and the state. Beckenham (Croom Helm).

Uslucan, H.-H. (2017): Diskriminierungserfahrungen türkeistämmiger Zuwanderer_innen. In: K. Fereidooni und M. El (Hrsg.): Rassismuskritik und Widerstandsformen. Wiesbaden (Springer VS), S. 129–142.

Velho, A. (2010): (Un-)Tiefen der Macht. Subjektivierung unter den Bedingungen von Rassismuserfahrungen in der Migrationsgesellschaft. In: A. Broden u. P. Mecheril (Hrsg.): Rassismus bildet. Bildungswissenschaftliche Beiträge zu Normalisierung und Subjektivierung in der Migrationsgesellschaft. Bielefeld (Transcript), S. 113–137.

Velho, A. (2011): Alltagsrasismus und rassistische Diskriminierung. Auswirkungen auf psychische und körperliche Gesundheit. Dokumentation der Fachtagung vom 12.10.2010. Verfügbar unter http://www.elina-marmer.com/wp-content/uploads/2014/02/fachtagung_alltagsrassismus.pdf [08.01.2020].

Velho, A. (2016): Alltagsrassismus erfahren. Frankfurt am Main (Peter Lang).

Völter, B. (2018): Biographie und Professionen. In: H. Lutz, M. Schiebel u. E. Tuider: Handbuch Biographieforschung. Wiesbaden (Springer VS), S. 473–485.

von Schlippe, A. (2008): Systemische Praxis zwischen Handwerk, Kunst, Wissenschaft und Profession. *OSC Organisationsberatung – Supervision – Coaching.* 15 (4): 455–467.

von Schlippe, A. u. J. Schweitzer (2013): Lehrbuch der systemischen Therapie und Beratung I. Das Grundlagenwissen. 2. Auflage. Göttingen (Vandenhoeck & Ruprecht).

Walgenbach, K. (2012): Intersektionalität als Analyseperspektive heterogener Stadträume. In: E. Scambor u. F. Zimmer (Hrsg.): Die intersektionelle Stadt. Geschlechterforschung und Medienkunst an den Achsen der Ungleichheit. Bielefeld (Transcript), S. 81–92.

Weinberg, D. (2006): Traumatherapie mit Kindern. Stuttgart (Klett-Cotta).

White, M. u. D. Epston (2020): Die Zähmung der Monster. Der narrative Ansatz in der Familientherapie. Heidelberg (Carl-Auer), 8. Aufl.

WHO (2016): Internationale Klassifikation psychischer Störungen, ICD-10, Kapital V (F). Bern (Hogrefe), 6., überarb. Aufl.

Wir muessten mal reden (o.J.): Awareness Glossar. Verfügbar unter https://wirmuesstenreden.blogspot.com/p/woketionary.html [28.03.2021].

Wollrad, E. (2005): Weißsein im Widerspruch. Feministische Perspektiven auf Rassismus, Kultur und Religion. Königstein/Taunus (Helmer).

Wollrad, E. (2011): »dass er so weiß nicht ist wie ihr« – Rassismus in westdeutschen Kinder- und Jugendbüchern. In: C. Melter u. P. Mecheril

(Hrsg.): Rassismuskritik. Bd 1: Rassismustheorie und -forschung. Schwalbach/Ts. (Wochenschau), 2. Aufl., S. 163–178.

Yeboah, A. (2017): Rassismus und psychische Gesundheit in Deutschland. In: K. Fereidooni und M. El (Hrsg.): Rassismuskritik und Widerstandsformen. Wiesbaden (Springer VS), S. 143–161.

Zeller, J. (2013): Massenaristokratie der weißen Rasse. Vom »kolonialen Drang« der Deutschen. In: M. Bechhaus-Gers u. A.-K. Horstmann (Hrsg.): Köln und der deutsche Kolonialismus – Eine Spurensuche. Köln (Böhlau Verlag), S. 15–26.

Zerger, J. (1997): Was ist Rassismus? Eine Einführung. Göttingen (Lamuv).

Zick, A., B. Küpper u. W. Berghan (2019): Verlorene Mitte – feindselige Zustände. Rechtsextreme Einstellungen in Deutschland 2018/19. Bonn (Dietz).

Zick, A., B. Küpper u. D. Krause (2016): Gespaltene Mitte – feindselige Zustände. Rechtsextreme Einstellungen in Deutschland 2016. Bonn (Dietz).

Über die Interviewpartnerinnen

Souzan AlSabah (sie/ihr) ist Systemische Therapeutin, Supervisorin und Empowerment-Trainerin. Die examinierte Krankenschwester (Fachbereich Psychatrie) und Heilpraktikerin für Psychotherapie studierte Psychologie an der Universität zu Köln. 2012 gründete sie die Praxis AlSabah für systemische Therapie und intersektionale Gesundheit. Sie arbeitet federführend auf dem Gebiet der intersektionalen Sexualpädagogik und machtkritischen Therapie. In ihrer Arbeit fokussiert sie sich auf die Perspektiven von Bi_PoC und besonders MIRE und bietet bundesweit Systemaufstellungen für Bi_PoC an. AlSabah ist Geschäftsführerin des Zentrums für intersektionale Gesundheit, Holla e. V., in Köln und Gründerin des Bi_PoC-Verlags stolzeaugen.books.

Sandra Karangwa (sie/ihr) ist Kunst- und Kulturwissenschaftlerin, Mutter und Schwarze Aktivistin. Seit Ende 2016 arbeitet sie im AntiDiskriminierungsBüro Köln (Öffentlichkeit gegen Gewalt e. V.) als Referentin und Beraterin für Menschen, die Rassismuserfahrungen in ihrem Alltag machen. Im engen Kontakt mit Betroffenen von rassistischer Diskriminierung ist ihr das Zusammendenken und Handeln von rassistischen Strukturen und Empowerment besonders wichtig.

Berivan Moğultay-Tokuş (sie/ihr) ist Diplom-Pädagogin, Empowerment-Trainerin und seit 2016 als Beraterin und Referentin im AntiDiskriminierungsBüro Köln (Öffentlichkeit gegen Gewalt e. V.) tätig.

Amma Yeboah (sie/ihr) studierte Humanmedizin an der Freien Universität Berlin und promovierte an der Charité, Universitätsmedizin Berlin. Sie ist Fachärztin für Psychiatrie und Psychotherapie – mit Zusatz-Fortbildung Psychotraumatologie im EMDR-Institut Deutschland, Ausbildung zur Supervisorin und Coach (DGSv) bei inscape GmbH, Köln, sowie Ausbildung zur Trainerin bei Phoenix e. V. für eine Kultur der Verständigung.

Über die Autor*innen

Ilja Gold (er/ihm) studierte Politikwissenschaft in Bremen und Salamanca (Spanien) sowie Erziehungswissenschaft in Köln. Er arbeitet als Referent für politische Bildung und Systemischer Berater (DGSF) in Köln, ist Mitarbeiter der Mobilen Beratung gegen Rechtsextremismus im Regierungsbezirk Köln sowie als Lehrbeauftragter an der Universität zu Köln tätig. Arbeitsschwerpunkte: Qualifizierung und Weiterbildung von Multiplikator*innen zu den Themen Rassismus, Diskriminierung und extreme Rechte sowie entsprechende Beratungstätigkeiten für unterschiedliche Zielgruppen und Organisationen.

Eva Weinberg (sie/ihr) studierte Erziehungswissenschaften an der Humanwissenschaftlichen Fakultät der Universität zu Köln mit dem Schwerpunkt Systemische Beratung. In ihrem Master-Studium in Erziehungs- und Rehabilitationswissenschaften fokussiert sie sich auf die Zusammenhänge von psychischen Erkrankungen und gesellschaftlichen Ungleichheiten. Dabei liegt ein besonderes Interesse auf der Erforschung von Traumatisierungen. Neben ihrem Studium war sie drei Jahre lang in der projektbezogenen Jugendarbeit mit dem Fokus auf Machtkritik sowie in der intersektionalen Mädchenarbeit und Sexualpädagogik tätig.

Dirk Rohr (er/ihm), *Dr.*, promovierte über das systemisch-humanistische Konzept »Analysen Innerer Dialoge« und erhielt 2004 den Ruf auf die Professur für Kommunikation in pädagogischen Handlungsfeldern (W1) der Universität Oldenburg. Seit 2009 ist er Leiter des Arbeitsbereiches Beratungsforschung an der Universität zu Köln sowie Institutsleiter, Lehrender Berater (DGSF) und Lehr-Supervisor (DGSF/DGSv) des koelner institut für Beratung & pädagogische Professionalisierung. Er ist Präsident der European Association for Counselling, EAC und seit 2016 Supervisor der Mobilen Beratung gegen Rechtsextremismus Nordrhein-Westfalen.